Teresa Heidegger
Achterbahn der Stille

PIPER

Ich wünsche Dir
alles erdenklich Gute!
Werd schnell wieder
gesund, damit du noch
ganz viele Menschen
mit Deinem Herzen 🫶
berühren kannst!

Jutta

Zu diesem Buch

Anfang dreißig, große Sinnkrise, rastlose Suche und innere Wüstensteppe. Unter diesen Vorzeichen begibt sich Teresa Heidegger für sieben Wochen in den nepalesischen Himalaya, um dort nach einem klar sichtbaren roten Faden für ihr scheinbar vielfältiges und doch unbefriedigendes Leben Ausschau zu halten. Die Zeit dort entwickelt sich zu einer spirituellen Abenteuerreise, die sie in staunenswerte Höhen und qualvolle Tiefen führt. Schweißtreibende einsame Trekkingtouren, schmerzhafte Meditationsstunden in einem Schweigekloster, asketischer Verzicht auf alle freudvollen Ablenkungen des Lebens, innere Dialoge mit Gott und dem Teufel – nichts lässt sie aus, um ihrem Ziel der Selbstfindung ein Stück näher zu kommen. Humorvoll und berührend offen schildert die Autorin ihre Erlebnisse und Innenweltbeobachtungen, in denen sich wohl viele wiedererkennen werden, die sich zweifelnd auf das Terrain spiritueller Suche wagen.

Teresa Heidegger, geboren 1976 in Salzburg, studierte Pädagogik mit Schwerpunkt verstehende Soziologie. Sie lebt in Berlin und arbeitet als Trainerin für gewaltfreie Kommunikation. Mit Spiritualität beschäftigte sie sich vor ihrer Reise nur am Rande und mit einer gewissen Skepsis. »Achterbahn der Stille« ist ihr erstes Buch.

www.gewaltfrei-gluecklich.de

Teresa Heidegger

Achterbahn der Stille

Ein spirituelles Roadmovie

Mit zwei Karten

Piper München Zürich

Mehr über unsere Autoren und Bücher:
www.piper.de

MIX
Papier aus verantwortungsvollen Quellen
FSC® C083411

Ungekürzte Taschenbuchausgabe
1. Auflage Mai 2011
2. Auflage April 2014
© 2009 Piper Verlag GmbH, München,
erschienen im Verlagsprogramm Malik
Umschlaggestaltung: Eisele Grafik-Design, München,
nach einer Idee von Birgit Kohlhaas
Umschlagfoto: Tobias Gerber / laif
Karten: Eckehard Radehose, Schliersee
Satz: Satz für Satz. Barbara Reischmann, Leutkirch
Gesetzt aus der Scala
Papier: Pamo Super von Arctic Paper Mochenwangen GmbH, Deutschland
Druck und Bindung: CPI books GmbH, Leck
Printed in Germany   ISBN 978-3-492-27196-7

Inhalt

Präludium 9

Chaos und schlechte Laune – Ankunft in Nepal 19
Erster Anlauf – Annapurna Base Camp 39
Atemholen in Pokhara 97
Einmal Hölle und retour:
Meditation im Schweigekloster 113
Hinauf in den Himmel – Trek Nummer 2 165
Ausschwingen in Kathmandu 231

Was noch zu sagen wäre 253

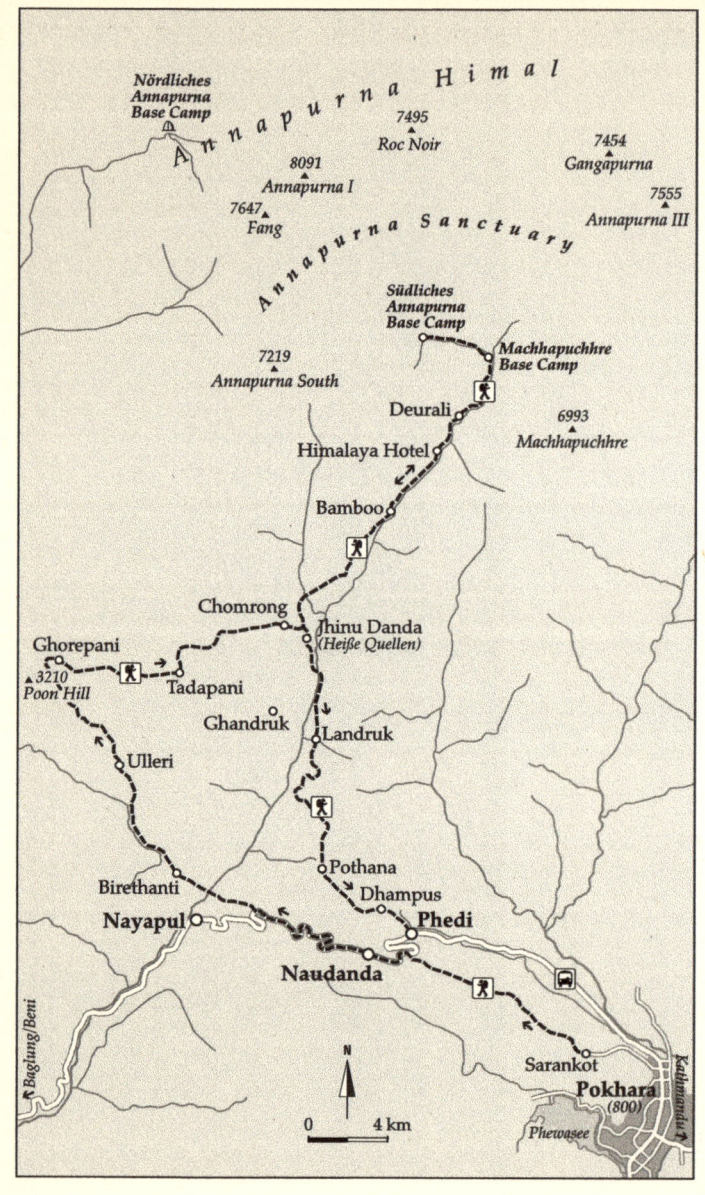

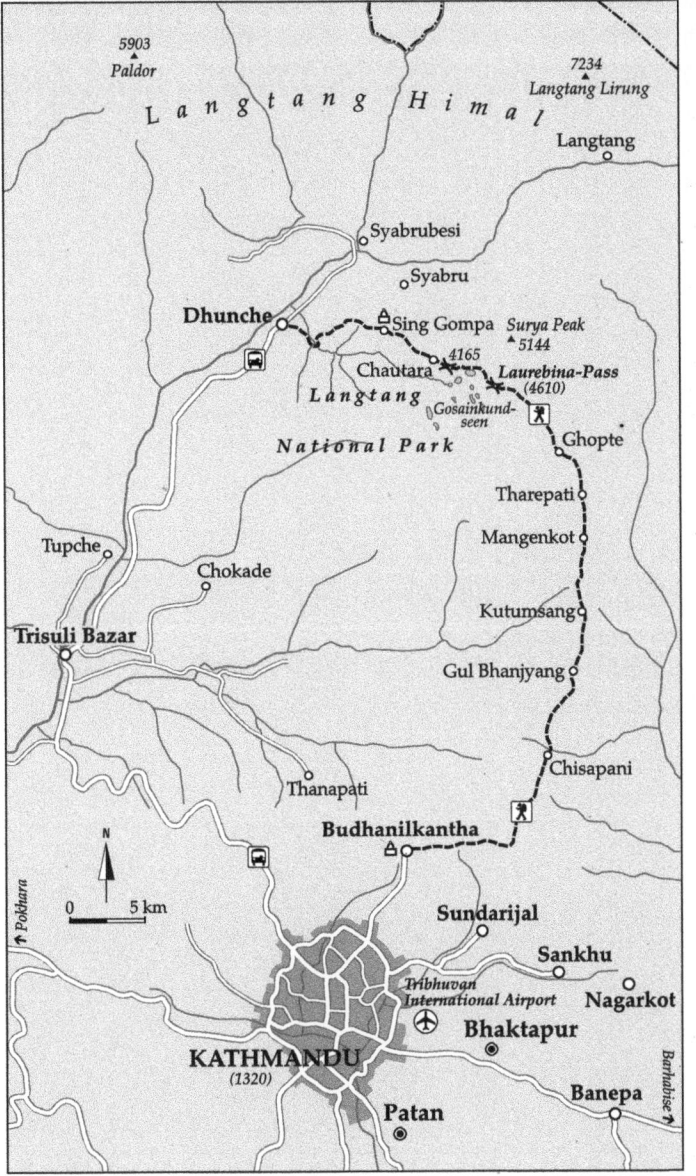

> Beobachte. Beobachte einfach.
> Die Wirklichkeit, wie sie ist, und
> nicht, wie du sie gerne hättest.
> *S. N. Goenka*

> Nicht nur ist die
> Wirklichkeit nicht das,
> was sie zu sein
> scheint,
> sondern sie könnte
> auch anders sein, als sie
> ist.
> *P. Berger & H. Kellner*

Präludium

Im Frühjahr 2007, knapp zwei Monate nach meinem einunddreißigsten Geburtstag, stürzte ich in eine tiefe Krise. Manche mögen es eine vorgezogene Midlife-Crisis oder eine verspätete Endzwanziger- beziehungsweise Anfangdreißiger-Krise nennen – denkbar wäre auch eine verschlafene Jugendkrise oder gar eine posttraumatische Kindheitskrise. Wie auch immer die Diagnose lauten mochte – fest stand, dass ich mich in einem statischen Zustand des Leidens befand, den ich zuvor bei anderen immer als dezent lächerliche Bauchnabelshow verurteilt hatte. Und zwar in der festen Überzeugung, selbst *niemals* in eine solche missliche Lage zu geraten – und darin hängen zu bleiben schon gleich dreimal nicht.

Auslöser des Dramas, welches sich mit den folgenden Monaten zu einem – für die Zuschauer wohl eher ermüdenden, mich selbst fast zermürbendem – Trauerspiel entwickelte, war eine Prüfung für den Ausbildungsgang Regie an der Hochschule für Schauspielkunst »Ernst Busch« in Berlin. Ich scheiterte an der Aufgabe, innerhalb einer Stunde eine kleine kreativ-spritzige Inszenierung zu präsentieren. Ein Scheitern, das einer der Lehrenden, der Leiter der Schaubühne Berlin, Thomas Ostermeier, recht knapp zusammenfasste: »Ich sehe da keine szenische Phantasie – und darum geht es bei Regie.«

Nun hing an dieser Prüfung keineswegs meine berufliche Existenz. Die Regie war lediglich eine zusätzliche Möglichkeit, die ich zu meiner freiberuflichen Tätigkeit als Gesellschaftserforscherin und Dramaturgin gern professionell ausgebaut hätte. Mich interessierte das Theater, und eine Karriere als neuer Star der Volksbühne Berlin schien verlockend, aber war beileibe nicht der Traum meiner schlaflosen Nächte. So hatte ich im Vorfeld überall betont, ich würde an dieser Prüfung, zu der ich mich überhaupt nur auf Drängen eines befreundeten Regisseurs angemeldet hatte, lediglich aus »Neugier und zum Spaß« teilnehmen.

So weit alles kein Problem. Als jedoch an jenem schwarzen Sonntag besagter Satz von Ostermeier auf mich niederschmetterte, war aller Spaß definitiv vorbei. Während ich taumelnd versuchte, mein Gleichgewicht zu halten, damit mein Körper nicht meinem am Boden herumkugelnden Kopf folgte, wandte sich der Gott der Regiekunst mit demonstrativem Desinteresse von meiner jämmerlichen Person ab und verließ hoch erhobenen Hauptes den Raum. Mit dem Schnappen des Türschlosses erkannte ich, dass ich wohl nur deshalb so entspannt vor die Jury getreten war, weil ich im Grunde keinerlei Zweifel daran gehabt hatte, dass ich mit Bravour und ohne große Anstrengung bestehen würde. Im Stillen hatte ich schon meine revolutionär politischen Inszenierungen an der Volksbühne inklusive der Entwürfe meiner extravaganten Premierengarderobe entworfen. Stattdessen hieß es nun sehr schlicht: »keine szenische Phantasie« – damit war alles gesagt. Ich hatte hier nichts mehr zu suchen. Wortlos packte ich meine Sachen und sah zu, dass ich dem Ort meines kläglichen Scheiterns schnellstmöglich entkam.

Mit diesem Tag begann eine Talfahrt, die weder ich

selbst noch irgendjemand sonst in meinem Umfeld erklären, geschweige denn nachvollziehen konnte.

Das vernichtende Urteil ließ mich nicht mehr aus den Klauen. Nacht für Nacht kniete ich um Gnade bettelnd vor dem Regisseur, der sich als schwarzer Henker drohend vor mir aufbaute. Auf mein flehentliches Winseln reagierte er lediglich mit spöttischem Gelächter – und ließ gnadenlos erneut das Beil auf mich niedersausen. Schweißgebadet verharrte ich die restlichen Stunden bis zum Morgen stocksteif und hellwach in meinem Bett und überlegte krampfhaft, wie ich mehr Phantasie in mein scheinbar wüstenähnliches Gehirn einpflanzen könnte. Ich entschied, fortan die Finger von der Regie, dem Theater generell und der Kunst in ihrer Gesamtheit zu lassen. Ein Entschluss, der mich zwar erleichterte, mir aber nicht aus meinem Tief half.

Meine Schwester – selbst am Theater tätig – versuchte, mich mit Engelszungen davon zu überzeugen, dass es keine objektive Beurteilungskriterien gäbe, die darüber bestimmen könnten, was Kreativität oder Kunst sei. »Warum lässt du dich von so einem aufgeblasenen Narzissten ins Bockshorn jagen? Wo bleibt dein Selbstbewusstsein?« Ihre Frage traf ins Schwarze. Ich war durch diese Prüfung gefallen. Na und? War mein Ego so abhängig von der Anerkennung eines Regisseurs, den ich noch nicht einmal besonders gut fand? Nie im Leben waren mir Karriere oder sonstige Statussymbole wichtig gewesen, im Gegenteil: Gewettert hatte ich immer über diese »Schwächlinge«, die ich als prestigesüchtig und anerkennungswütig abstempelte. Hatte ich mir nun die gesamte Zeit munter in die Tasche gemogelt?

Von einigen Seiten meines Umfelds kam eine ganz andere Diagnose. Grund meiner Misere sei schlicht die Tatsache, dass ich mich endlich wieder verlieben müsste und es, klar, mit dreißig an der Zeit wäre, ans Nestbauen und Kinderkriegen zu denken. Ich sollte mich ins wilde Nachtleben oder zumindest in ein Internetforum begeben – und schon wäre ich meine Probleme schnell wieder los. Mal abgesehen davon, dass ich mich in einer Seelenlage befand, in der es mir nahe liegender erschien, meiner eigenen Beerdigung beizuwohnen, anstatt zum Traualtar zu marschieren, wusste ich, dass mein Singledasein maximal Symptom meiner desolaten Lage und nicht »Krankheitserreger« war. Strikt verweigerte ich sowohl Besuche von Singlepartys als auch eine Anmeldung bei PARSHIP.

Stattdessen landete ich im Zuge der tieferen Ursachenforschung bei einer Therapeutin. Diese stellte mir etliche kluge Fragen und verhalf mir zu interessanten Denkansätzen – aus dem Strudel meines Daseins, in den ich so urplötzlich geraten war, vermochte sie mich allerdings nicht zu retten. Ich fand mich und meine Krise unwürdig und konnte lediglich erklären, dass es sich – ohne Übertreibung – anfühlte, als sei mir mit diesem Scheitern die Existenzberechtigung genommen worden. »Aber wer kann Ihnen denn die Existenzberechtigung entziehen?«, fragte mich meine Therapeutin. »Ich weiß es ja eben nicht!«, schrie ich die arme Frau an, die schließlich nichts dafür konnte, dass ich mich in einer Fehlinszenierung von Tschechow befand, bei der die Komik im Sumpf meines Selbstmitleids stecken geblieben war.

Nachdem ich einige Monate lang mich selbst ebenso wie meine Umwelt mit Weltuntergangsszenarien und wütenden Zerstörungsphantasien malträtierte, kapitulierte ich im Herbst endgültig und gestand mir ein, dass ich mit gutem Willen allein wohl nicht mehr aus meinem inneren Malheur finden würde. Es brauchte einen radikalen Wechsel. Seitens meiner besorgten Freunde hagelte es sofort wieder allerlei gut(gemeint)e Tipps und Ratschläge – es war ihnen anzumerken, dass sie mindestens so froh waren wie ich, wenn ich endlich wieder zu meinem Humor zurückfinden würde.

So wurde ich mit Broschüren und Büchern mit diversen Kriseninterventionsangeboten spiritueller, psychischer und kreativer Art überhäuft. Meine Freundin Heike riet mir sogar, nach Indien oder Nepal zu reisen und dort einen Vipassana-Meditationskurs zu machen: »Da meditierst du von frühmorgens bis zum Schlafengehen und denkst an nichts anderes außer deinen Atem – das würde dich auf jeden Fall wieder auf Kurs bringen!«

Ich sah sie an, als hätte sie mir vorgeschlagen, mich nackt auszuziehen und dabei Hula-Hoop zu tanzen. »Den ganzen Tag meditieren? Hast du sie noch alle? Meditation ist so ziemlich das Schrecklichste, was ich mir vorstellen kann«, wehrte ich vehement ab.

»Klar, es ist hart, aber danach bist du ein neuer Mensch«, beharrte meine Freundin auf ihrem Vorschlag.

Obwohl ich wahrlich nichts gegen einen Rollenwechsel einzuwenden gehabt hätte, fand ich die Vorstellung eines solchen Exerzitiums dennoch zu absurd, um mich überhaupt eingehender damit zu beschäftigen. Dann schon lieber auf Reisen gehen, das erschien mir eine passablere Möglichkeit, um »wieder auf Kurs zu kommen«, wie Heike es genannt hatte.

Als ich am nächsten Nachmittag auf dem Bett lag und meinen Stapel an Selbsterfahrungsangeboten durchblätterte, hatte ich unversehens einen Bericht über den Jakobsweg in der Hand. Vielleicht sollte ich das machen? Das war immerhin seit Hape Kerkeling der erklärte Ausweg schlechthin für Menschen in Lebenskrisen – jenseits jeglicher Religionszugehörigkeit. Fit genug war ich, und Wandern fand ich nicht schlecht. Da hört man auf nachzudenken und kommt ebenfalls zu sich, muss aber nicht so langweilig auf seinem Hintern sitzen. Zudem gerät man dabei auch ein wenig ins Schwitzen. Ich begeisterte mich zunehmend für die Idee, bis ich schließlich realisierte, dass ich noch bis Mitte November in einem Jugendkunstprojekt eingebunden war. Im Winter einsam und verloren durch Eis und Schnee die Pyrenäen zu überqueren schien mir eine Expedition, die mich durchaus vom trüben Regen in einen orkanartigen Sturm katapultieren könnte – und so verwarf ich den Einfall wieder.

Aber gab es nicht andere Möglichkeiten, um eine vergleichbare Art der Selbsterfahrung zu machen? Heike kam mir wieder in den Sinn und ihr Vorschlag eines Vipassana-Kurses. Auch ihre Schwärmereien über Nepal, das »Land der Götter«, wo sie schon mehrmals meditiert hatte. Klar, nicht Indien sollte es sein, sondern Nepal. Das bedeutete Spiritualität *und* Abenteuer. Denn es gab ein Gebirge dort – und was für eines! Aufgeregt setzte ich mich auf. Geniestreich des Himmels! Ich würde nach Nepal reisen und im Himalaya wandern gehen! Ich hatte zwar keine großartige Bergerfahrung, aber immerhin war ich in den Alpen aufgewachsen und hatte in meiner Jugend den einen oder anderen Gipfel erklommen.

Zudem wusste ich von Heike, dass es dort genügend Touren gab, die sogar eine Berliner Stadtpflanze, zu der ich mittlerweile mutiert war, bewältigen konnte. Land in Sicht! Wenn alle Welt die Erlösung auf dem Jakobsweg suchte, würde ich sie im Himalaya finden – und müsste mir zudem nicht die Blöße geben, wie ein Dackel dem guten Kerkeling hinterherzujuckeln. Das Abenteuer, eine Zeit lang ganz allein in den Bergen zu sein und eine Expedition per pedes zu wagen, hatte mir schon immer eine freudige Gänsehaut beschert, allein deshalb, weil es eine Extremerfahrung war, die einen mit sich selbst konfrontierte. In der Stimmung, in der ich mich befand, konnte das zwar alles andere als nur genussvoll werden, aber vielleicht verhalf mir ein solches Unterfangen endlich wieder zu mehr Durchblick – bei meinem inneren Chaos keine schlechte Alternative.

So vergaß ich kurzzeitig meine miese Laune und machte mich aufgeregt an die Planung. Ab Mitte November konnte ich weg, Mitte Januar musste ich zu meinem nächsten Projekt zurück sein. Mir standen also knapp acht Wochen zur Verfügung.

Da ich schon öfter gereist war und mich immer gern ohne Vorkenntnisse in ein neues Land begab, blieb in den nächsten beiden Monaten nicht viel vorzubereiten. Ein Paar Trekkingsschuhe, eine warme Jacke, die Reiseapotheke, das Visum, der *Lonely-Planet*-Reiseführer für Nepal, dazu noch ein anderer, der auf Trekking spezialisiert war, und ein schwarzes Moleskin-Notizbuch – mehr brauchte ich nicht, den Rest würde ich in Nepal besorgen können.

Während meine Freunde, die mich und meinen Hang zu spontanen Abenteueraktionen kannten, recht gelassen auf meine Himalaya-Aktion reagierten, waren meine Eltern einigermaßen schockiert, als sie hörten, dass ich Weihnachten allein in einem fernen Land verbringen wollte. Aber ich versprach, ihnen ab und an ein Lebenszeichen zu geben, und so sagten sie nichts mehr. Wir hatten nicht über meine Krise gesprochen, aber es war ihnen nicht entgangen, dass dieses Jahr bislang nicht gerade eine Rutschpartie des Frohsinns für mich gewesen war.

So fand ich mich am 21. November 2007 mit meinem Rucksack auf dem Rücken am Flughafen Berlin wieder, um mich für sieben Wochen in Nepal auf die Suche zu machen. Nach – ja, was war es denn? Nach dem Vertrauen zu mir selbst, dem roten Faden in meinem Leben. Ansonsten hatte ich keinen festen Plan. Ich wollte in den Bergen wandern gehen, alles Weitere sollte sich auf der Reise zeigen. Ich war nur froh, meine verfahrene Situation hinter mir lassen zu können. Und damit den Druck loszuwerden, schnellstmöglich wieder klarkommen zu müssen. Und wenn ich die gesamte Zeit lethargisch in einem Hotelzimmer liegen würde – zumindest würde keiner Notiz davon nehmen. Ich müsste nichts mehr erklären oder rechtfertigen. Doch eines gelobte ich mir: nicht weiter über meine Krise und etwaige Auswege daraus nachzudenken. Wenn ich eines in diesem schrecklichen Jahr realisiert hatte, dann, dass mich das Analysieren keinen Schritt weitergebracht hatte.

Chaos und schlechte Laune –
Ankunft in Nepal

22. November 2007

Die Maschine landet um neunzehn Uhr Ortszeit in Kathmandu. Knapp dreißig Stunden bin ich seit meinen Start unterwegs und entsprechend benebelt.

Wir werden in einen ziemlich chaotischen und leicht lädierten Empfangsterminal geleitet, der mehr an eine Turnhalle aus den Fünfzigerjahren erinnert als an einen Flughafen. Erst beim Anblick des verlotterten Gebäudes wird mir bewusst, welcher Würdigung allein die Tatsache bedarf, dass der Flieger – mit mir darin! – heil gelandet ist. Nun heißt es, feste die Daumen drücken, dass mein Rucksack den Weg ebenso gut überstanden hat. In einer Ecke stapelt sich ein Berg von Gerümpel und vereinzelten Gepäckstücken, die wohl vergeblich darauf warten, dass sich irgendjemand ihrer annimmt und den Eigentümern zusendet.

Ein kleiner, runzeliger Alter hinter einem einfachen Verkaufsstand bietet Tee und heiße Zitrone an. Zwei andere, etwas jüngere Männer mit schwarzen Augen und markanten Gesichtszügen laufen mit einem Bauchladen umher und verkaufen Süßigkeiten und Gebäck. Was für ein Kontrast zu den hochmodernen Kaffeelounges in Berlin! Strahlt auf jeden Fall mehr Atmosphäre aus als ein schicker Starbucks-Tresen. Ich wechsele als Erstes ein wenig Geld und komme mir enorm wohlhabend vor mit 2200 Rupien, die ich für meine 20 Euro erhalte. Mit meinem Reichtum wende ich mich dem Teeverkäufer zu und bestelle »*a cup of tea*«. – »*Chiyaa!*« Er spricht es aus wie »Tschaiiiiiii« und strahlt mich dabei an, als sei ich der Nikolaus in weiblicher Gestalt. Zudem nickt er heftig mit dem Kopf, sodass der Bommel seiner quietschgelben Mütze wild hin und her schlackert. Gebannt starre ich auf sein Haupt, am liebsten würde ich sie ihm sofort von den Haaren herunterreißen. So eine werde ich mir auf jeden Fall besorgen – ich liebe knallige Farben. Doch vorerst begnüge ich mich mit dem Tee, schlendere damit schlürfend herum und dehne meine verspannten Pomuskeln. Dabei mustere ich die Menschen, die mit mir im Flieger saßen. Erstaunlich wenige Touristen, vielleicht fünfzehn, maximal zwanzig Personen, die westlich aussehen. Ich wette, sie wollen zum Trekking in die Berge, leicht zu erkennen an ihrem sportlichen Look. Die Einheimischen sind anders gekleidet, seriöser, etwas edler. Schwarzhaarige Männer stecken in Anzügen, einige ebenso schwarzhaarige Frauen mit sehr ebenmäßigen Gesichtern tragen lange Röcke und schöne, bunte Tücher um den Hals oder im Haar. Das sind also die Nepalesen. Sehen auf jeden Fall gut aus – etwas kleinwüchsig, aber da ich selbst eher eine Zwergin bin, fühle ich mich hier fast heimischer als bei den ein Meter achtzig großen Blondie-Modeltypen.

Auf einer Bank neben dem Transportband, auf dem hoffentlich bald mein Gepäck eintreffen wird, lasse ich mich mit meinem Tee in der Hand nieder. Das Laufband hat seine besten Tage schon vor Jahren gesehen und rattert laut quietschend etwa zwanzig Minuten gähnend leer vor sich hin, bevor sich der erste Koffer darauf zeigt.

Nachdem ich mich weitere zwanzig Minuten später innerlich von meinen Rucksack verabschiede und dabei verfluche, dass ich so unbekümmert den Abschluss einer Gepäckversicherung in den Wind geschlagen habe, rumpelt er endlich auf mich zu – leicht verstaubt, aber unversehrt. Voller Erleichterung greife ich nach ihm und bin nun bereit für alles, was da meiner harren mag.

Vor dem Flughafen zunächst ein Meer von Taxis, deren Besitzer den Kampf um die paar wenigen Ausländer, die aus der Halle treten, eröffnen. Die Einheimischen steuern zielstrebig auf eine Taxizone am Ende des Platzes zu. Von rechts, links, oben und unten schallt mir ein ohrenbetäubendes »*Taxi, Madam?*« oder »*Cheap room, need cheap room?*« entgegen. Hilflos schüttele ich nur den Kopf und suche verzweifelt nach dem Schild »*Yellow Guesthouse*«, das mir von dem Besitzer des schon in Deutschland reservierten Hostels angekündigt worden ist. So überflüssig ich die Aktion in Berlin noch empfunden und nur auf Insistieren eines Freundes unternommen hatte, so erleichtert bin ich angesichts dieser plärrenden Menschenmenge, als ein freundlich lächelnder Mann plötzlich vor mir steht, »*Miss Eidecka?*« sagt und mich auf mein beglücktes »*Yes!*« zu einem kleinen, weißen Auto führt.

Auf den ausgebeulten schwarzen Ledersitzen sitzt bereits ein etwa vierzigjähriger Mann, sein weißlich-gelber Teint und die fast identische Jack-Wolfskin-Regenjacke, wie ich sie selbst trage, geben Auskunft über die nähere Spezies: Trekker. Ich vermute: aus Schweden. Der zuvorkommende Nepalese verstaut meinen Rucksack im Kofferraum, ich klettere auf die Rückbank – und wir starten. Der Tourist ist kein Schwede, sondern stammt aus Holland und übernimmt die Konversation mit dem Nepalesen, sodass ich aus dem Fenster blicken kann und allmählich begreife, dass ich nun tatsächlich in Nepal bin.

Die Straßen sind in Dunkelheit gehüllt, lediglich schemenhaft lassen sich ein paar einfache Hütten orten, aus denen gedämpftes Licht fällt. Das Auto ruckelt stark, die Strecke ist offenbar übersät mit Schlaglöchern. Als wir näher an den Hütten vorbeifahren, erkenne ich, dass das sanfte Licht von brennenden Kerzen herrührt. Wir passieren Holzverschläge, hinter denen Verkäufer in Wollpullovern und Handschuhen allerlei Krimskrams anbieten. Davor stehen Männer und Frauen mit dicken Mützen um Feuerstellen herum und wärmen sich die Hände. Und überall Kinder. Unmengen von ihnen springen, liegen und krabbeln durch die Gegend. Die Dunkelheit in den Häusern täuscht: Es ist noch nicht Schlafenszeit, sondern gerade mal acht Uhr abends.

Warum brennt nirgends eine Lampe – gibt es hier etwa keine Elektrizität? Das kann doch wohl nicht sein? Nein, Blödsinn, die Flughafenhalle war ja auch beleuchtet. Aber hier herrscht Dunkelheit. Der Schein der Kerzen ist romantisch, verstärkt aber gleichzeitig den Eindruck, dass ich fern, fernab meines gewohnten Lebensstandards gelandet bin.

Der Holländer wundert sich ebenso wie ich und fragt unseren Fahrer nach dem Grund für das fast schwarze Stadtbild. »Verzeihen Sie, Mister, Nepal ist arm. Jeden Tag zwischen acht und neun Uhr abends schaltet die Regierung den Strom ab – um Geld zu sparen«, ist die knappe Antwort in breitem Englisch. »Aber bitte machen Sie sich keine Sorgen!« Er lächelt uns an. »Im Touristenviertel in Thamel werden Sie Elektrizität haben!« Die Art, wie er sich fast bei uns entschuldigt für die Armut seines Landes, berührt mich, und so gelange ich ziemlich still in die Hauptstadt des Landes, das mich in den nächsten Wochen beheimaten wird.

Am Tresen in einer Bar

Da bin ich nun also in Kathmandu. Nepal. Asien. Tausende Kilometer weit weg von zu Hause. Diese Bar hier könnte auch in Berlin (allerdings mehr im vornehmen Steglitz denn in Kreuzberg) oder irgendwo sonst in Europa sein. Ein schwarzer Tresen, dahinter ein gläsernes Regal mit etlichen Alkoholika aus Europa und den USA, moderne Stühle und Tische, Kellner mit roten Schürzen und weißen Hemden. Das ist Thamel, das Touristenviertel in Kathmandu. In der Tat gibt es hier Strom, und unter Garantie verirrt sich kein Einheimischer in solch ein Etablissement. Ich wollte eigentlich lieber in das »richtige« Kathmandu, aber als ich den Mann an der Rezeption meines im Übrigen bescheidenen, aber sehr heimeligen Hostels nach dem Weg »raus« aus Thamel fragte, deutete er auf die Uhr und meinte: »Sorry, Madam, aber es ist zu spät. Bleiben Sie lieber hier in Thamel.« Lächelnd fügte er hinzu: »Zu Ihrer eigenen Sicherheit.« Mir erschien diese Fürsorge äußerst seltsam. Aber aufgrund meiner müden Beine und Augen verschob ich eine Erforschung der Stadt auf den nächsten Tag und entschied mich, mir lediglich noch ein Bier in dieser edlen Stätte ums Eck zu genehmigen. Als ich einen der auffallend attraktiven dunkelhaarigen Kellner auf Englisch frage, welches Bier er mir empfehle, lacht der und ruft seinem Kollegen irgendetwas Unverständliches zu. Dieser eilt neugierig herbei und fragt mich nochmals, was ich möchte. »Ich würde gern ein Bier trinken«, wiederhole ich. »Welches würden Sie mir empfehlen?« Da lachen beide, und der zweite Typ holt eine Flasche hervor, auf der »*Mount Everest – the real beer of Nepal*« steht. Na also. Genau das wollte ich. Ich verstehe zwar nicht, was an meiner Bestellung so komisch sein soll, aber da die Kellner sehr sympathisch wirken, proste ich ihnen grinsend zu, was sie wiederum erneut zu einem herzlichen Gelächter animiert. Scheinbar ein lachlustiges Völkchen, diese Nepalesen, denke ich – schon mal ein Pluspunkt. Am Tisch nebenan feiert eine Runde von Australiern – so schließe ich aus ihren Reden – lautstark ihren Abschied. Mir bleiben bis dahin ganze sieben Wochen – eine lange Zeit.

23. November 2007

Sitze in einem kleinen Restaurant irgendwo in den Straßen von Kathmandu. Ich habe das Touristenghetto verlassen und bin wohl in der Wirklichkeit gelandet. Was gestern im Kerzenschein noch so romantisch erschien, entpuppt sich bei Tag als quirliger Großstadtmoloch mit großteils nicht asphaltierten Straßen, Menschen, die am Boden kauern und schrumpelige Orangen und Bananen vor sich ausgebreitet haben, Wohnungen, die mehr Hütten sind und in denen sechsköpfige Familien leben, Frauen, die mit ihren um den Bauch gebundenen Kindern betteln. Obwohl ich schon öfter in wenig wohlhabenden Ländern war, übertrifft das hier alle Erwartungen. Die Armut schlägt einem unentwegt mit gnadenloser Wucht entgegen. Gleichzeitig hat das gesamte Chaos auch trubeligen Jahrmarktscharakter. Durch die engen Gassen drängen sich junge Männer auf bunt ausstaffierten Fahrrädern mit ebenso bunten Rikschas im Anhang, in denen Menschen wie auch Gemüse, Obst, Holz und frisch geschlachtete Ziegenböcke transportiert werden. Überall hupt und quietscht es, schöne dunkelhaarige Frauen in farbenprächtigen Gewändern wandeln mit Körben voller Gemüse auf den Köpfen durch die verdreckten Gassen, in denen auf einfachen Holztischen geköpfte Hühner und aufgeschlitzte Schweinemägen dargeboten werden. Alle paar Meter sitzt ein Teeverkäufer am Boden und kocht auf einem Spirituskocher *chiyaa*. An manchen Orten stinkt es bestialisch – eine Mischung aus Abwasser, verbranntem Plastik und Räucherstäbchen. Hinter alldem bieten die in der Ferne weiß schimmernden Gipfel des Himalaya eine Kulisse, die sich für einen Abenteuerfilm eignet – ich bin völlig überfordert.

Der Kontrast zu Thamel könnte nicht deutlicher sein. Die Erste Welt gastiert in einer vornehmen Parzelle innerhalb der Dritten. Während die Menschen hier ihre Waren am Boden anbieten, reiht sich in Thamel ein Geschäft ans nächste – ein wahres Shoppingparadies mit Klamotten, Schmuck, Trekkingausrüstung von A bis Z und an die fünfzig Internetcafés. Das gesamte Viertel ist auf die Bedürfnisse westlicher Touristen ausgerichtet, die hier alles erstehen können, was es in ihrer Heimat auch gibt, dafür aber nur einen Bruchteil des dortigen Preises zahlen müssen. Ebenso groß ist der Unterschied bei den Restaurants. Das, in dem ich gerade sitze, besteht aus drei primitiven Tischen, dekoriert mit gelb-orangefarbenen Plastiksets, auf denen das Essen serviert wird. Meist Dhal Bhat, das nepalesische Nationalgericht, bestehend aus einer riesigen Portion Reis, Linsen, etwas Gemüse und Chutney. Das Ganze gibt's noch in einer Variante mit Hühnerfleisch, dazu eine Auswahl an verschiedenen Teesorten, das war's.

In Thamel hingegen, wo ich heute Morgen gefrühstückt habe, wurde ich gefragt, ob ich ein französisches, englisches oder amerikanisches Frühstück bevorzuge. Zu diesem offerierte man mir Tee, Kaffee, Kakao oder frisch gepressten Orangensaft – für umgerechnet 2,50 Euro, was gemessen an den Preisen in Deutschland bereits extrem wenig ist. Wenn man aber bedenkt, dass ich für das ausgezeichnete Dhal Bhat in diesem kleinen Restaurant keine 30 Cent zahle, wird deutlich, welche Welten zwischen Thamel und dem Rest von Kathmandu liegen.

Ich befinde mich in einem Dilemma: Mich in Thamel aufzuhalten scheint mir absurd. Bin ich nach Nepal geflogen, um mich in einem Abklatsch meiner sonst üblichen Umgebung aufzuhalten, in dem ich mehr von der europäischen beziehungsweise amerikanischen Kultur kennenlerne als von der hiesigen? Gleichzeitig aber strapaziert die Armut im »wahren Leben« Kathmandus meine Nerven – eine paradoxe Situation, die sich hoffentlich auflösen wird. Oder war es womöglich doch eine Schnapsidee, so weit zu reisen, nur um zu mir selbst zu finden?

24. November 2007

Ich begreife nicht, wie Heike von dieser Stadt schwärmen und sie mir als »idealen Ort zum Ankommen« empfehlen konnte. Nach ihren Erzählungen hatte ich mit einem größeren idyllischen Dorf gerechnet, in dem man die Spiritualität an jeder Ecke einatmen kann, Ruhe findet und Langsamkeit erfährt. Auf den Gedanken, in ein lärmendes Armutsghetto hineingestoßen zu werden, wäre ich nie gekommen. Wobei ich mir Heike hier problemlos vorstellen kann. Sehe sie vor mir, wie sie mit langen, bunten Gewändern und Sandalen, ähnlich denen, die die Frauen hier tragen, strahlend durch die Straßen schlendert, mal hier, mal dort verweilt, immer ein warmes »*Namaste!*« auf den Lippen – was nicht weniger bedeutet als »Ich verneige mich vor dem Göttlichen in dir«. Ich habe sie vor Augen, wie sie Tee trinkt, Gebäck knabbert und die unzähligen handgewebten und gestrickten Schals, Mützen und Tücher, die die Einheimischen zum Verkauf anbieten, mit der gebührenden Bewunderung bestaunt. Schönes Bild. Ich hingegen stampfe mit meinen klobigen Schuhen, Jeans und der Goretexjacke misslaunig durch die Gegend und bin praktisch permanent auf der Flucht vor Verkäufern oder anderen Dienstleistungsanbietern.

Nachmittags, mit Ohropax ausgestopft, alle viere von mir gestreckt

Merke, wie mir die Erschöpfung der letzten Monate psychisch und physisch in den Knochen steckt. Wahrscheinlich bin ich deshalb auch so überfordert von allem. Am liebsten liege ich hier auf dem Bett, lese, schlafe über meinem Buch ein oder mache Yoga in dem einigermaßen beschaulichen – wenn man mal von dem tönenden Dauergehupe absieht, das von den Straßen zu hören ist – kleinen Garten meines Hostels.

Aus diesem Grund habe ich beschlossen, mir ein ruhigeres Plätzchen zu suchen und erst am Ende der Reise nach Kathmandu zurückzukehren. Vielleicht bin ich dann für dieses pralle und lebhafte Durcheinander aufnahmebereiter. In meinem Reiseführer bin ich auf Pokhara gestoßen, einen kleineren Ort, etwa zweihundert Kilometer von der Hauptstadt entfernt, der sich ganz beschaulich anhört. An einem See gelegen, rundum nur Natur, und angeblich ideal geeignet als Ausgangspunkt für etliche Trekkingtouren rund um den Annapurna, neben dem Mount Everest der berühmteste Berg des Himalaya.

Mit einem Bier im Garten meines Hostels

Ein Mindestmaß an kultureller Auseinandersetzung mit dieser Stadt erfüllte ich noch mit dem heutigen Nachmittag, weshalb ich beruhigt weiterziehen kann. Als ich nochmals das Hostel verließ, sprach mich ein sehr netter

Nepalese an und fragte mich, woher ich denn käme. Als ich ihm sagte, ich sei aus Berlin angereist, schien er sich sehr über meine Antwort zu freuen. Er stellte sich als Hari vor und erzählte mir in fast akzentfreiem Deutsch, dass er ein Jahr Jura in Heidelberg studiert hätte und mein Heimatland über alles lieben würde.

Als er wissen wollte, wie ich denn seine Stadt fände, geriet ich übelst in Verlegenheit, fürchtete ich doch, ihn vor den Kopf zu stoßen. »Nun …«, druckste ich herum, »all die vielen Eindrücke kann ich kaum bewältigen, aber ich bin auch erst seit zwei Tagen in Kathmandu.« Er sah mich prüfend an und sagte schließlich: »Für eine vornehme Dame wie Sie …« – noch nie im Leben war ich so bezeichnet worden, schon gar nicht in Anorak und Jeans, und starrte ihn deshalb mit riesigen Kuhaugen an – »… ist das hier nichts.« Er machte eine Handbewegung zu zwei am Boden kauernden Bettlern. »Wir sind zu arm für Sie!« Ich zuckte richtiggehend zusammen, so sehr beschämte mich die Nüchternheit, mit der er den Unterschied zwischen uns beiden auf den Punkt brachte.

»Aber nein, die Armut macht mir nichts aus. Also schon ein wenig, aber nicht in diesem Sinne …«, stotterte ich hilflos und kam mir ausgesprochen dämlich vor.

»Sie brauchen mir nichts zu erklären«, unterbrach er mich, immer noch sehr liebenswürdig. »Aber darf ich Ihnen ein wenig meine Stadt zeigen?« Galant reichte er mir dabei seinen Arm. Ich blickte sehnsüchtig zu dem Stand mit frisch gepressten Obstsäften, zu dem ich mich eigentlich hatte begeben wollen. Gleichzeitig wusste ich, dass ich einen Teufel tun würde, dieses Angebot von Hari auszuschlagen. Ob ich gerade Lust auf Sightseeing hatte oder nicht, spielte dabei keine Rolle, es ging um meine Ehre als Kritikerin des neoliberalen Kolonialismus, und so hakte ich mich bei ihm unter.

Jetzt, zwei Stunden später, weiß ich eine Menge mehr über Kathmandu und die Zusammensetzung der Bevölkerung: Hinduisten (etwa 74 Prozent), Buddhisten (22 Prozent) und Christen (vier Prozent). Hari nahm seinen selbst erwählten Auftrag, mich in die Kultur seiner Stadt einzuführen, sehr ernst. Ich kenne den Unterschied zwischen tibetischen Pagoden, indischen Shikaras, nepalesischen und indischen Stupas und kann Shiva, Vishnu und Krishna – laut Hari drei der wichtigsten Gottheiten des Hinduismus – auseinanderhalten. Unglaublich, wie viele Tempel es in dieser Stadt gibt, insgesamt mehr als hundert! Nun habe ich zumindest auch verstanden, warum die beiden Kellner in der Bar vom ersten Abend sich so über meine Frage nach dem Bier, das die Nepalesen trinken, belustigt haben. Das gibt es nämlich praktisch nicht. Ein gläubiger Hindu trinkt keinen Alkohol. Generell lebt er eher enthaltsam – dies zwar nicht als Dogma, aber zwecks des guten Kharmas.

Außerdem hat Hari mir in mein Notizbuch die zehn »Must-Sightseeing-Plätze« aufgeschrieben, die ich mir alle ansehen werde, wenn ich nach dem Trekking zurückkehre – das musste ich ihm hoch und heilig versprechen. Und zu guter Letzt gab er mir noch diverse Routenvorschläge im Annapurnagebiet mit, inklusive einer Liste, auf der steht, was ich mir noch in Pokhara besorgen sollte. Gold wert, dieser Typ. Allerdings hat er dementsprechend zum Schluss seiner Tour auch einen Lohn verlangt, was mich einigermaßen irritiert – okay, sagen wir es ehrlich: tierisch geärgert – hat. Wenn sein Verhalten auch logisch ist, Hari finanziert sich über solche Stadtbegehungen. Aber ich frage mich natürlich nun, ob die gesamte Story von vornherein eingefädelt war, also ab dem Zeitpunkt, wo er von der Armut sprach. Denn damit hatte er mich selbstredend an der Angel. Gleichzeitig finde ich mich schrecklich, weil ich so misstrauisch bin und mich frage, ob seine Freundlichkeit echt war oder nicht. Denn im Endeffekt sind meine Überlegungen lächerlich. 20 Euro hat er erhalten – so viel gebe ich in Berlin an etlichen durchzechten Abenden in der Kneipe aus – halte also einfach deine Klappe, Teresa!

25. November 2007
Auf der Fahrt nach Pokhara an einem nicht eben romantischen Rastplatz

Meine Güte, ob wir wohl jemals ankommen werden? Knapp zweihundert Kilometer sind es von Kathmandu nach Pokhara – und wir sitzen bereits seit fünf Stunden im Bus, dabei haben wir gerade mal die Hälfte der Strecke geschafft. Obwohl der Fahrer mit Karacho von Schlagloch zu Schlagloch rattert – mit dem Ergebnis, dass die halbe Busbelegschaft sich ausdauernd und anhaltend übergibt –, bewegen wir uns kaum schneller als mit dreißig Stundenkilometer durch die bizarr geformte Bergidylle. Ich sehne mich nach Deutschlands Autobahnen, von den hygienischen Standards der Raststätten ganz zu schweigen.

Bislang habe ich immer zynisch gelästert: Ja, das sind die Dinge, die Menschen an Deutschland bewundern: die Sauberkeit und die technische Überlegenheit. Weil ich Eigenschaften wie Offenheit, Kreativität und Menschlichkeit natürlich für weitaus edler halte. Angesichts des verschimmelten Holzverschlags, den sie uns hier ernsthaft als Klo verkaufen, bin ich mir nicht mehr so sicher. Allein das Pinkeln über dem stinkenden Loch im Boden stellt eine echte Herausforderung dar, für die Oberschenkelmuskulatur ebenso wie für den Magen. Was gäbe ich für eine saubere Sitztoilette mit Klopapier, Waschbecken und diesen himmlisch nach Zitrone oder frischer Waldprise duftenden WC-Steinen!

Frühsommernachmittag in Pokhara

Als unser Bus gegen siebzehn Uhr, nach insgesamt neun Stunden Fahrt, endlich auf dem Busparkplatz in Pokhara einrumpelt, erwartet uns erneut eine beachtliche Ansammlung von nepalesischen Taxifahrern und Hostelbesitzern. Diesmal habe ich mir kein Zimmer reserviert, und so stehe ich recht hilflos in der glühenden Sonne – der Temperaturunterschied zu Kathmandu ist sehr deutlich, schätzungsweise eine Differenz von 15 Grad Celsius –, während von allen Seiten ein weiteres Mal der *Taxi-madam-taxi-cheapest-hostel-in-town*-Blues auf mich eindröhnt. Plötzlich habe ich ein kreisrundes und breit strahlendes Gesicht vor dem meinen kleben: »*You need room!*«, stellt der rundliche Mann um die vierzig fest, zu dem das Gesicht gehört. Ich nicke verschüchtert. »*I have room – come with me!*« Beherzt nimmt er meinen Arm und führt mich fort. Ich sehe mich fast ängstlich nach den anderen Touristen um, aber die sind bereits in den Autos diverser Hostelanbieter verschwunden. So laufe ich also hinter meinem Begleiter her, wobei ich mich vergewissere, dass ich nicht in die letzte Hütte abgeführt werden soll:

»Es gibt schon eine Dusche?«

»*Yes!*« Er strahlt.

»Und ruhig ist es auch?«

»*Yes!*« Noch mehr Leuchten im Gesicht.

»Und wie viel kostet ein Einzelzimmer?«

»*300 Rupies, okay?*« Kurzzeitig entgleitet ihm sein siegesgewisses Strahlen, aber ich nicke – klar, das waren mal wieder nicht mehr als lächerliche drei Euro.

»Ich heiße Modhi und dies«, er hält nun vor einer roten Maschine und deutet stolz darauf, »ist mein Motorrad. Ist das okay, oder brauchen wir ein Taxi?« Er wirft einen Blick auf meinen Rucksack.

»Schon in Ordnung.« Kurzzeitig steigt in mir die Frage auf, ob ich denn nicht völlig wahnsinnig bin, mich bei einem wildfremden Mann aufs Motorrad zu setzen? Sehe mich bereits als geknebelte Geisel, irgendwo auf einem einsamen Feldweg abgeworfen, während mein gesamtes Hab und Gut auf den Märkten Pokharas verscherbelt wird. Aber dann siegt mein Vertrauen in Modhi und die Welt an sich, und ich steige frohen Mutes auf seine kleine Höllenmaschine. Die Fahrt ist kurz, verdeutlicht aber sofort, dass Pokhara um einiges ruhiger und bei Weitem nicht so verdreckt und verarmt ist wie Kathmandu. Klar, Pokhara hat insgesamt nur 190 000 Einwohner, während Kathmandu mittlerweile mehr als eine Million Menschen zählt. Berlin ist ja auch nicht Salzburg ...

Wir biegen in eine ruhige Seitenstraße und halten vor einem schmucken weißen Haus mit einer großen Terrasse auf dem Dach und einem kleinen Innenhof. Modhi ruft irgendetwas, und eine kleine, zarte Frau kommt zur Tür herausgelaufen und begrüßt mich mit einem lauten »*Namaste*«.

»Das ist meine Frau Chini«, sagt Modhi. »Und das«, mit einer schwungvollen Geste umfasst er das Hostel hinter ihm, »ist Harvest Moon. *Welcome!*«

Als er mir mein Zimmer zeigt, bin ich begeistert. Es ist sehr hell, hübsch eingerichtet und hat Sommerinselcharakter. Von der Terrasse aus sieht man auf die schneebedeckten Gipfel des Himalaya – die Gebirgskette ist inzwischen beträchtlich näher gerückt.

Zurück im Harvest Moon

Das Hostel ist ein Volltreffer, vor allem weil Modhi und Chini so unglaublich nett sind. Ich fühle mich jetzt schon heimisch. Außer mir gibt es keinen anderen Gast. Die Dachterrasse gehört also mir allein, ein Vorteil, den ich gleich zu einer ausgiebigen Yoga-Session genutzt habe.

Der kurze Spaziergang zum See war allerdings eine herbe Enttäuschung. Die gesamte Promenade offenbarte sich mal wieder als einzige Touristenmeile: Ein Laden – diesmal fast ausschließlich auf Trekkingzubehör ausgerichtet – reihte sich an den nächsten, ebenso wie etliche der schon aus Thamel bekannten Restaurants im westlichen Stil. Man konnte Ruder- oder Tretboote mieten, aber es ist nicht erlaubt – aus welchem Grund auch immer –, im See zu schwimmen. Alles erinnerte mich, auch landschaftlich, an den Königssee, eine sehr beliebte Touristenattraktion in meiner Heimat Berchtesgaden. Ähnlich wie die Verkäufer hier stand ich einst als Jugendliche unter Musikboxen, aus denen die Wildecker Herzbuben lauthals »Herzilein, du musst nicht traurig sein« tönten. Ich verkaufte kitschige Souvenirs und Deutschlands Volksverdummungsblatt Nummer eins an verhetzte und verschwitze Wanderfreunde, denen ich auf ihr blödes »Frolleiiiin! Ham Se ma 'ne *BILD*?« am liebsten immer selbige erst in Gusseisen getaucht und dann über den Schädel geschmettert hätte.

Diese üblen Erinnerungen stiegen in mir beim Anblick der illustren Promenade hoch, wo auch jetzt Massen dieser Spezies Mensch flanierten. Alles in mir weigerte sich, mich zu ihnen zu gesellen. Zu tief steckte mir noch die Verachtung von damals in den Knochen. Ich verzichtete auf eine nähere Erkundung und verzog mich mit meinem Buch ins Bett.

26. November 2007

Meine Laune ist trotz landschaftlicher Traumkulisse vor dem Fenster nach wie vor unverändert. Genau betrachtet, bin ich ähnlich mies drauf wie in Berlin und vegetiere dumpf vor mich hin. Außer Bücher zu lesen habe ich noch nichts Großartiges getan. Das nervt. Hoffentlich waren meine Erwartungen an diesen Trip nicht zu groß.

Insgeheim hatte ich wohl damit gerechnet, dass mich mit meiner Ankunft in Nepal automatisch die Lust auf abgefahrenste Aktionen überfallen würde. Nächtliche Mondscheinpilgerungen, Yoga bei Sonnenaufgang, Flussüberquerungen mit einem selbst gebauten Floß, Campieren unterm Sternenhimmel. Lauter kleine Highlights, von denen man noch Jahre später schwärmen würde. Tja, so leicht lässt sich mein innerer Schweinehund aber nicht überlisten. Ich spüre richtiggehend Widerstand – wahrscheinlich, weil ich weiß, dass es mal nicht um eine verkopfte Analyse meiner Situation geht. Sondern? Bislang kam noch nichts.

Die Berge sind mein Silberstreifen, ich möchte so schnell wie möglich losziehen. Das Einzige, was noch fehlt, ist die Trekkinggenehmigung des Touristenbüros. Sobald ich die habe, geht es los. Und ich werde auch nichts zum Lesen mitnehmen – mal sehen, was passiert. Es ist unmöglich, immer zu schlafen, und wenn auch noch das Buch als Fluchtinsel wegfällt ...

Was dann eintritt, das kann interessant werden – oder auch grauenhaft langweilig.

Gegen Abend in sanfter Vorfreude auf der Dachterrasse

Mein Rucksack ist gepackt, dabei habe ich noch allerlei nützliche Dinge in diesen ach so schrecklichen Geschäften erstanden. Vor allem aufgrund Modhis Warnung vor vehementen Minustemperaturen ist nun auch Fleece-Unterwäsche sowie eine Goretex-Skihose mit von der Partie. Außerdem habe ich – nach langem Zögern – einen Trekkingstick gekauft. Fand diese Dinger bislang immer äußerst peinlich und nichts für Abenteurerinnen wie mich, aber als ich vorhin im Laden vor den Stecken stand, entschied ich mich unvermittelt um, und so baumelt er nun am Rucksack – präventiv ...

Modhi fragte mich, ob er mir einen Träger oder Führer für die Berge besorgen solle. So liefe das hier normalerweise. Man engagiert zwei Männer, den einen als *guide*, der die Route aussucht, einen begleitet und dabei Infos zu Land und Kultur gibt. Dazu holt man noch einen *porter*, der einem das Gepäck den Berg hinaufschleppt. Maximal zehn Euro pro Mann und Tag kostet diese kleine Erleichterung eines beschwerlichen Treks. Ich wehrte eilig ab – bloß nicht! Allein die Vorstellung, dass ein Nepalese meine Sachen trägt, scheint mir abartig. Wir sind schließlich nicht mehr im Mittelalter, wo man sich Sklaven hält! Mal abgesehen davon, dass ich auch keine Lust hätte, ständig einen Menschen – noch dazu einen fremden – um mich zu haben. Mir geht es doch explizit darum, *allein* ins Gebirge zu gehen. Einzig mache ich mir Sorgen, ob ich mit meinem schlechten Orientierungssinn die richtigen Aufgänge finden werde. Das Erfolgserlebnis, über das Lesen einer Straßenkarte das von mir anvisierte Ziel zu erreichen, tritt bereits in Berlin allzu selten ein. Die Bergkarte ist um einiges unübersichtlicher. So bleibt die Frage offen, was für einen Trek ich letztlich machen werde. Zum Schluss lande ich noch auf dem Gipfel des Mount Everest ...

Tatsächlich habe ich einen anderen Plan: Ich will zum ABC, zum Annapurna Base Camp, das am Fuße des zweithöchsten Berges von Nepal liegt. Hört sich großartig an, auch waghalsiger, als es in Wirklichkeit ist – laut meinem Wanderführer ist das eine ideale Strecke zum Eingewöhnen. Dennoch sind es 4300 Höhenmeter bis dort hinauf. Insgesamt werde ich knapp zwei Wochen unterwegs sein, das heißt, bei meiner Rückkehr wird Weihnachten nicht mehr weit sein. Ideale Zeit, um an ein Retreat zu denken. Ich habe noch keine Ahnung, wie sich dieses genau gestalten soll, aber Nepal drängt sich mit seinen unzähligen Klöstern, Tempeln, Ashrams und buddhistischen Zentren für eine gebeutelte Seele wie die meine ja förmlich auf. In meinem Reiseführer finde ich zwei Seiten voll mit Meditations- und Yogakursen. Yoga, denke ich sofort, das wäre ideal! Seit zwei Jahren mache ich fast täglich meine Asanas, zwar weniger in Form einer spirituellen Praxis, sondern vielmehr als sportliche Aktivität – aber dennoch bringen sie mich zumindest zeitweilig zur Ruhe.

Auf einer weiteren Seite stehen die Adressen diverser Vipassana-Zentren. Dazu heißt es: »Die in der Regel zehntägigen Meditationskurse, die im strikten Schweigen abgehalten werden, dienen dem Erlernen der Vipassana-Meditationstechnik, die sich auf eine bewertungsfreie Innenschau konzentriert.« Ich muss zugeben, das hört sich nicht so schlecht an. Heikes Vorschlag sollte ich mir noch mal überlegen! Als ich jedoch den Kommentar von *Lonely Planet* dazu lese, lande ich schnell wieder auf dem Boden der Realität: »Nur für hartgesottene Meditationspraktizierende – zehn Stunden Sitzmeditation pro Tag sind Teil des Programms.« Seufzend vor Erleichterung lege ich den Reiseführer zur Seite. Das kommt nicht in Frage, Krise hin oder her – Foltermethoden halte ich nicht für sinnvoll!

Erster Anlauf –
Annapurna Base Camp

27. November 2007
Start vom See nach Sarankot

Ich gehe relativ spät los und schlendere gemächlich am See entlang. Sehe recht sportlich aus in meiner Wanderhose, meinen tollen neuen Trekkingschuhen und mit einem Rucksack, der nur neun Kilogramm wiegt, aber hoffentlich alle notwendigen Dinge für zwei Wochen im Hochgebirge enthält. Unzählige Taxifahrer sprechen mich an, ob sie mich irgendwo hinbringen sollen, gefolgt von einigen hundert Verkäufern, die mir noch ein paar Kilo Klamotten mehr mit auf den Weg geben wollen. Meine Herren, gehen die einem auf den Geist! Ich antworte mit einem gleichbleibenden freundlichen Lächeln, dazu wiederhole ich stur »*chhaina dhanyabaad*«, »nein, danke«, zwei der wenigen Wörter, die ich bislang auf Nepali kann. Warum kapieren die denn nicht, dass die Penetranz, mit der sie versuchen, überall und ständig etwas anzubieten, nur nervig ist und das Gegenteil von dem erzeugt, was sie beabsichtigen? Selbst wenn ich in Kauflaune wäre, würde mir diese augenblicklich im Hals stecken bleiben, sobald mir ein Verkäufer auf den Fersen klebt und mir seine Angebote fast in den Mund stopfen möchte. Vielleicht sollte Hari ihnen mal ein Coaching anbieten: »Wie trete ich auf, um den reichen Touristen *clever* das Geld aus der Tasche zu ziehen?«

Jetzt bin ich wieder in den Klauen meines bösen Zynismus. Ich würde es ihnen ja gleichtun, wäre ich an ihrer Stelle. Bin ich aber nicht. Mein Flug in dieses Land hat aller Wahrscheinlichkeit nach mehr gekostet, als die Leute hier in einem Jahr verdienen. Auf ähnlicher – für die Menschen hier sicherlich schwindelerregender – Höhe liegt mein Monatseinkommen. Und das, obwohl ich, was meine Finanzen betrifft, bestimmt zum unteren Drittel in Deutschland gehöre.

Später in Sarankot

Hui, das war eine hübsche Quälerei! Drei Stunden in der prallen Sonne konstant einen Steilhang hinauf. Der federleichte Wanderrucksack verwandelte sich während des Aufstiegs in einen schweren Betonklotz. So erreichte ich Sarankot mit zitternden Knien, nass geschwitzt und kaum noch in der Lage, mich aufrecht zu halten. Dabei habe ich nur die Hälfte meiner Tagesetappe der »einfachen und malerischen Einsteigerroute« meines Wanderführers geschafft. Das gibt mir zu denken, was meine Kondition betrifft.

Trotz meiner Erschöpfung konnte ich mich aber noch auf ein kleines Hochplateau oberhalb des Ortes schleppen, von wo man weit über das gesamte Kathmandutal sieht. Nicht schlecht. Sehr atmosphärischer Platz. Jetzt sitze ich in einem kleinen Hostel und habe mal wieder die Terrasse für mich allein, auf der ich mich wohlig ausstrecke. Zum ersten Mal seit meiner Ankunft in Nepal bin ich in richtig guter Stimmung. Vor mir liegt das Himalayagebirge, von der untergehenden Sonne in dunkles Rot getaucht, etwa tausend Meter unter mir das weite

Grünland rund um die nepalesische Hauptstadt. Traumhaft.

Als ich andächtig der Sonne zusehe, wie sie hinter den Bergen verschwindet, taucht ein Gedanke in mir auf: Das war der Zweck der gesamten Talfahrt in den letzten Monaten, nämlich dass ich mich auf diesen Trek begebe! Solch ein Pathos scheint mir dann doch etwas übertrieben. Nur weil ich erstmalig keine schlechte Laune habe? Aber gut. Zumindest bin ich gespannt und neugierig, anstatt lustlos und träge wie die letzten Tage.

Nun naht die Wirtin, eine zierliche und dunkelhaarige Frau in einem dunkelroten Kleid, mit einem köstlich duftenden Dhal Bhat, das wie immer aus Reis, Linsen und Gemüse besteht, zu dem ein Klecks Mango Chutney kredenzt wird. Auch wenn mich Nepal an sich bislang nicht vom Hocker reißt – in die Küche dieses Landes könnte ich mich reinlegen!

Das Dhal Bhat ist noch besser, als es gerochen hat. Als die Frau mich fragt, ob ich auch etwas trinken möchte, bestelle ich ein Bier. Sie blickt mich erschrocken an – und eilt augenblicklich davon. Ich sehe sie in ihren goldenen Sandalen und dem zur rechten Seite gerafften Gewand laut klappernd zu einem Geschäft am anderen Ende der Straße rennen, in dem sie eine Flasche Bier besorgt. Anschließend kehrt sie nämlich mit der zu mir zurück. Wie unangenehm. In Berlin hätte die Bedienung nichts weiter gesagt, außer: »Ham wa nich!«, und ich hätte mich mit Tee oder etwas anderem begnügen müssen. Hier hingegen fallen sofort alle auf die Knie, sobald sie meiner Person nur ansichtig werden, und behandeln mich wie eine Monarchin. Lediglich aufgrund der Tatsache, dass ich aus Deutschland bin.

Die Dritte Welt dient der Ersten. Die dankt in einem fort mit »*dhanyabaad, dhanyabaad*« – und lächelt dabei hilflos, als würde das etwas daran ändern, dass hier die Menschen auf der Straße verrecken, während wir um den Erdball jetten.

Ich beschließe feierlich, dass dies meine letzte Reise in einem derart armen Land sein soll. Ich kann schließlich nicht ständig über die Touristen wettern und zugleich mit unsagbar schlechtem Gewissen herumlaufen, weil ich selbst eine bin. Zudem noch eine, die nicht einmal besonders interessiert ist an Land und Kultur, geschweige denn an der Verbesserung der politischen oder wirtschaftlichen Lage. Mein Ziel ist Selbsterfahrung. So peinlich mir das ist. Als die Wirtin den Tisch abräumt, lächle ich sie nun an und sage freundlich: »*Dhanyabaad, dhanyabaad*« – was denn auch sonst ...

28. November 2007

Während draußen die Nacht einem nebelverhangenen Morgen weicht und mir der Geruch von Feuer und Räucherstäbchen in die Nase steigt, liege ich regungslos auf meinem Bett und lasse die vergangenen Stunden Revue passieren. Ich habe noch allerlei Seltsames erlebt. Nachdem ich früh ins Bett gefallen bin und augenblicklich in einen tiefen Schlaf sank, völlig erledigt von der ungewohnten Anstrengung, wurde ich bereits nach wenigen Stunden wieder wach. Als ich aus dem Fenster sah, erblickte ich den Mond. »Ich muss unbedingt noch mal hinaus!« Kaum gesagt, zog ich mich in einem irren Tempo an und lief nach draußen, um so schnell wie ich konnte auf den kleinen Aussichtsturm hinaufzuklettern. Ich, die in die letzten Nächten sogar zu müde zum Träumen gewesen war! Und wurde prompt belohnt: Die Stimmung dort oben war sagenhaft. Eine Stille, die mich auf eine eigentümliche Art in Empfang nahm, ein Himmel, aus dem die Sterne nicht nur leuchteten, sondern luminös strahlten, und direkt über mir der kleine, kugelrunde Vollmond.

Ergriffen setzte ich mich auf die Erde, schloss die Augen und atmete tief aus. In diesem Moment breitete sich eine Geborgenheit und Ruhe in mir aus, wie ich sie schon seit einer Ewigkeit nicht mehr gespürt hatte. Auch empfand ich eine enorme Erleichterung, ein Gefühl von »endlich bin ich wieder zu Hause«. Es erschien mir wie eine Rückkehr zu einer Seinsebene, die ich lange nicht mehr betreten hatte. So lange, dass ich mich schon gar nicht mehr daran erinnern konnte, überhaupt jemals dort gewesen zu sein. Gleichzeitig erfasste mich eine unheimliche Traurigkeit und Erschöpfung. Wie ein Sturm fegte ein tiefes Weinen und Beben durch meinen Körper hindurch und ließ mich laute Schluchzer ausstoßen. Als würde ich erst jetzt realisieren, *wie* schlimm die letzte Zeit gewesen war. Die Tränen flossen und flossen, bis ich irgendwann erschöpft mit dem Oberkörper zu Boden sank und regungslos liegen blieb. »Ich hab dich so vermisst!«, sagte ich. *Dabei war ich nie weg*, hörte ich als Antwort. *Du hast mich nur nicht mehr wahrgenommen.*

Ich kann nicht sagen, mit wem oder was ich da sprach. Stellte mir diese Frage in diesem Augenblick auch gar nicht – es schien so normal. Ich lag weiterhin auf der Erde und genoss lediglich das Empfinden, nicht mehr so verloren und verängstigt zu sein wie all die Monate zuvor.

Erst jetzt beginne ich, darüber nachzudenken. Was war das? Ein spirituelles Erlebnis? Eine Erscheinung? Bin ich Gott begegnet und nun auf dem Weg zur Erleuchtung – und damit alle Probleme los? Also, das wäre wahrlich nicht schlecht ...

Mal im Ernst: Ich habe schon öfter Dinge erlebt, die ich mir mit meinem Verstand nicht erklären konnte. Ich habe zum Beispiel mal an einem Feuerlauf teilgenommen. Dabei flanierte ich barfüßig über einen rot-gelb leuchtenden Teppich aus glühenden Kohlen, ohne große Eile und ohne mir dabei nur eine einzige Brandblase zu holen. Seither denke ich, dass so einiges möglich ist, was definitiv nicht möglich ist. Das heißt, ich habe mich, auch wenn ich noch vor einigen Jahren allein bei dem Begriff »Spiritualität« mit spöttischem Gelächter blitzschnell das Weite suchte, inzwischen für vieles in diesem Bereich geöffnet. Dennoch wäre es übertrieben, mich als gläubig oder religiös darzustellen. Obwohl oder gerade *weil* ich mit einem Glauben an Gott aufgewachsen bin. Dem Gott der katholischen Kirche. Sonntag für Sonntag malträtierte mich unser vergreister Dorfpfarrer mit seinen endlosen Predigten. So schien mir Gott eher eine leere Phrase zu sein, gepaart mit Klischeebildern eines gütigen alten Mannes mit Rauschebart. Als eine verlässliche Konstante in meinen Leben konnte ich ihn nicht gerade ansehen.

Wenn überhaupt, würde ich mich als Gelegenheitsgläubige bezeichnen. Geht es mir gut und alles läuft glatt, fühle ich mich durchaus als Teil göttlicher Fügung. Kleine Krisen kann ich noch als eine spannende Herausforderung betrachten und frage mich, was mir das Schicksal damit wohl sagen will. Aber wenn ich mich so richtig schlecht fühle – wie eben im letzten Jahr –, falte ich meinen Glauben säuberlich als ein mögliches, aber nicht zwingendes Weltanschauungsangebot zusammen und lege ihn in die Mottenkiste. Dann verlasse ich mich nur noch auf das, was ich Schwarz auf Weiß erkenne – nämlich dass ich ein ganz besonders schweres Los trage. Und dass Gott, sollte es denn einen geben, an meiner Person offensichtlich kein Interesse hat.

Was es mir zudem erschwert, mich als gläubig oder –

schicker formuliert – spirituell anzusehen, sind die in diesem Bereich existierenden Schubladen. Zumindest in meinem Kopf. Da gibt es meiner Meinung nach – bis auf einige wenige, beeindruckende und recht erfreuliche Ausnahmen – praktisch nur zwei Extreme. Einmal die esoterischen Engelchen, die mit sanfter Stimme über Energien, das Universum und die Göttinnen sprechen, kein Fitzelchen Witz haben und ihre Begegnungen mit Kobolden und Geistwesen *sharen* wollen. Oder aber die verknöcherten Katholiken in Lederhosentracht, die einen zum sonntäglichen Kniefall niederzwingen wollen und mit Scheuklappen durch die Gegend rennen und sich dabei humorlos *und* unerotisch gebärden. Weder die einen noch die anderen sehe ich als attraktive Bezugsgruppen.

Trotzdem steht für mich außer Frage, dass es da etwas gibt in unserem komplexen Leben, das sich nicht rational und wissenschaftlich erklären lässt. Aber ob dies ein Gott in Gestalt einer Person ist, wage ich zu bezweifeln. Gott ist für mich sicher keine Instanz, die ich im Außen orte. Eher etwas, das *in* einem ist. Aber das »Göttliche« oder die »universelle Kraft« sind Begriffe, bei denen mir leichte Schauder den Rücken hinablaufen. Ähnliches mit dem Wort »esoterisch«. Klingt alles verbraucht und hohl. Meine Güte, ist das diffus. Das beschreibt wohl das Problem. Diffus. Nicht greifbar. Mit dem Verstand schon gar nicht. Glauben eben. Genauso wie ich *glaube*, dass es ein Leben nach dem Tod gibt. Weil es mir sinnvoll erscheint. Nicht mehr und nicht weniger. Nichts, was mich zum dogmatischen Verfechten von irgendwelchen Ideologien veranlassen würde. Und so ist es auch jetzt. Mag sein, dass ich mit Gott gesprochen habe, mag sein, mit mir selbst, mit einem Teil von mir. Ich weiß es nicht – nur, dass sich etwas in mir entspannt hat und ich freier atmen kann. Und vielleicht werde ich ja in den nächsten Wochen herausfinden, wer oder was sich hinter dem Begriff »Gott« verbirgt.

Entspannt und fröhlich auf einem blumengesäumten Hohlweg

Ich bin früh aufgebrochen. Der Morgen ist still, ich blicke auf knallig grüne Reisterassen, in der Ferne glitzert der See von Pokhara, darüber erheben sich die weiß bedeckten Gipfel des Himalaya. Zum Gänsehautbekommen, so schön! Ich wandere auf einem relativ ebenen Hohlweg, der im Vergleich zu dem Gewaltmarsch von gestern einen erholsamen Spaziergang darstellt. Gegen neun Uhr wird es belebter, Scharen von Kindern in blauen Kleidern laufen mir entgegen, sie sind sicher auf dem Weg zur Schule. Ich bin irritiert, dass hier oben überhaupt Menschen leben, drei Stunden steilen Fußmarsches von der nächsten Stadt entfernt. Wieder wird deutlich, wie groß der Erlebnisgraben ist, der zwischen der hiesigen und meiner Welt liegt. Ich mache eine Zeitreise ins Mittelalter – definitiv. Die Kinder sehen unglaublich süß aus in ihren Schuluniformen mit ordentlich geflochtenen Zöpfen oder zum Seitenscheitel gezogenen Kurzhaarfrisuren – wie in den Internatsfilmen aus den Fünfzigern. Ich sage artig »*Namaste*«, und sie antworten ebenso artig. Wahrscheinlich können sie diese blöde Touristengrüßerei schon längst nicht mehr hören – wie viele von meiner Sorte laufen hier schätzungsweise in der Saison vorbei?

Momentan stelle ich allerdings eher eine Rarität dar. Es ist *off-season*. Der Normalotrekker ist in dieser Region im September oder Oktober sowie Februar und März unterwegs. Derzeit ist es für die meisten zu kalt. Und dann noch als Frau und allein: Kein Wunder, dass ich angestarrt werde wie ein singender Laubfrosch und mir an jedem

Ort mindestens zehn Miniaturhände der Kids, die noch nicht schulpflichtig am Boden krabbeln, gierig entgegenschnellen und Geld oder Süßigkeiten verlangen. Aber dank *Lonely Planet* bin ich gegen solcherlei Gutmenschentum-Anwandlungen gewappnet: »Wenn Sie einem Kind Geld geben, hängt im Anschluss eine ganze Traube an Ihnen, die Sie nicht mehr loswerden.« So schüttele ich bedauernd den Kopf, wenn sie mich anbetteln, und trainiere mein Nepali. Ich sage: »*Ma sanga chhaina*, ich habe nichts.« Sie glauben mir natürlich kein Wort, aber lassen mich dennoch weiterziehen. Mir schaudert ein wenig vor mir selbst, aber ich verdränge meine Schuldgefühle konsequent. Klappt immer besser. Zumindest ein Trost.

29. November 2007
Chandrakot

Wow! Jetzt bin ich richtig in den Bergen gelandet, gleichsam umzingelt von diversen Zigtausendern. Vor mir liegt der Machhapuchhre, knapp siebentausend Meter hoch. Der »Fischschwanz«, so mein Wanderführer, wird von den Gurung, wie die Einwohner dieser Gegend genannt werden, als heilig verehrt und darf nicht bestiegen werden. Ehrfürchtig stehe ich davor. Was für beeindruckende Dimensionen! Die Siedlung Chandrakot auf knapp 1600 Höhenmetern scheint direkt auf seinen Fuß geklebt zu sein. Die Wolken hängen tief, es herrscht eine unheimliche Stimmung. Von Zivilisation kann hier kaum noch die Rede sein. Der Ort besteht aus ein paar vereinzelten Häusern, in drei von ihnen werden Unterkünfte für Touristen vermietet. Eine hutzelige alte Frau verkauft aus ihrem »Wohnzimmer« heraus, einem simplen Holzverschlag, das Nötigste zum Überleben. Eine andere Frau mit fast ebenso vielen Runzeln im Gesicht sitzt auf einem

Stuhl vor ihrem Haus, in der Hand einen Stock, mit dem sie sich abstützt. Ich frage sie nach einer Übernachtungsmöglichkeit, und sie humpelt mit mir in eine kleine Kaschemme, die mich erst einmal schlucken lässt. Eine schmale Pritsche an der Wand, ein kleiner, wackeliger Tisch mit einer Kerze, das ist alles. Kein fließendes Wasser, Strom sowieso nicht, und vor der Tür steht ein Plumpsklo. Nun gut, zumindest hat die Bude echten Bergromantikcharme.

Ich setze mich nach draußen, bestelle bei der alten Frau ein Dhal Bhat und hole mir aus einem kleinen Laden gegenüber ein Bier. Was das Essen betrifft, werde ich in den nächsten Wochen nicht viel Abwechslung erwarten können. Der durchschnittliche Nepalese isst zweimal am Tag Reis mit Linsen und Gemüse. Tagein, tagaus. Glücklicherweise bin ich ohnehin ein Phasentyp. Es gibt Zeiten, da mache ich mir jeden Tag Kartoffeln mit Roter Beete, Zitrone und Olivenöl – über Wochen hinweg.

Mein gesamter Körper schmerzt – heute ging es ständig bergauf und bergab –, und dennoch bin ich bester Stimmung. Das Wandern ist absolut mein Ding, auch wenn mir meine Beine matschig wie Griesbrei erscheinen und der Rücken dafür hart wie eine Eisenplatte. Immerhin: Ich spüre mich selbst. Die Tatsache, dass ich weder Bus noch Auto brauche, alles Notwendige in meinem kleinen Rucksack dabeihabe und somit von Ort zu Ort wandern kann, ohne abends zu einem Ausgangspunkt zurück zu müssen, treibt mir in manchen Momenten Freudentränen in die Augen. So sehr genieße ich diese bedingungslose Freiheit.

Die Einsamkeit hier oben, eingepfercht zwischen schroffen Felswänden, ist allerdings auch etwas beklemmend. Trotzdem bin ich heilfroh, anscheinend die einzige Touristin weit und breit zu sein. So quatscht mich niemand an. Ich habe beschlossen, den gesamten Trek mehr oder minder allein und schweigend zu verbringen. Mir ist nicht nach Plaudern, und erst recht nicht danach, Leute kennenzulernen. Auch wenn mein Stimmungsbarometer steigt, diese Zeit ist ausschließlich für mich reserviert. Bin neugierig auf dieses Experiment, wenn mir auch durchaus bewusst ist, dass mein augenblickliches Hoch schnell wieder kippen kann – immerhin bin ich völlig auf mich selbst zurückgeworfen. Ablenkung nicht zu ordern.

Das Bier macht mich müde. Ich glaube, ich werde künftig darauf verzichten. Ich möchte gern klar bleiben, weil das, was in mir passiert, zu spannend ist. Außerdem finde ich es pervers, für eine Flasche doppelt so viel auszugeben wie für ein Abendessen – hier ist Alkohol schlicht Luxus.

Etwas in mir fühlt sich seit der gestrigen Nacht anders an. Grundlegend. Wie gesagt: Als sei ich auf einer anderen Seinsebene gelandet. Ich bin innerlich nicht mehr so angestrengt, eine Riesenlast ist von mir abgefallen. Der Druck, etwas Bestimmtes machen zu müssen, ist zwar noch nicht gänzlich verschwunden, aber zumindest ist es nicht mehr so bedrohlich. Dementsprechend leichter ist mir zumute. Und der Kontakt zu dieser seltsamen Stimme ist mir erhalten geblieben. Auch wenn ich mir damit zwischenzeitlich übelst esoterisch vorkomme – ich unterhalte mich mit ihr/ihm/was auch immer. Stelle beim Gehen Fragen und erhalte Antworten, die jedes Mal exakt ins Schwarze treffen. Zum Beispiel hörte ich im Zusammenhang über meine Beziehungen zu anderen Menschen – und speziell Männern – Folgendes:

Du bist mehr damit beschäftigt, darüber nachzudenken, was du bei anderen vermisst, als zu sehen, was sie zu geben haben. Da ist es kein Mirakulum, wenn du dich beschwerst, dass dich niemand interessiert.

»Jetzt stellst du mich aber als einen recht undankbaren Miesepeter hin! Das bin ich nicht«, setzte ich mich zur Wehr.

Nein, du bist auf der Suche. Aber du weißt nicht, was du willst, sondern nur, was du nicht willst. Das erzeugt Depressionen.

Die Volltreffer sind daran zu erkennen, dass es mir – ansonsten um keine Reaktion verlegen – die Sprache verschlägt. Auch – oder weil? – mein Kopf oft gar nicht versteht, was diese Aussagen genau bedeuten. In mir drin ist eine Resonanz, die keiner rationalen Erklärung bedarf – das ist das Interessante an der Sache.

30. November 2007
Unterwegs nach Ulleri

Ich bin ohne Frühstück aufgebrochen, da die Morgenstimmung toll zum Wandern ist. Die Landschaft erinnert mich allerdings wieder einmal an meine Heimatgegend – das idyllische Berchtesgadener Land. Herrje! Exakt durch solch eine Schlucht, durch die sich ein reißender Fluss windet, wurde ich als Teenager auf jedem zweiten Schulwandertag unter riesigem Gejammer gequält. Die schöne Umgebung war mir damals so was von egal. Liebend gern hätte ich die Berge eingetauscht gegen ein bisschen Freigeist, den man in Bayern suchen kann wie die Stecknadel im Heuhaufen. »Wen Gott liebt, den lässt er fallen in dieses wunderschöne Land«, das hat Ludwig Ganghofer über Berchtesgaden geschrieben. Ich hatte eher den Eindruck, ich wäre verstoßen worden und deshalb direkt in der Hölle der Spießigkeit gelandet. Herrliche Landschaft und erzkonservativ bis ins Blut. Allein bei der Erinnerung an meine Schulzeit unter dem Diktat der christsozialen Moralapostel zieht wieder mal eine Gänsehaut über meinen Körper. Ich hatte ein kleines Gymnasium besucht, lediglich dreihundert Schüler und ein Kollegium, das etwa dreißig Lehrer umfasste. Allem Anschein nach – bis auf vielleicht drei oder vier Fürsprecher – war ich ihnen von Beginn an mit meinem Temperament ein Dorn im Auge. Sie hatten sich in den Kopf gesetzt, »dera Heidegger, dem unverschammtn Rotzdiarndl de Flausn ausz'dadreibn« (»dieser Heidegger, dem unverschämten und rotzfrechen Mädchen, die Flausen auszutreiben«). So wurde ich ausgeschimpft, reglementiert, bestraft – und regelmäßig flatterten Beschwerdebriefe mit Schulverweisdrohungen in den Briefkasten meiner Eltern. Mehrmals im Jahr musste mein armer Vater sich gegenüber laut schnaubenden Halbgöttern, denen der Zorn das Gesicht rot und die Halsschlagadern bläulich aufblähte, für seine missratene Tochter rechtfertigen. Dieses acht Jahre während Erziehungsgefecht endete damit, dass ich mit achtzehn Jahren, mitten im Abiturendspurt, nach der zwölften Klasse Hals über Kopf Land- und Wiesenluft verließ und im verrußten Ruhrgebiet um Asyl bat. Daher meine leichte Abneigung allen bayerisch anmutenden Landschaftsstrichen gegenüber. Zum Glück wechselt die Kulisse rasch wieder, und ich befinde mich abermals im nepalesischen Hochgebirge mit mediterranen Zügen. Mit dem Anblick der Bananen, die an dicken Stauden den Weg säumen, lasse ich meine bayerischen Alpentraumata weiterschlummern.

Nach etwa zwei Stunden erreiche ich Birethanti, einen kleinen Ort an einem Wasserfall. Das Dorf ist leider ziemlich westlich ausgerichtet, es gibt sogar eine *German Bakery*. Zuerst will ich naserümpfend daran vorbeigehen – ich hasse die Leute, die selbst im Urlaub nicht auf ihre gewohnten Semmeln verzichten können. Doch dann entdecke ich in der lediglich mit einem Fliegennetz geschützten Auslage diese himmlisch duftenden Croissants – frisch gebackene Bananencroissants! Flexibel wie ich bin, trenne ich mich kurzerhand von all meinen Prinzipien und bestelle mir gleich zwei davon. Dazu deutschen Filterkaffee. Meine Güte, ist das gut! Mein schlechtes Gewissen beruhige ich damit, dass sie gar nicht deutsch schmecken. Oder hat jemand schon mal warme Bananencroissants gegessen? Na bitte. Außerdem gibt es etwas zu feiern. Ich wachte heute Morgen auf, sah aus dem Fenster, auf den Machhapuchhre, und musste lachen, einfach nur lachen, weil mir so leicht ums Herz war. Es geht bergauf mit mir. Metaphorisch wie auch wörtlich. Tausend Höhenmeter stehen mir heute noch bevor.

Früher Nachmittag, noch immer unterwegs

Ich wandere auf und ab, vorbei an Gebirgsflüssen, bizarren Steinformationen, Wiesen voller Blumen, einer unvermittelt kargen Berglandschaft. Dazwischen immer wieder Reisterrassen, fast geometrisch angeordnete hellgrüne Stufen. Hin und wieder taucht eine kleine Hütte mit dickem Strohdach auf, aus der ein Kind plötzlich laut »*Namaste!*« brüllt. Zuweilen steht ein Gebetsschrein oder auch ein kleiner Tempel mehr oder minder verloren in der Gegend herum, umweht von bunten tibetischen Gebetsfahnen, die fast überall, wo Menschen zusammenkommen, kunstvoll drapiert sind. Ich nehme sämtliche Eindrücke in mich auf und merke, wie wohltuend es ist, mit gedrosseltem Tempo in eine völlig andere Kultur einzutauchen.

Dazu wärmt die Sonne angenehm, sodass ich in kurzer Hose und T-Shirt fröhlich vor mich hin marschieren kann. Der Temperaturwechsel zwischen Tag und Nacht liegt bei fast zwanzig Grad, was mich zuweilen ganz schön ins Schwitzen bringt. Ich halte an einem kleinen Brunnen mit frischem Quellwasser, daneben befindet sich eine kleine Steinhütte, vor der zwei Kinder am Boden spielen. Ein älterer Mann sitzt in den wärmenden Sonnenstrahlen und begrüßt mich, als wäre ich die erste Touristin, die ihm in seinem Leben begegnet ist – was definitiv nicht stimmen kann. Denn mittlerweile treffe ich unterwegs auch andere Trekker. Überwiegend ältere Menschen, zuweilen in Gruppen unterwegs. Von einem Intermezzo mit Deutschen werde ich bislang angenehmerweise verschont. So bleibt mir dank des internationalen Flairs zumindest die Illusion, etwas ganz und gar Außergewöhnliches zu unternehmen – denn die Idee, im Himalaya wandern zu gehen, ist offensichtlich nicht ganz so exzentrisch, wie ich dachte. Mehr der Jakobsweg für Angeber ...

Ulleri

Entweder bin ich eine absolute Memme, oder die Verfasser meines Wanderführers haben eindeutig einen Knall, wenn sie das hier als »schönen, leichten Genuss-Trek« bezeichnen. Landschaftlich gesehen stimmt das ja durchaus, aber ein Spaziergang ist diese Bergkraxelei nun beileibe nicht! Das Schlimmste ist, dass man nie weiß, was einen auf der Tagestour erwartet. Zwischen Chandrakot und Ulleri ist auf der Karte ein Höhenunterschied von dreihundert Meter verzeichnet – ein Witz. Wenn es wie in den Alpen konstant bergauf ginge, könnte ich auch amüsiert darüber schmunzeln. Die nepalesische Streckenführung, die mich jedoch zuweilen erst Hunderte von Metern bergab- und danach ebenso lang wieder hinaufgeleitet, erzeugt eher verkrampfte Backenmuskeln. So auch heute Nachmittag, als ich mit einem Mal vor dieser nicht enden wollenden, extrem steilen Steintreppe stand und fast keine Alternative mehr sah, außer der, mich im hübsch anzusehendem Flussbett zu ertränken. Da der vorzeitige Freitod in dieser Einöde aber noch nicht einmal großartig aufgefallen wäre, mobilisierte ich schlussendlich doch das Duracell-Männchen in mir und bohrte mit schmerzverzogener Visage meinen Trekkingstick in die lehmigen Zwischenräume der Stufen. Was bin ich mittlerweile froh, mich zum Kauf eines solchen Steckens herabgelassen zu haben. Insbesondere bei diesen Steilstufen, aus denen der Trek bislang zu 90 Prozent besteht, stütze ich mich in inniger Dankbarkeit mit dem gesamten Gewicht auf ihn und stemme mich anschließend daran hoch. Es ist dann immer noch anstrengend, aber kein Vergleich zu dem Aufwärtskampf ohne ihn.

Was mir die Quälerei heute zudem versüßte, waren drei alte nepalesische Frauen, die sich ebenso mühsam diese Steiltreppe hinaufschleppten. Immer mal wieder überholte ich sie, wenn sie pausierten. Ich wollte schließlich beweisen, dass ich, mit meinen mindestens dreißig Jahren weniger auf dem Rücken, über eine bessere Kondition verfüge als diese Greisinnen. Leider hielt meine zelebrierte Fitness nie lange an, und die alten Ladies überholten mich ihrerseits erneut. Mit einem kräftigen »*Namaste!*« zogen sie ruhig und lächelnd an mir vorbei, während ich mein Bestes gab, mein wildes Keuchen zu unterdrücken und vorgab, völlig versunken in die wunderbare Landschaft zu starren. So haben wir ein kleines Spiel daraus gemacht. Am Ende war ich aber vor ihnen oben und habe sie auf der letzten Stufe mit meinen leckeren Multivitaminbonbons erwartet. Sie haben sich darüber gefreut, mithin noch mehr gelächelt. Langsam beginne ich, den Kontakt zu den Menschen in den Bergen zu mögen, obwohl der meist sehr ähnlich verläuft: stets und ständig ein freundliches Lächeln, das obligatorische »*Namaste*«, dazu ein Gruß mit gefalteten Händen in Kinnhöhe und eine kleine Verneigung – ein festes Ritual, bei dem jedoch immer eine herzliche Verbindung zu spüren ist. Für mich, die ich derzeit sowieso keinerlei Drang zum Sprechen (außer mit der mysteriös-faszinierenden Instanz in mir) verspüre, ist dieser eher nonverbale Austausch sehr passend. Außerdem gibt es in hiesigen Höhen nicht so eine Unterwürfigkeit, wie ich sie mir gegenüber in der Stadt wahrgenommen habe. Beim Erklimmen von zweitausend Metern scheint es eher nebensächlich, ob man aus dem reichen Westen kommt oder der nepalesischen Einöde. Da schwitzen alle gleich. Dennoch war ich froh, als wir endlich Ulleri erreichten, eine kleine Bergsiedlung, die aus unverputzten Steinhäusern besteht und auf einem Hang voller Reisterrassen errichtet ist.

Mit Müh und Not habe ich mich in das erstbeste Hostel geschleppt, kaum noch in der Lage, »Piep« zu sagen. Jetzt sitze ich am Feuer und kann gar nicht erwarten, mich auf mein Dhal Bhat zu stürzen. Ich habe ja nichts einzuwenden gegen die Anstrengung – sie befreit mich vom Denken. Aber mein Ego möchte zumindest gewürdigt werden, dass es sich so tapfer hier hochkämpft. Wer will denn ständig in seinem Wanderführer lesen, dass alles ganz locker zu bewältigen sei! Ich genehmige mir ein heißes Ingwer-Zitronen-Wasser und bewundere mich gebührend selbst.

Später: Die Kälte am Abend macht mir zu schaffen. Sobald die Sonne untergeht, liegen die Temperaturen bei etwa null Grad. In den Räumen gibt es keine Heizung, nicht eben eine gemütliche Angelegenheit. Was würde ich im Moment dafür geben, die klamme Kälte gegen einen intimen vorweihnachtlichen Singabend im Wohnzimmer, eingekuschelt mit meinen Freunden, einzutauschen! Im Hostel hält sich eine Gruppe Franzosen auf, alle um die sechzig, die sich lautstark an der »*beauté*« der Landschaft erfreuen. Wie fast alle Trekker, die mir bisher begegnet sind, haben auch sie einen nepalesischen *porter* sowie einen *guide* dabei, der ihnen nun erklärt, dass sie sich ihr Essen aussuchen sollen und ihre Wünsche an ihn weitergeben können. Die Franzosen stürzen sich auf die Speisekarte, die neben Dhal Bhat verschiedenste westliche Junkfood-Angebote von Pizza über Pasta hin zu Pommes enthält. Ich drehe mich zum Ofen, in dem ein kleines Feuer lodert, und ergötze mich an dem Gedanken, ohne einheimische Hilfe die Anforderungen des Trekkings zu meistern. Der *porter* der französischen Gruppe sitzt links von mir und wärmt sich ebenfalls die Hände.

»Bist du allein?«, fragt er auf Englisch.

»Ja!«, antworte ich lässig.

»Warum?«

»Weil ich es liebe, ohne Gesellschaft zu wandern und zu schweigen.«

»Aber hast du denn keine Angst? Möchtest du nicht lieber mit einem *porter* oder *guide* unterwegs sein?« Er sieht mich neugierig an.

Das ist meine Chance, meine Einstellung bezüglich der kolonialistischen Vereinnahmungsmanier der Westler in diesem Land endlich einmal deutlich zum Ausdruck zu bringen: »Nein, ich habe keine Angst. Vor allem aber ist es für mich undenkbar, jemanden anzustellen, der mir meine Sachen den Berg hinaufträgt. Es ist mir eine Ehre, euer Land zu besuchen, aber ich kann euch doch nicht wie einen Sklaven mein Gepäck schleppen oder mein Essen bestellen lassen. Entweder ich schaffe es eigenfüßig mit meinem Rucksack auf die Berge, oder ich muss eben unten bleiben!« Beim letzten Satz ergreift mich eine wild revolutionäre Kraft – ich wäre augenblicklich sogar bereit, auf den Tisch zu springen, die Befreiung des nepalesischen Proletariats zu verkünden.

Der Nepalese sieht mich erstaunt an und fragt anschließend ganz ruhig: »Aber wovon sollten wir dann leben, wenn alle Touristen so denken würden wie du?«

Ich blitze ihn erzürnt an, so banal ist diese Frage. Erst als ich in seine freundlich schauenden braunen Augen blicke und hilflos stotternd nach einer guten Antwort suche, gebe ich zähneknirschend zu, dass mein heroischer Befreiungsschlag vereitelt wurde. Immer dieser banale Pragmatismus – wen interessiert so etwas denn?

1. Dezember 2007
Beim Frühstück in Ulleri

Da sich die Sonne noch hinter den Bergen befindet, ist der Morgen ebenso kalt wie der Abend. Eine junge Nepalesin kocht an einem kleinen Feuer Tee und Kaffee, während eine ältere Frau – wahrscheinlich ihre Mutter – Omeletts und *Tibetan fried bread* zubereitet. Mein tägliches Frühstück: vegetarisches Omelett, in Fett gebackenes Brot und Marmelade, die praktisch nur aus Zucker besteht – Letzteres kein Gaumenschmaus, aber notwendiges Energiefutter für die Strapazen des Tages.

Unterwegs nach Ghorepani – auf einem Baumstamm in der Sonne

Die Unterschiedlichkeit der Vegetation ist erstaunlich; mal wirkt es, als befände ich mich in den bayerischen Alpen, dann wieder in den Subtropen – und das innerhalb weniger Stunden. Soeben erreiche ich eine kleine Lichtung und bin plötzlich umgeben von einer Herde brauner Affen. Sicherlich an die hundert Tiere springen kreuz und quer durch das Astwerk, hangeln sich von einem Ast zum nächsten und scheren sich dabei nicht sonderlich um mich. Stundenlang könnte ich auf diesem Baumstumpf sitzen und ihnen zusehen. Abgefahren.

Abgefahren ist aber vor allem mein innerer Dialog, den ich seit jener Nacht auf dem Berg in Sarankot führe. Versuche, mich damit abzufinden, nicht erklären zu können, wer oder was da meine inneren Konflikte seziert – angefangen von der Unsicherheit, ob ich mich womöglich auf einem lächerlichen Esoteriktrip befinde, bis hin zu wahren Seelenklempnerfragen bezüglich meiner derangierten Psyche.

Du trägst in dir ein Bild von dir selbst. Du denkst, so solltest du sein, und ständig bist du damit beschäftigt, diesem Bild zu entsprechen.

»Da ist was dran«, gebe ich zu. »Aber wie löse ich mich davon?«

Indem du mehr mit dem Herzen auf dich schaust. Und indem du versuchst, einfach nur zu verstehen und nicht zu analysieren, warum du auf eine bestimmte Art und Weise handelst – oder eben auch nicht.

Die Antwort leuchtet mir sofort ein, auch wenn ich erneut keine Ahnung habe, was das konkret bedeuten soll. Wie soll ich »mit dem Herzen« auf mich schauen? Dennoch trifft es eine Sehnsucht in mir, sodass ich mich glatt hinsetze und losheule. Dabei spüre ich, wie viel Traurigkeit in mir ist, bislang verdeckt von all den zynischen Bewertungen über mich selbst.

Diese Dialoge sind also eine äußerst schräge Angelegenheit. Aber sehr heilsam. Und ich komme zu mehr Liebe. So glaube ich jedenfalls.

Ghorepani

Hier in Ghorepani gefällt es mir nicht. Das Dorf ist zwar wie alle anderen sehr hübsch – kleine Steingassen führen an einfachen Häusern und strohgedeckten Hütten vorbei, aber es ist eine richtige Touristenhöhle. Mindestens zwanzig Hostels reihen sich aneinander, es gibt sogar ein Internetcafé – in dieser Höhe! Pervers. Und das alles nur, weil man von hier aus in einer knappen Stunde am Poon Hill ist. Angeblich einer der schönsten Aussichtspunkte Nepals – ein Attribut, das mein Wanderführer allerdings so einigen Orten zurechnet, wie ich inzwischen festgestellt habe. In jedem Fall zieht der Poon Hill jede Menge Besucher an. Vor allem die älteren, die es nicht auf den Annapurna schaffen, pilgern frühmorgens zu diesem »Hügel«, um die aufgehende Sonne anzubeten. Wollte mir dieses Massenevent eigentlich ersparen und heute Abend noch weiter den Berg hochklettern, aber nun ist Nebel aufgekommen und man sieht kaum noch die Hand vor Augen.

Stattdessen sitze ich also in einem kleinem Café – ein holzvertäfelter Raum mit unangenehmem Neonlicht, in dem zwei Tische mit Plastikstühlen stehen –, schlürfe heißes Zitronenwasser und schreibe aus einem Nepali-Lexikon einige Ausdrücke in mein Tagebuch. Auch wenn ich befürchte, dass ich aufgrund meines überwiegenden Schweigens keine großartigen sprachlichen Erfolgserlebnisse haben werde, lohnt es sich, zumindest einiger Wörter in Nepali mächtig zu sein. Die Einheimischen freuen sich darüber und reagieren sofort anders, wenn man statt »*how are you?*« mal »*tapaailaai kasto chha?*« sagt.

2. Dezember 2007
Sechs Uhr morgens auf dem Poon Hill

Wären meine Finger nicht fast eingefroren und ich zudem noch eine Dichterin, würde ich eine Ode schreiben über diese zu Recht sagenumwobene Aussicht auf 3210 Metern Höhe. So wird es lediglich ein zitterndes Hurrageschrei zu Ehren eines beeindruckenden Sonnenaufgangs über den im Dunst liegenden Achttausendern des Himalaya. Man sieht von hier direkt zum Annapurna Base Camp – das wird kein Spaziergang, sondern ein gehöriges Stück schweißtreibende Arbeit. Vor allem aber ist mit einem beträchtlichen Temperatursturz zu rechnen.

Beim Frühstück, zurück in Ghorepani

Sitze in der Sonne auf der Terrasse meines Hostels, in dem ich übernachtet habe. Neben mir ein junger Typ mit seiner Freundin. Das schließe ich zumindest daraus, dass sie hingebungsvoll an seinem Ohr knabbert, als er den Arm um sie legt. Aus dem Eingang zur Küche, der sich direkt neben unserem Tisch befindet, kommt nun der Wirt, ein sportlich gekleideter Nepalese mit einer roten Kappe auf dem Haar. Er fragt das Pärchen auf Englisch, was sie essen und trinken wollen. Sie zählen ihm allerlei Dinge auf, die er sich sorgfältig notiert. Als er wieder verschwinden möchte, frage ich ihn, ob er mir vielleicht einen Milchkaffee sowie ein Omelett mit Brot und Marmelade bringen könnte. Er zögert einen kleinen Moment, schreibt aber schließlich auch das auf und wendet sich danach einer älteren Frau in der Küche zu. Jetzt beugt sich der Typ an meiner Seite zu mir und sagt: »Entschuldigung, aber das«, er deutet auf den Mann, der an dem Eingang zur Küche steht, »ist nicht der Wirt, sondern unser *porter*!« Das »unser« betont er, als hätte ich ihm neben seinem *porter* auch noch sein Portemonnaie stehlen wollen.

»O, wirklich? Das tut mir leid.« Ich bin ehrlich erschrocken; ich hatte ja keine Ahnung.

»Kein Problem.« Der Typ ist großzügig. »Woher solltest du es auch wissen.« Im Stillen füge ich seine unausgesprochenen Worte hinzu: Aber in Zukunft lass die Finger von *unserem* Burschen, der ist dazu da, *uns* zu bedienen! Und schon stecke wieder in dem gleichen Dilemma der letzten Tage. Es ist der elitäre Habitus, der mich schier wahnsinnig macht. Die Selbstverständlichkeit, mit der wir uns in einem Koordinatensystem bewegen, in dem festgelegt ist, wo unten und oben ist. Und das nicht erst, seitdem ich hier bin.

Meine Eltern verkehrten des Öfteren bei einem extrem reichen Konsul, der jeden Tag unterschiedliche Menschen der High Society zu Tisch lud und dabei immer mit Butler und Aperitif in Kristallgläsern auf edlem Tischtuch ein exquisites Menü kredenzte. Zuweilen musste ich meine Eltern dabei begleiten und den edlen Weisheiten lauschen, die klangen, als wären sie aus einer Seifenoper übernommen worden: »Euer Butler ist eine wahre Perle. Da könnt ihr euch glücklich schätzen. Es ist heutzutage nicht mehr leicht, gutes Personal zu finden. Die Leute werden immer fauler. Und unverschämter!« Oder: »Bei allem Verständnis gegenüber den Problemen, die die angespannte Situation auf dem Arbeitsmarkt mit sich bringt – wer nicht zumindest ein wenig guten Willen zeigt, der soll auch die Konsequenzen spüren!« Diese und andere Klugheiten wurden da zwischen Kaviarhäppchen und Champagner ausgetauscht. Ich selbst wurde – Anfang zwanzig und mit Dreadlocks – nur liebenswürdig desinteressiert belächelt. Zuweilen bedaure ich, dass ich dem munteren Gelage nicht das Brokattischtuch unter dem Fasan auf Trüffelmousse und Preiselbeerrisotto weggezogen und Krawall geschlagen habe. Die Erinnerung an diese weltfremde Dekadenz macht mich so rasend, dass ich dem Typen mit seiner Ohrknabbermausi fast an die Gurgel gehen will, obwohl der ja gar nichts für das alles kann. Als sein *porter* mit einem großen Tablett anrückt, auf dem sich auch mein Frühstück befindet, stehe ich schnell auf, nehme ihm die Teller ab, entschuldige mich vielmals und kläre das Missverständnis auf. Er wehrt ab: »*No problem, no problem!*« So sage ich wieder einmal unbeholfen lächelnd »*dhanyabaad*« und verziehe mich anschließend auf die Dachterrasse. Dort sinniere ich weiter über die Dummheit der Menschheit, bis ich unterbrochen werde:

Empfindest du deine Tiraden als hilfreich?

Meine Stimme meldet sich, ohne dass ich sie darum gebeten habe – das sind ja ganz neue Sitten. Ich finde diese Einmischung im Moment äußerst unpassend. Das sind keine Tiraden, das ist politisches Denken!, möchte ich am liebsten unwirsch antworten, halte dann jedoch inne. »Was meinst du damit?«

Nun ja. Es ist wieder das, was ich schon mal zu verstehen gab: Du weißt, was du kritisierst, aber was ist deine Sehnsucht?

»Na – eine Welt ohne Hierarchien, ohne oben und unten!«

Eben.

»Herrje, was ist das? Rätselspaß für Alt und Jung?« Ich bin leicht genervt.

Ich sage es dir nochmals: Wenn du dich aufschwingst und von der Kanzel predigst, was deine Mitmenschen alles falsch machen, weiß ich nicht, ob das deiner Vision entspricht. Außerdem wird niemand bewusster oder herzlicher, indem man ihn beschimpft.

Boing! Mal wieder ein Tor. Ich esse schweigend mein Frühstück auf und mache mich danach auf den Weg.

Später Nachmittag in Tadapani

Ein eisiger Wind fegt um das kleine Hostel hoch oben auf dem Berg, in dem ich untergekommen bin. Ich sitze zusammen mit vier anderen Trekkern – ein älteres Paar aus Australien, ein jüngeres aus Neuseeland – um den Tisch in der Küche. In der Mitte des Raumes brennt ein kleines Feuer, über dem eine ältere Frau Tee kocht und die *porter* der beiden Trekkerpaare sich die Füße wärmen. Aber bei etwa minus fünf Grad reicht das nicht aus. Hätte ich gewusst, dass dies so eine Fröstelour wird, hätte ich mich wohl nie für Nepal entschieden. Auch hier habe ich meiner Freundin Heike mehr oder weniger blind vertraut, die mir nämlich durchgehende Wärme prophezeite. Ausgelacht hat sie mich noch, als ich mir meinen warmen Goretex-Anorak für die Reise einpackte. »Teresa, du wirst dich damit halb totschwitzen. Willst du nicht lieber meine Jacke mitnehmen?« Dabei hielt sie mir ein hauchdünnes Neoprenjäckchen vor die Nase.

Möchte mir gar nicht vorstellen, wie es mir darin ergangen wäre – auch im gefütterten Anorak friere ich schon genug. Vor allem aber nervt es mich, dass ich gezwungenermaßen unter Menschen sein muss. Ich unterhalte mich zwar mit niemandem, doch schon die Tatsache, dass ich nicht allein bin, stört mich ungemein. Die anderen finden mich wahrscheinlich ziemlich seltsam, wie ich da schweigend am Tisch sitze, Tagebuch schreibe oder auch nur debil vor mich hin starre.

Meine Unterkunft ist bei diesen Minustemperaturen nur zum Nächtigen – dick eingemummelt in den Schlafsack, hochgezogen bis zur Nasenspitze – auszuhalten.

Jetzt, um sechzehn Uhr, ist das noch nicht angesagt. Das junge Paar erzählt dem älteren gerade, dass es sich von Nepal aus auf den Weg nach Indien machen werde, weil es dort viel wärmer sei. Vielleicht sollte ich es ihnen gleichtun? Wenn ich noch weitere fünf Wochen in dieser Abendkälte verbringen muss, bin ich bestimmt nicht entspannt. Gut, das werde ich frühestens nach dem Annapurna Base Camp in Pokhara entscheiden. In den nächsten Tagen will ich es damit versuchen, meinen Tagesrhythmus zu ändern und die Sonnenstunden voll für mich zu nutzen. Das heißt: später loslaufen und bis zur Dämmerung unterwegs sein. Ab achtzehn Uhr ist es dann ja okay, im Hostel und unter Menschen zu sein.

Mit eingefrorener und rotzender Nase auf meiner eisgekühlten Pritsche

Ich will in meiner behaglichen und warmen Wohnung sein und mit meiner Freundin Dagmar Plätzchen backen und dabei heißen Punsch trinken! Ich bin übelst melancholisch. Was ist das für eine komische Veranstaltung, dieses Leben? Warum ist es derart kompliziert, zufrieden zu sein? Ich habe die Aufs und Abs in meinem Leben so satt. Ich kenne all meine Krisenzustände wie auch die Glücksmomente. Und wie oft habe ich schon gedacht, dass ich nun die finale Kurve genommen und das Ziel erreicht hätte, käme zur Ruhe und könnte endlich mein Dasein genießen. Und schneller als ich dreimal strahlend Luft holen konnte, lag ich schon wieder am Boden. Immer das gleiche Spiel. Läuft man also ständig nur im Kreis herum? Welch resignierendes Trauerspektakel. In dieser Verfassung könnte ich mich mal wieder zusammenfalten und in die Mülltonne werfen. Bevor ich das tatsächlich mache, gehe ich besser schlafen.

3. Dezember 2007

Was für ein Morgen – jeder Ausblick aus meinem Zimmer übertrifft den jeweils vorigen. Diese sonnenüberfluteten Tagesanfänge mit Blick auf die Achttausender entschädigen mich für die Kälte am Abend – Indien, *no way*! Ich bleibe in Nepal, und wenn ich mir nachts Frostbeulen zuziehe! »Das Leben ist bezaubernd, man muss es nur durch die richtige Brille sehen.« Alexandre Dumas hat das gesagt. Heike hat so einen schlauen Sprüchekalender auf dem Klo, den ich mit Wonne studiere und der mir zuweilen zu wahrer Lebensweisheit verhilft ... Im Moment habe ich jedenfalls eine rosarote, ach, mehr noch, eine knallpinke Brille mit neongelben Punkten auf! Nix da – im Kreis herumlaufen. Das Leben ist eine Spirale. Oftmals gleiche Themen und Fragen, aber von Mal zu Mal von einer anderen Beobachtungswarte aus betrachtet, immer eine Schicht tiefer am Kern dran – *das* ist Entwicklung.

Bin so erleichtert über meinen Stimmungswechsel, dass ich sogar die anderen Menschen um mich herum angenehm finde. Plaudere mit dem australischen Pärchen über die Aussicht und betreibe ein wenig Konversation. Der Mann meint: »Ach, du verstehst uns? Ich dachte, du seiest eine Französin und würdest kein Englisch sprechen.« Geschmeichelt erkläre ich ihm, dass mein Schweigen eine Art Retreat sei. Erstaunt sieht er mich an. »Sieben Wochen ganz allein und ohne Kontakt zu Menschen? Fühlst du dich da nicht einsam?«

Tja – toi, toi toi und dreimal auf Holz geklopft – zumindest bislang bin ich noch in kein Einsamkeitsloch gestürzt.

Im Innenhof des Hostels sind drei Tische zum Frühstück gedeckt, rund um einen steinernen Brunnen in der Mitte, an dem bunte Gebetsfahnen im sanften Wind flattern – es ist ein richtiger Frühlingstag im Dezember. In der Sonne ist es kaum vorstellbar, dass man nachts den eigenen Atem als Wolkengebilde in die Luft malt. Ich trinke einen Kaffee und verziehe mich danach mit meiner Yoga-Matte hinters Haus und widme meine Morgengrüße den schneebedeckten und sonnenüberfluteten Bergen vor meiner Nase. Da ich ja beschlossen habe, fortan später loszugehen, habe ich nun alle Zeit der Welt. Nach einer Weile bin ich ganz allein in der Herberge, da die übrigen Trekker kurz nach dem Frühstück aufgebrochen sind.

An einer klaren Bergquelle

Bereits jetzt mache ich eine Pause, dabei ist noch nicht einmal Mittag. Was bin ich heute für eine schlappe Nudel! Und so richtig Gefallen finde ich an dieser Berg-rauf-und-runter-Kraxelei auch nicht. Ist schon alles beschissen anstrengend. Dennoch gibt es keinen wahren Grund zur Klage, denn es bleibt interessant. Ich habe soeben eine Lektion in puncto: »Ich erschaffe mir meine Realität« erhalten. Seit Beginn der »Unterhaltungen« zwischen mir und dieser mysteriösen Instanz beschäftigt mich die Frage, wie ich auf Dauer diesen wundersam herrlichen Kontakt aufrechterhalten kann. Denn eines ist klar: In meinem normalen Berliner Hektomatikalltag würden solche Gespräche, die mich zwar weiterhin seltsam anmuten, mir aber gleichzeitig solch eine Sicherheit und innere Fröhlichkeit bescheren, dass ich keinesfalls mehr ohne sie sein möchte, nicht stattfinden. Auf meine diesbezügliche Sorge erhalte ich permanent die gleiche Antwort:

Meditation – lerne bewusst zu leben.

Das nervt allmählich, weil ich, wie gesagt, Meditation

nicht ausstehen kann und nicht einsehe, dass ich mich auf so einen Blödsinn einlassen soll.

»Ich mache Yoga, und das ist auch eine Möglichkeit, zu sich zu kommen! Ich kann und will nicht meditieren.« Standhaft bleibe ich bei meiner Meinung und bin irritiert darüber, dass die Stimme in mir so verdammt penetrant bleibt. »Warum zum Teufel beharrst du darauf?«

Weil du permanent die gleiche Frage stellst und hoffst, dass die Antwort eine andere ist. Aber ich werde dir immer wieder die gleiche Antwort geben, ob es dir passt oder nicht. Ich falle nicht auf deine Tricks herein. Eindeutige Retourkutsche.

»Bist du jetzt sauer?« Ha, denke ich, so sehr in Balance und Liebe ist diese Instanz in mir also doch nicht!

Nein, ich bin nicht sauer. (Schade eigentlich ...) *Aber ich habe den Eindruck, dass du mich noch nicht verstanden hast. Es gibt kein »Ich kann nicht meditieren« ebenso wenig wie ein »Ich bin nicht kreativ« oder »Ich finde keinen Mann, der mich interessiert« – das sind lediglich deine eigenen Überzeugungen.*

»Komm mir jetzt bitte nicht mit diesem Die-Welt-ist-was-du-in-ihr-siehst-Gequatsche – das ist mir zu simpel. Ich sage das alles ja nicht, um mich zu beklagen, sondern weil ich mich nicht in der Lage sehe, zu meditieren. Und ich bin tatsächlich nicht kreativ, sogar nachweislich!«

Das sind Glaubenssätze, die wie ein Pfahl vor dir in der Erde stecken und um den sich deine gesamten Lebenserfahrungen winden. Du denkst, ein anderer würde definieren, was Meditation oder Kreativität sind. Aber wer soll das sein?

Hmmh. Berechtigte Frage. Der Gott der Schaubühne?

Bislang dachte ich allerdings, dass ich diese Glaubenssätze habe, *weil* ich bestimmte Erfahrungen gemacht habe. Die altbekannte Frage: Was war zuerst da? Das Ei oder das Huhn? Aber mal sehen, vielleicht gelingt es mir, den Pfahl irgendwie aus der Erde ziehen. Ich sehe dieses schlaue Kerlchen da in mir schon die Dramaturgie des Spektakels zeichnen. Letzten Endes lande ich doch noch in so einem blöden Vipassana-Kurs. Doch so schnell gebe ich nicht klein bei. Da müssen noch ein paar weitere Mysterien passieren, bevor ich mich zu so einer Tortur bereit erkläre.

Frühnachmittags relaxt in Chomrong

Ich nähere mich zunehmend dem Annapurna. Die Lodge in Chomrong, in der ich abgestiegen bin, liegt ihm gewissermaßen zu Füßen. Vor dem Zimmer befindet sich ein kleiner Balkon zum Innenhof, auf dem ich erst einmal ausgiebig Yoga mache. Von unten tönt ein quirliger Sprachmix und Gelächter zu mir hoch. Sehr angenehme Atmosphäre. Habe die Rentnerrunde eindeutig hinter mir gelassen. Hier sind fast nur junge Leute, und alle ohne *guide* und *porter* – zum Base Camp wagen es nur die Sportler. Zu denen ich mich nun stolz zählen darf – *yeah!*

Des Abends dreifach erschöpft und verklärt im Bett

Ich hatte noch einen absolut unspirituellen, sehr lustigen Nachmittag. Zuerst spielte ich mit einigen Nepalesen auf einem Steinplatz Volleyball. Ein höchst spaßiges Unternehmen! Die Jungs staunten nicht schlecht, als ich meine Aufschläge übers Netz pfefferte. Und das als Frau! Mein Ego legte mal wieder einen Freudentanz aufs Parkett. Die Nepalesen waren mir allerdings keineswegs unterlegen. Da lebt man in so komplett unterschiedlichen Realitäten und spielt gemeinsam das gleiche Spiel mit den exakt identischen Regeln – und dazu kommt noch, dass wir uns auf mehr als zweitausend Metern Höhe befinden. Genial. Und meine Mannschaft hat auch noch gewonnen! Ich war so guter Laune, dass ich mich danach einer Gruppe von sechs jungen Spaniern anschloss und stundenlang mit ihnen im Hostel Black Jack gespielt habe – und dabei gnadenlos verlor. Doch als Abwechslung zu meiner selbst gewählten Isolation war dieser Abend nicht schlecht.

Jetzt liege ich todmüde im Bett und bereite mich innerlich auf den morgigen Monstermarsch vor: stramme acht Stunden bis zum Himalaya Hotel – ein Ort, der nach dem ersten Hostel auf diesem Trek benannt wurde. Es liegt auf viertausend Metern Höhe, derzeit befinde ich mich auf 2400 Metern. Das heißt: Auch ohne die nepalesische Achterbahn sind das 1600 Höhenmeter, die ich zu bewältigen habe. Wenn sich dann noch die üblichen ein- bis zweitausend Meter durch das Auf und Ab hinzuaddieren – mein lieber Schwan ... Der Besitzer der hiesigen Herberge, ein alter, weißhaariger, aber sehr drahtiger und durchtrainierter Typ, meinte auch, es sei das anstrengendste Stück der gesamten Tour. Ich habe, zugegeben, ein wenig Angst.

4. Dezember 2007
Lunch in Bamboo

Herrlich! Es ist so schön zu laufen, und heute fühle ich mich fit wie ein lebender Turnschuh! Entweder ist der Weg hier hinauf weitaus weniger anstrengend als erwartet, oder aber ich habe bereits einen enormen Kräftezuwachs durch diese Woche Wandern gewonnen. Ist auch egal, jedenfalls ist es toll. Von Pilgerhürden und inneren Schweinehundüberwindungsstrapazen kann ich folglich nichts berichten. Es war eine perfekte Idee, immer ein wenig später als die anderen Trekker zu starten, so habe ich die Wege fast für mich allein. Hier, in einem Hostel in Bamboo – ein an und für sich recht unspektakulärer Ort, der aus nichts weiter als einer Ansammlung von Hostels besteht –, ist allerdings die Hölle los. Jede Menge Leute, die soeben vom Annapurna zurückkehren.

Neben mir sitzt eine bunt gemischte Gruppe junger Leute aus Frankreich, Holland, Spanien und den USA. Auf meine Frage, wie es dort oben sei, erzählen sie, dass es saukalt, aber dafür auch »*simply phantastic*« sei. Ich bin schon ganz schön aufgeregt. Der Holländer, im Arm eine blonde Freundin, fragt mich, ob ich einen *boyfriend* mit im Gepäck hätte. Ich schüttele den Kopf, woraufhin er grinsend auf Englisch sagt: »Du solltest dir schnellstens einen zulegen, alleine ist es dort oben nicht auszuhalten.« Wunderbar! Das nenne ich soziale Ausgrenzung. Als wäre das Leben als Single nicht zuweilen schon herausfordernd genug, jetzt werden einem sogar noch die Freuden des ABC ohne Liebespartner verwehrt? Eine Französin schlägt sich auf meine Seite: »Ich habe es auch ohne so eine Wärmflasche geschafft; mit genügend Decken und einem dicken Schlafsack geht das.« Sie zwinkert mir ermutigend zu. Ich lächle dankbar zurück. Anscheinend eine Leidensgenossin. Vor allem gibt sie mir noch den Tipp, die Dusche in dem Hostel zu nutzen, in dem wir uns gerade aufhalten: »Ansonsten gibt es auf diesem Trek kein heißes Wasser. Nutze die Chance.« Das lasse ich mir nicht zweimal sagen. In den vergangenen Tagen habe ich mich kaum gewaschen, zu sehr scheute ich die Tortur, bei der abendlichen Kälte mit maximal lauwarmem Wasser zu duschen.

So verabschiede ich mich von der Truppe und suche den kleinen Holzverschlag hinter dem Innenhof auf. Auf dem Boden liegt eine Plastikmatte, und an der Decke ist eine Art Duschkopf erkennbar, durch den nach Aufdrehen eines rostigen Hahns, der aus der Wand hervorragt, ein einigermaßen warmer Strahl herauströpfelt. Eine exzessive Duschorgie wird es also nicht, zumal auf der Innenseite der Tür ein Schild angebracht ist, mit dem der Benutzer gebeten wird, maximal zwei Minuten Wasser laufen zu lassen. Ich wasche mich also in aller Eile, das Körpergefühl danach ist dennoch um Längen angenehmer als mit dem leicht klebrigen Schweißfilm zuvor.

Zum Nachtisch genehmige ich mir ein Snickers, hier oben neben Mars *die* Schokoriegelmarke schlechthin. Das Standardargument jedes Trekkers, man unterstütze mit dem Tourismus die inländische Industrie, wird damit klar ad absurdum geführt. Nepalesische Produkte gibt es an den Kiosken praktisch nicht zu kaufen – nur Waren von Mars Incorporated, Nestlé oder Coca-Cola. Weil es fairen Handel hier oben aber nicht gibt, lasse ich mir mein großkonzernverseuchten Snickers auf der Zunge zergehen.

Gut gestärkt und vergnügt laufe ich weiter – ich habe noch einen steilen Aufstieg vor mir. Morgen werde ich das Base Camp erreichen. 4100 Höhenmeter. Was das für die Nächte bedeutet, möchte ich gar nicht en detail wissen. Aber was soll's – auch die gehen vorüber. Mich kann nichts mehr schockieren. Im Gegenteil, zuweilen freue ich mich fast über die Strapazen. Ohne Mühe gibt es schließlich keine Erleuchtung – zumindest nicht in meinem christlich sozialisierten Wirklichkeitskonstrukt.

Himalaya Hotel

Da ich mich hinsichtlich der Strecke ziemlich verschätzt habe, bin ich mit letzter Kraft hier hochgekrochen. Auf den letzten Metern befand ich mich schon im leichten Hungerschwindel, zudem so dichter Nebel herrschte, dass ich kaum noch etwas gesehen habe. Aber immerhin – ich habe es bewältigt! Das Hostel ist allerdings grauenhaft. Dass der Ort danach benannt ist, erscheint mir fast dreist. Die Räume sind kalt und klamm, die *dining hall* ist ziemlich überfüllt, niemand dabei, zu dem es mich ziehen würde. Die Spanier von gestern sind anscheinend woanders abgestiegen. Zwar ist es relativ warm im allgemeinen Aufenthaltsbereich, aber die Luft ist kaum auszuhalten. Im Speisebereich läuft eine ekelhaft stinkende Spiritusheizung, zudem wird er mit grellem Neonlicht beleuchtet. Hastig stopfe ich mein Dhal Bhat in mich hinein und flüchte anschließend in meine Kammer. Hier ist es aber auch nicht besser. Der krasse Wechsel zwischen der inneren Verbundenheit beim Wandern und dem Gefühl von Verlorenheit abends unter all den Menschen, macht mir weiterhin zu schaffen.

Heute könnte ich mich und meinen Selbstfindungstrip verfluchen. Warum mache ich denn nicht Urlaub wie andere Menschen, reise in die Toskana und lasse es mir dort gut gehen? Mit leckerem Wein und allerlei kleinen öligen Feinkostspezialitäten? Ich bin ja ein genügsames Wesen, aber nach mittlerweile fast zwei Wochen täglich zweimal Reis wächst er mir nun allmählich zu den Ohren raus. Ein eintöniger Lunchplan ist in Ordnung – wenn es morgens frische Croissants und abends Pasta mit Rotwein gibt! Außerdem weiß ich nach wie vor nicht, wie ich das, was ich hier erlebe, jemals auf mein Berliner Leben übertragen soll. Da ist wieder die Angst, den Kontakt zu meiner mittlerweile schon heiß und innig geliebten inneren Instanz zu verlieren. Ja, ich weiß es schon – Meditation! Kotz die Wand an! Wozu habe ich schließlich einen freien Willen?!

```
5. Dezember 2007
Morgens mit Blick in eine
düstere Nebelsuppe
```

Ich bin nicht mehr so mies drauf wie gestern, aber auch diese Nacht war unangenehm: Ich schlief unruhig und wartete irgendwann nur noch darauf, dass der Tag anbricht und es endlich wärmer wird. Es ist verdammt ungemütlich hier, und heute werde ich auch nicht mit einem tollen Blick entschädigt. Ich befinde mich in einer Gebirgsschlucht, an einem breiten Fluss, der Massen von Nebel produziert und eine feuchte Kälte verbreitet. Lieber würde ich mir diese mystische Stimmung in einen Sessel gekuschelt im Kino ansehen, als sie hier real zu erleben. Nun gut, noch drei Tage, dann begebe ich mich auf den Weg nach unten. Freue mich tierisch auf mein warmes und helles Zimmer in Pokhara, werde den gesamten Tag faul im Bett liegen und lesen. Bei der Vorstellung wird es innerlich ein wenig heller in mir, und ich gehe nach unten, um nach Kaffee zu fragen.

```
Original-Survival-Zwischenstopp
```

Diese beschauliche Wanderung durch den Himalaya entwickelt sich zu einem echten Abenteuertrip. Es hat angefangen, wild zu schneien! Ich kämpfe mich nicht nur durch Nebel, sondern nun auch noch gegen Schnee und Kälte. Wie war das damals mit meinen Zweifeln am Jakobsweg? Glücklicherweise habe ich diesen Felsvorsprung am Wegesrand entdeckt, der mir immerhin ein wenig Schutz vor dem eisigen Wind bietet, der mir seit ungefähr einer Stunde ins Gesicht peitscht. Es ist so kalt, dass ich meine Hände kaum noch spüre. Ich versuche, ein kleines Feuer anzumachen; es liegt in der Gegend einiges an Holz herum. Schweren Herzens trenne ich mich von zwei leeren Seiten meines Tagebuchs, reiße sie in kleine Streifen und lege sie unter die dünnen, übereinandergeschichteten Scheite – ganz so, wie es mir mein Vater als Kind beibrachte. Das Papier brennt gut, die Holzscheite spielen aber nicht mit – sie sind wohl zu feucht. Wie schade. Mitten im Schneetreiben an einem Feuerchen Kartoffeln und Stockbrot zu braten und Lagerfeuersongs zu schmettern – diese Vorstellung hätte mir gefallen. Aber da ich nun mal nicht das Sterntalermädchen bin, muss ich mich weiter allein durch den Sturm nach oben durchschlagen.

Heute war es ausgesprochen dämlich, dass ich so spät losging, um allein auf der Strecke zu sein. Wenn ich hier abstürze, hätte ich kaum eine Überlebenschance – in der Schlucht findet mich bestimmt keiner! Gut, dass meine Eltern nicht wissen, wie gefährlich es hier ist: Sie würden sich nur noch mehr sorgen. Sämtliche Wege sind ungesichert, zudem ist es glatt auf ihnen. Ein falscher Tritt – und man fällt richtig tief hinunter. Überall entdecke ich große Schilder, auf die grässliche Totenköpfe gemalt sind. Sie warnen vor der *acute mountain sickness*, der Höhenkrankheit. »Trinken Sie viel Wasser! Bei den kleinsten Anzeichen von Schwindel oder Kopfschmerzen sofort anhalten und zurückkehren!« Nicht eben aufmunternd, zumal sich nur noch eine halbe Flasche Wasser in meinem Rucksack befindet. Dennoch habe ich keine Angst. Ja, wenn ich ehrlich bin, existiert so etwas wie eine Forscherseele in mir, die sich fast wünscht, dass mal was passiert. Vornehmlich aus dem Grund, weil ich neugierig bin, wie ich reagieren würde. Während des Schreibens halte ich aber sofort inne und spreche laut in die Bergwelt hinein: »Und dennoch soll mir jetzt nix geschehen, Forscherlust hin oder her!« Dazu klopfe ich auf einen Stein, nicht dass da ein Missverständnis entsteht und das Ende vom Lied eine Rollstuhlkarriere wäre. Ich bin verrückt, ich weiß, und dazu auch noch abergläubisch. Meine Güte, und derartiges dokumentiere ich auch noch Schwarz auf Weiß.

Machhapuchhre Base Camp

Ich habe es geschafft! Bin nun am Fuße des Machhapuchhre angelangt. Was für eine Kulisse hier oben auf 3700 Metern – der Nebel steigt dampfend aus engen Schluchten empor. Der Schnee hüllt alles in Stille und erzeugt eine ebensolche in mir. Die Atmosphäre scheint nicht mehr dem menschlich bewohnten Planeten zugehörig. Unmöglich, dass ich auf meinen eigenen Füßen hierher gewandert bin. Ich bin tatsächlich im HIMALAYA! Durch Eis und Schnee habe ich mich nach oben gekämpft, ich kleiner Yeti. Mittlerweile schneit es so dicht, dass man kaum noch die Hand vor Augen sieht. Schon in meiner Jugend hat die Kombination von Schnee und Bergen mich magisch in den Bann gezogen. Ich habe die hohen Gipfel allerdings bislang immer nur mit dem Skilift und nicht zu Fuß erreicht.

Das Einzige, was das idyllische Bild stört, ist diese kalte *dining hall*, in der ich Zuflucht gesucht habe. Auch hier Spiritusheizung, aber sie wird erst am Abend angeworfen – sonst ist es zu teuer. So sitze ich zusammen mit drei anderen Trekkern in meinen wärmsten Klamotten und eingewickelt in dicke Daunendecken im Schlafsack auf den Bänken der Halle, dazu Handschuhe an und Mütze auf dem Kopf.

Wir lesen und blasen dabei mit unserem Atem dicke Rauchwolken in die Luft. Mir wäre eine warme Skihütte mit einem offenen Kamin und einem Glühwein in der Hand zwar lieber gewesen, aber das hier hat dennoch Charme. Vor allem sind die drei Typen sehr angenehm. Sie quatschen mich nicht zu, sondern grüßten beim Eintreten lediglich mit einem aufmerksamen »*Hello!*« und vertieften sich anschließend wieder in ihre Bücher. Die Stille hier drinnen passt zu der des Schnees. Das Einzige, was ab und an zu hören ist, ist das leise Umblättern einer Seite oder das leise Schlürfen, wenn einer einen Schluck Tee nimmt. Fühle mich richtiggehend heimatlich geborgen. Gut, denn wer weiß, wie lange wir hier bleiben müssen? Der Wirt, ein gemütlicher älterer Mann, erzählt, dass es im letzten Jahr eine volle Woche unentwegt geschneit hat. »Man weiß nie ...«, sagt er und grinst. So schön ich es hier ja finde und auch meine Abenteurerseele aufblüht – eine Woche in dieser klammen *dining hall* eingesperrt, *oh no!*

Verschneiter Nachmittag

Die weißen Flocken fallen weiterhin dicht vom Himmel, aber ich wage mich dennoch hinaus. Der Schnee ist bereits so tief, dass man bis zu den Waden darin versinkt. Einer der jungen Männer folgt mir.

»Wundervoll!«, sagt er und deutet auf die weiß bedeckte Schlucht vor uns.

»Ja«, erwidere ich höflich den Konversationsantrag.

Er summt leise vor sich hin. Schöne Stimme. »Woher kommst du?«

Was für ein Fan dieser Small-Talk-Begegnungen bin

ich doch. »Schweden.« Ich lüge, ohne mit der Wimper zu zucken.

Obwohl ich ihn nicht danach gefragt habe, stellt er sich mir dennoch vor. »Ich heiße übrigens Sak, bin aus Australien.« Und nach kurzer Pause fügt er hinzu: »Du magst Geplapper nicht, was?«

Ich lache und lasse mich mit ausgebreiteten Armen rückwärts in den Schnee fallen. Als ich aufstehe, ist am Boden ein Engel zu sehen – das habe ich schon als Kind geliebt. Sak lässt sich ebenfalls rückwärts in den Schnee plumpsen und wirft eine Handvoll davon zu mir rüber. Na warte! Schnell forme ich einen festen Ball – die Flocken haben die ideale Pappkonsistenz – und ziele direkt auf seinen Kopf. Sak wirft sich schnell zur Seite, sodass er nur seine Jacke trifft. Im selben Moment schlägt er zurück – mitten auf meine Brust. 1:0! So tollen wir sicher eine halbe Stunde herum, bis ich keuchend am Boden liegen bleibe und nur noch leicht hysterisch vor mich hinkreische. Sak denkt wahrscheinlich, ich bin ein wenig durchgeknallt, und das stimmt wohl auch ...

Nachts bei zirka minus 15 Grad Celsius

Habe meine Goretex-Skiausrüstung an und liege damit in meinem Schlafsack, darüber türmen sich drei Daunendecken. Die Französin hatte recht gehabt: Ich friere *nicht*. Die Luft ist frisch und klar, und von meinem Bett aus kann ich aus dem Fenster in einen Himmel sehen, der leuchtet, als wären einige hundert Lichterketten über ihn gespannt. Einen solchen Sternenhimmel bekommt man nur im Winter in den Bergen zu Gesicht. Es hat aufgehört zu schneien – schon wieder perfektes Timing! Die *Australian guys* wollen gegen fünf Uhr aufbrechen, um den Sonnenaufgang am Annapurna Base Camp (von hier nochmals anderthalb Stunden weiter hoch) zu sehen. Ich finde das recht waghalsig, weil es ja stockdunkel ist und durch den Schneefall der Weg nicht mehr zu erkennen ist. Aber wenn die sich das zutrauen – ich bin dabei!

6. Dezember 2007
Annapurna Base Camp

Wir befinden uns direkt am Fuße des Annapurna, der über uns in den blitzblauen Himmel ragt. Andächtig blicke ich auf den Bergriesen vor mir in seiner weißen Erhabenheit. Außer uns ist keine Menschenseele weit und breit unterwegs, in diesem Moment sind wir die einzigen Lebewesen auf der Welt. Die Sonne glitzert auf dem Schnee, als wären wir von Tausenden von Eiskristallen umgeben. Jetzt müsste nur noch der Schlitten der Schneekönigin heranbrausen. Ich stehe mit geschlossenen Augen da und sauge diese einzigartige Ruhe in mich auf. Die Berge schlucken sämtliche Geräusche und erzeugen eine ehrfürchtige Stimmung.

Frühstück in der Gletschersonne

Sitze nun vor einer der drei Berghütten vom ABC in der Sonne und genieße ein köstliches Omelett mit Milchkaffee. Sak hat eine Gitarre in dem Bergrestaurant gefunden und spielt darauf. Wieder ist mir ganz zart und sanft zumute, aber mein Herz schlägt laut. Gerade finde ich alles und *mein* Leben im Besonderen schlichtweg grandios. Ich bin glücklich, rundum glücklich. Heute ist auch Nikolaustag – das passt zum Schnee und meiner Grundstimmung! Trotzdem werde ich bald den Abstieg antreten. Die *Australian guys* wollen noch bleiben, mir ist aber wieder nach Einsamkeit. Für einen Tag fand ich die Gesellschaft nett, doch nun reicht es – obwohl Sak wahrlich ein Schnuckel ist.

Abends bei Nepali Mama in Bamboo

Was das jetzt war, weiß ich nicht, aber auf jeden Fall bin in einem Affentempo die zweitausend Meter hinuntergelaufen (also im Himalaya-Style, meint: rauf und runter und rauf und runter ...), man könnte fast sagen: gejoggt. Der Adrenalinkick von heute Morgen hat mir wohl immense Kräfte in die Muskeln geschossen. Acht Stunden ohne nennenswerte Pause, und zum Schluss habe ich mir ein kleines Wettrennen mit einem nepalesischen *guide* geliefert und – gewonnen!

Nun bin ich hungrig wie ein Elch und werde mich gleich auf mein Dhal Bhat stürzen, das angeblich beste im gesamten Annapurnagebiet, zubereitet von der dicken, warmherzigen »Nepali Mama« – wie sie von allen Trekkern genannt wird. Ein Trost für die ersehnte Dusche, die mir heute verwehrt wurde: Das bekannte und leider auch einzige Dusch-Hostel war geschlossen!

Mit vollem Wanst im heimeligen Aufenthaltsraum

In der Tat ein ausgezeichnetes Dhal Bhat. Würde man mir beim Essen zusehen, könnte man meinen, jemand stünde neben mir und würde mir augenblicklich den Teller unter den Händen wegreißen, sobald ich nur eine Zehntelsekunde aufhöre, es in mich hineinzuschaufeln. Achtsamkeit und Verlangsamung sind zumindest auf diesem Gebiet noch Chinesisch für mich. Wie es mir jemals gelingen soll, ein paar Gänge zurückzuschalten, ist mir noch ein Rätsel. »Ja, ja, Meditation. Kein Kommentar, ich weiß es ja selbst«, sage ich schnell, bevor meine innere Stimme das ewig gleiche Mantra anstimmt. Erhellende Gedanken habe ich heute nicht mehr, werde deshalb schlafen gehen. Nach meinem insgesamt knapp zehnstündigen Trekkingtag bin ich unsagbar müde. Bevor ich aber ins Bett torkele, möchte ich noch feierlich festhalten: Ich habe es geschafft. Ich war auf 4100 Metern Höhe – ganz allein, ohne die Unterstützung eines Nepalesen oder von sonst jemandem – *just me*. Cool!

7. Dezember 2007

Der Ausblick hier in Bamboo ist – fast zweitausend Meter weiter unten – im Vergleich zu gestern nicht erwähnenswert. Vermisse die Berge bereits jetzt, auch wenn ich froh bin, ins warme Pokhara zu gelangen. Am meisten sehne ich mich nach einer heißen Dusche. Doch ich werde nochmals in die Berge ziehen, das ist klar. Nach dem Retreat, bei dem ich immer noch unentschlossen bin, welcher Art er sein wird.

Nepali Mama macht mir noch ein herrliches Omelett und schenkt mir einen Milchkaffee ein, bei dem die Milch sogar als solche erkennbar ist, auch wenn es sich lediglich um mit Wasser verdünntes Instantpulver handelt. Das Essen schmeckt hier aber allein schon aufgrund der Tatsache, dass man in den Bergen ist. Da ist so ein simples Eieromelett deliziöser als ein Lachsfrühstück mit Käsetoast in der Morena Bar in Berlin.

Für den Abstieg nach Pokhara wähle ich einen anderen Weg und mache einen Abstecher über Jhinu Danda, unter Trekkern »Hot Springs« genannt, weil es dort angeblich heiße Quellen geben soll. Nach den Temperaturen, die einen hier normalerweiser bei einer angeblich warmen Dusche erwarten, habe ich zwar keine große

Hoffnung auf wirklich heißes Wasser, aber ein wenig Abwechslung ist dennoch nicht schlecht.

An einem schattigen Plätzchen, umringt von struppigen Ziegen

Ich muss eine Pause machen, um das, was da in mir passiert, zu dokumentieren – sonst vergesse ich das bis zum Abend womöglich noch. Soeben habe ich mich beim Gehen an ein heißes Eisen gewagt und meine innere Stimme zu jenem Melodrama im vergangenen März in Form von Thomas Ostermeiers Stoß in den Abgrund befragt. Da kam diese Antwort:

Er hat dich auffliegen lassen. Diese Attitüde, die Dinge »nur zum Spaß« zu machen, ist lediglich ein billiger Trick von dir.

Trick? Ich bin echt perplex. »Wofür?«

Um dir nicht einzugestehen, dass dir eine Sache wichtig ist. So hast du ein Sicherheitsnetz, wenn dir etwas nicht gelingt. Da du »nur mal probierst«, ist es dann nicht so schlimm, wenn du versagst. Da sind wir wieder bei den Bildern über dich. Du hast das Bild einer Frau von dir, der es nicht um Anerkennung und Karriere geht, die vollkommen unabhängig und selbstbewusst ist und keine Angst hat. Weil du genau das in der Gesellschaft kritisierst, diese Anerkennungssucht. Und solange alles reibungslos funktionierte, konntest du dieses Bild auch wunderbar aufrechterhalten.

Das stimmt – zum Teil zumindest. »Aber es ist mir völlig egal, was die Menschen über mich denken, und es interessiert mich auch keineswegs, ob ein Regisseur mich gut findet oder nicht.«

Mag sein. Vergiss aber nicht deine Selbstzweifel. Und damit sind wir schon beim nächsten Bild, das du von dir hast – du siehst dich nicht so unsicher oder gar ängstlich. Das findest du peinlich. Auf diese Weise löst du dich aber nicht von Eigenschaften, die du nicht magst – und irgendwann fallen sie über dich her wie beispielsweise in diesem Frühjahr.

»Aber wie werde ich sie dann los?« Im Grunde weiß ich die Antwort.

Es geht eben nicht ums Loswerden, sondern ums Verstehen – im Herzen. Um den Grund, warum du sie dir zugelegt hast. Du bist ja nicht mit Versagensängsten geboren worden.

Kluges Köpfchen, besser gesagt: Herzchen, meine Stimme – kann ich nicht leugnen.

In T-Shirt und kurzer Hose in Hot Springs

Ich gelobe hoch und heilig, dass ich meinen Wortschatz, was Umschreibungen für meine Faszination betrifft, nach meiner Rückkehr in Deutschland erweitern werde. Vorerst bleibt mir nur die ewig gleiche Bewunderungstrompete: »Wahnsinnig schön hier!« Bezogen auf das Ambiente ist Hot Springs der angenehmste und behaglichste Platz des gesamten Treks. Insbesondere das Hostel. Die Zimmer sind klein, aber sehr süß eingerichtet. Man spürt, dass die junge Frau, die es managt, Spaß an ihrem Job hat. Lilafarbene Vorhänge an den Fenstern, eine kleine Terrasse mit liebevoll arrangierten Blumenkästen – den strahlenden Annapurna auf blitzblauem Hintergrund vor der Tür gibt es noch obendrauf. Er ist so weit weg – kaum zu glauben, dass ich gestern (!) noch so nah dran war, bei Schnee und Kälte! Hier kann ich im Shirt herumspringen. Und das i-Tüpfelchen: Unten im Wald befinden sich in der Tat drei mit heißem Quellwasser gefüllte Steinbecken. Ich habe, mich in nahezu vierzig Grad warmen Wasser aalend, der Sonne dabei zugesehen, wie sie als orangefarbener Ball hinter dem dunkelrot angestrahlten Annapurna versank. Göttlich!

Ich weiß gar nicht mehr, wie ich das alles verarbeiten soll. Vor allem diesen Dauerdialog in mir. Vermute, dass es etliche Menschen geben wird, die mich für geistesgestört halten würden, schizophren oder was auch immer. Spricht da mit sich selbst und bildet sich ein, das sei so etwas wie ein »Gott in sich drin«. Bitte?! Klingt eindeutig verrückt. Ich weiß aber, dass ich es nicht bin. Vielmehr empfinde mich klarer im Kopf als je zuvor. Geradegerückt. Und falls tatsächlich etwas »nicht stimmt« mit mir, so bin ich froh, endlich nicht mehr normal zu sein wie bislang.

Wenn mein hart gebeuteltes Ego es auch beileibe nicht immer lustig findet, wie diese Instanz mich permanent bei meinen kleinen Selbstbetrügereien und Ausflüchten entlarvt. Doch die Art, wie ich dabei auf die Schippe genommen werde, bringt mich irgendwann immer zum Lachen über mich selbst. Das ist der Unterschied zu meinem sonstigen Zynismus: Der rührt nicht aus einem liebevollen Blick auf mich, sondern tarnt nur meine Selbstabwertungsspirale, in die ich oft gerate, stellt sie einigermaßen salonfähig dar.

8. Dezember 2007

Steige im Morgengrauen erneut zu den heißen Quellen hinunter. So früh ist noch niemand da – wie Eva im Paradies springe ich umher. Vermisse dabei auch kurzzeitig einen Adam ...

Doch als ich in das heißeste der drei Becken gleite und dort im Wasser die Beine wohlig von mir spreize – mehr Komfort gibt es sicherlich auf keiner Beauty-Farm –, ist die Sehnsucht schnell wieder vergessen. Stattdessen komme ich nochmals über das gestrige »Gespräch« bezüglich meiner angeblichen »Trickserei« zurück.

»Ich weiß, dass ich nicht darüber nachdenken, sondern fühlen soll, aber das ist mir jetzt egal. Ich muss es ja erst mal verstehen, sonst nehme ich außer Fragezeichen rein gar nichts wahr!« Ich antworte bereits ungefragt – man merkt, wir sind allmählich ein eingespieltes Team.

Es fällt mir schwer, der Aussage zuzustimmen, meine kritische Haltung gegenüber Karriere und Leistungsfixiertheit sei lediglich ein Bild. Immerhin hatte ich schon diverse Chancen gehabt, groß (okay, ein wenig) rauszukommen. Mein Problem jedes Mal: Ich war nie genügend überzeugt von den Dingen. Die Soziologie liebte ich zwar über alles, aber es reichte mir nicht, die Gesellschaft lediglich als solches zu erforschen und mich eines kritischen Kommentars zu enthalten. Erst recht zweifelte ich an der Sozialpädagogik. Ich sah mich nicht in der Rolle, als pädagogischer Wachdienst die Ausgrenzung bestimmter Menschen zu kontrollieren und strukturelle Probleme mit individuellen Hilfeansätzen zu kaschieren.

Auch das Theater betrachtete ich durchaus kritisch. Ein Theater, das politisch ist und die Menschen im Innersten berührt, das reizte mich, und nicht ein Sich-zur-Schau-Stellen einer bestimmten Kunstelite in einem institutionellen Rahmen, die als Teil der Gesellschaft keinen wirklich in Frage stellenden Blick mehr wagen kann. Die Ernst-Busch-Schule hatte mich nicht wegen ihres Prestiges angezogen, sondern um dort das nötige Handwerk zu erlernen. Ich wollte eine gute Regisseurin werden, die das Theater – im besten Fall – sogar auf den Kopf stellt.

»Welchem imaginären Bild laufe ich denn hinterher?«
Sei präzise!
Penetrante Schmeißfliege, diese innere Stimme! Nach einigem Überlegen gebe ich allerdings widerwillig zu: »Die Tatsache, dass ich es so leicht in die Endrunde geschafft habe, ist mir wohl ein wenig zu Kopf gestiegen

und hat mich von meinem Weltverbesserungskurs abgebracht ...«

Willst du verstehen oder dich durch den Kakao ziehen?

Uuups, ich bin verwirrt. »Seit wann so ernst?«

Weil auch das ein Trick ist. Du ironisierst dein Verhalten, damit du dir deine unangenehmen Angewohnheiten nicht anschauen musst.

»Und nun?«, frage ich nach längerem Schweigen kleinlaut.

Ich sage es dir gern noch mal – die Stimme ist liebenswürdig wie eh und je, stelle ich erleichtert fest –: *Geh in dich, beginne dein Handeln zu beobachten.*

»Meditation?« Die Frage ist eher rhetorisch gemeint.

Wenn du etwas Besseres findest, dann mach das. Hauptsache, du fängst an, dich bewusst wahrzunehmen.

Das war mein Morgen.

Jetzt liege ich nach dem Bad in der Quelle wieder im Bett und genieße die wohlige Wärme, die nicht mehr an ein zwanghaftes Nach-oben-Ziehen des Schlafsacks sowie zweier Bettdecken rauf bis zur Nasenspitze gebunden ist. Gleich noch eine Runde Yoga, und dann werde ich in einem gemächlichen Tempo loslaufen. Es kann nicht mehr sehr weit sein, vielleicht schaffe ich es sogar noch bis nach Pokhara. Beim Wandern möchte ich heute keinen neuen Stoff von meiner inneren Stimme geliefert bekommen. Es reicht mir für den Moment. Ich brauche Zeit, um all das, was in den vergangenen Wochen geschehen ist, mal sacken zu lassen.

In einem nepalesischen First-Class-Restaurant

Gerade als ich beginne, mich zu fragen, wo ich nun zu Mittag essen könnte, treffe ich unvermittelt auf ein »Restaurant«. Es besteht aus einem kleinen Tisch, der mit einer rot karierten Decke bedeckt ist, darauf ein kleines Glas mit zwei Blümchen drin. Einige Meter weiter vorn befindet sich eine Hütte, eher ein Hüttchen, vor dem eine alte Frau auf dem Boden kniet und in der Sonne Gewürze zum Trocknen auslegt. Es folgt das gewohnte Begrüßungsritual, woraufhin sie mir strahlend ihre schwarzen Zähne zeigt und einen Satz spricht, den ich nicht verstehe. Weil sie mich aber so auffordernd ansieht, antworte ich mit »*chhaa* – ja«, woraufhin sie zufrieden nickt und in ihrem Hüttchen verschwindet. Ich bin gespannt, was sie mir nun bringen wird. Nach einigen Minuten kehrt sie mit einem Teller voller kleiner Teigröllchen zurück und stellt ihn vor mich auf den Tisch. Verzückt blicke ich darauf – kein Reis, aber definitiv auch kein westliches Junkfood. Was, bitte schön, ist das denn? Ich sehe sie erstaunt an. Sie nickt nur wild und gibt erneut etwas Unverständliches von sich. Ich nehme einen Bissen und gebe einen begeisterten Stöhner von mir: »*Ramro!* – schmeckt köstlich!« Sie lacht und zieht sich anschließend wieder zu ihren Gewürzen zurück.

Trotz meines Vorsatzes, mich für den Rest des Tages einzig auf die schöne Landschaft zu konzentrieren, bin ich erneut mit dem »Gespräch« von heute Morgen beschäftigt. Zum einen bin ich nun wirklich so weit, dass ich ernsthaft Interesse an einer Vipassana-Meditation habe – gleich in Pokhara werde ich mich danach erkundigen. Zum anderen denke ich über meine berufliche Situation nach. Denn mir wurde deutlich, wie sehr ich immer noch auf der Suche bin – vielleicht ist das die tiefere Ursache meiner Misere?

Nachdem ich nach dem Studium weder in die Soziologie noch in die Pädagogik einsteigen wollte, arbeitete ich in einem großen Gemeinschaftsprojekt mit, in dem es darum ging, lebbare gesellschaftliche Alternativen ausfindig zu machen – jenseits von Hippie- und Achtundsechziger-Kommunen-Klischees. Drei Jahre lang engagierte ich mich mit Feuereifer. War politisch sehr aktiv, begann Gruppen mit Jugendlichen und jungen Erwachsenen zu leiten, in denen es um die Frage ging, wie man leben will und was Freiheit überhaupt bedeutet. Irgendwann fing ich an, systemkritische Theaterstücke zu schreiben, die auf politischen Veranstaltungen aufgeführt wurden – eine Leidenschaft, die mich später zum Theater führte, danach zur Ernst-Busch-Schule und zu guter Letzt hierher – halleluja!

Zuvor lernte ich jedoch den Psychologen Marshall Rosenberg kennen, der von diesem Großprojekt zu einem Workshop eingeladen worden war. Ich hatte schon im Studium von ihm und seinem Konzept der »gewaltfreien Kommunikation« gehört – und gründlich darüber gelästert: »Das ist bestimmt wieder so ein Pädagogenscheiß, bei dem einem verboten wird, ehrlich zu sagen, was man denkt. Da pathologisiert man gesunde Wut, was nichts anderes heißt, als dass man zur Sanftmut verdonnert wird.« Dennoch ging ich zu dem Workshop – aus purer Neugier. Als dann der siebzigjährige Mann vor mir saß, der seit mehr als vierzig Jahren herumreist und in Palästina, Israel, Ruanda, in Gefängnissen, Universitäten sowie Schulen erklärt, wie subtil Gewalt in Form von Schuld und Scham, Belohnung und Bestrafung in unserer Gesellschaft verwoben ist, war ich nicht nur berührt, sondern auch erschrocken. Weil ich sofort verstand, dass er recht hatte – obwohl er uns erklärte, dass es darum nicht geht, also um Recht oder Unrecht, sondern dass wir uns mehr darauf konzentrieren müssten, was wir fühlen und brauchen. Ja, dachte ich, genau, das ist es, *genau das*! Und der Meinung bin ich nach wie vor – nach den Erlebnissen der letzten zwei Wochen umso mehr. Denn meine innere Stimme tönt ja ins gleiche Horn wie Rosenberg: *Wir müssen mehr in unserem Herzen anstatt in unseren Köpfen leben.*

Ich bin also durchaus überzeugt, dass das mein Beruf ist, meine Berufung gar, nämlich diesen Ansatz in die Welt zu bringen. Die Frage ist nur: wie? Als Trainerin für eine gewaltfreie Kommunikation? Da kann man doch gar nicht anders, als an »rousseauistisches Umweltschützerpathos« (um es mit Philip Roth zu sagen) zu denken, womöglich noch gepaart mit pädagogischen Motivationsspielchen. Das nur am Rande. Wenn mein geliebtes Ego letzterdings über solche »banalen Äußerlichkeiten« hinwegsehen sollte – was ja das Ziel des gesamten Bergabenteuers hier ist – und ich mich mal nur auf den Inhalt beziehe, ist diese Arbeit genau mein Ding. Absolut und vollkommen. Ja! Gleichzeitig aber auch nicht. Zumindest nicht ausschließlich.

Und so ist es schon von jeher. Ich finde etliche berufliche Tätigkeiten reizvoll, aber sobald ich denke, ich muss nur das eine machen, tendiere ich zur Flucht. In der Gemeinschaft fehlt mir die Gegensätzlichkeit und Widersprüchlichkeit, beim Theater das Herz und die Leidenschaft, nicht anders erlebe ich die Soziologie, die zudem noch viel zu intellektuell ist, wohingegen die Spiritualität wiederum zu wenig Geist hat. Und nicht zu vergessen: Gewaltfreie Kommunikation klingt nicht nur beschissen, sondern entbehrt auch jedweden künstlerischen Ausdruck.

Und erneut drehe ich mich wie das Püppchen auf der Spieldose munter im Kreis zur Melodie meiner Klagen und befinde mich in einem fortlaufendem Entscheidungsdilemma.

Ich stelle den leer geputzten Teller beiseite und warte darauf, dass sich mein Gefährte endlich zu Wort meldet. Anscheinend bedarf es einer expliziten Aufforderung.

Also sage ich: »Wenn du mich nicht lediglich wieder auf die Meditation verweist, wäre ich neugierig, etwas von dir zu hören.«

Du wirkst recht phantasielos, was deine berufliche Vision angeht. Du hast viele Interessen, das ist mitnichten ein Nachteil. Weshalb fragst du dich nicht, ob es nicht einen Beruf gibt, in dem du sie alle verwirklichen kannst? Was wäre denn dein Traum – wenn du mal nicht pragmatisch denkst?

»Dann würde ich Inszenierungen machen, in denen spürbar wird, was der Schatz dessen ist, wovon Marshall Rosenberg erzählt«, antworte ich sofort. »Aber«, füge ich hinzu, »eben da liegt das Problem: Mit einer klaren Aussage habe ich am Theater nichts zu suchen, zumindest nicht in der Regie. Das wird sonst übles Pädagogentheater, und ohne szenische Phantasie kann ich sowieso alles vergessen ... Dann schon eher in der Dramaturgie bleiben oder, noch besser, selbst Stücke schreiben. Generell schreiben. Das wär's eigentlich.«

Aber?

»Keine Ahnung. Auf Theaterstücke habe ich gerade keine große Lust, und sonst – was sollte ich denn zu Papier bringen?«

Nicht pragmatisch fragen! Wo ist der Traum?

Jetzt wird es mir fast zu viel. Stelle fest, dass mir das Thema unangenehm ist. Ich werde es weiter in mir bewegen, aber nicht jetzt. Mit diesem Beschluss gehe ich zu der alten Frau, die mich auf meine Frage: »*Kati paisa bayo*? Wie viel Geld muss ich zahlen?« in ihren Wohnraum führt. Ich entdecke ein Bett, neben der Tür eine Kommode, links davon ein kleines Waschbecken. Am Fenster, durch dessen dreckige Scheiben nur wenig Licht fällt, steht ein Tisch, und am Boden laufen zwei Hühner herum und picken gierig nach meinen Schuhen. Sie will 15 Rupien von mir haben, ich gebe ihr 20. Auch wenn es ein Witz ist, dass ich für das Essen umgerechnet 15 Cent zahle, gebe ich mittlerweile weniger Trinkgeld als noch zu Anfang – weil ich es beschämend finde, wenn ich als dekadente Westlerin mein Portemonnaie zücke und mehr Trinkgeld auf den Tisch lege, als ein gesamtes Essen kostet.

Die Frau holt ein Glas mit einer Rolle von Scheinen aus einer Kommode hervor und steckt mein Geld dazu – wahrscheinlich ihre Spardose. Ich deute zum Waschbecken und danach auf meine Hände. Sie nickt und schlurft hinaus. Schnell greife ich in meine Gürteltasche, ziehe einen Hundert-Rupien-Schein heraus, stecke ihn ins Glas und bin froh, die dunkle Kammer wieder verlassen zu können. Wir grüßen einander zum Abschied nochmals mit einem »*Namaste*«, inklusive Gebetsgruß, und ich trolle mich des Weges.

```
Früher Nachmittag –
ängstlich auf einem Stein kauernd
```

Sitze vor einer *unendlich* langen Hängebrücke, die in einer *unglaublichen* Höhe über einem *unglaublich* reißenden Fluss angebracht ist und mir *unglaublich* unsicher erscheint. Erstmalig auf diesem Trek habe ich die Hosen voll. Aber es hilft alles nichts – ich muss da rüber. Ganz so sicher bin ich mir meines göttlichen Beistands noch nicht – gebe ich zu. Aber, lieber Gott, *falls* es dich gibt, steh mir bei!

Berikhara

Die Brücke habe ich überlebt, insgesamt war der Tag aber ein Martyrium sondergleichen. Da dachte ich, nur noch auf dem Rückweg nach Pokhara zu sein, und hatte das Trekking, zumindest was das Thema Anstrengung betraf, bereits abgeschlossen – und auf einmal wieder so eine *Nepali surprise*: eine Stunde steil bergab, und danach dreimal so lang bergauf. Ich schaffe es deshalb nicht mehr bis nach Pokhara, sondern muss einen Zwischenstopp in diesem Kuhdorf Berikhara einlegen. Leider befindet sich das einzige Hostel im Ort in einem ziemlich lädierten Zustand, um nicht zu sagen, es handelt sich eine verlotterte Bruchbude. Aber okay. Es gibt hier nichts anderes, und den Weg ins nächste Dorf schaffe ich eindeutig nicht mehr.

Bin ziemlich in mich gekehrt und verdaue die Erlebnisse der letzten Tage. Zum Abschluss meines ersten Treks im Himalaya trinke ich ein Bier und gebe mich meiner Sentimentalität hin. Gut ein Drittel meiner Reise habe ich hinter mich gebracht – gemessen an dem, was schon alles passiert ist, nicht viel. Was wohl noch alles geschehen wird?

Mein emotionaler Wechsel seit Beginn meiner Reise erscheint mir enorm und fast unerklärlich. Ich würde das heute gern richtig feiern, und ausgerechnet an meinem vorläufig letzten Tag in den Bergen sitze ich in einem unwohnlichen, staubigen Loch fest. Im Vergleich zu dem hier war jede andere Unterkunft auf diesem Trek ein Mehrsternehotel. Wenn ich meiner inneren Stimme folgen würde, müsste ich jetzt aufstehen und weitermarschieren. Zum einen bin ich aber zu faul, und zum anderen wäre das total unhöflich gegenüber dem Hostelbesitzer.

Dann nimm es aber auch hin, und beklage dich nicht mehr.

Mensch, das nervt! Das ist wieder einer jener Momente, wo ich dieser bescheuerten Stimme am liebsten Redeverbot erteilen würde. Brauche ich eine zweite Mutter, oder was?!

Zwei Stunden später voller Stolz in Deurali

Nun habe ich es tatsächlich getan: Fast fluchtartig bin ich aufgebrochen. Der alte Mann, dem das Hostel in Berikhara gehörte, sah mich bei meinem Abschied erschrocken an. Ich versuchte ihm zu erklären, dass ich unbedingt noch los müsste, um meine Freunde im nächsten Ort zu treffen. Er verstand kein Wort, aber als ich ihm das Geld für Übernachtung und Essen in die Hand drückte, inklusive einem Trinkgeld, lächelte er wieder.

Bei jedem Schritt, den ich bergaufwärts machte, erfreute ich mich daran, dieser Kaschemme da unten entflohen zu sein. Obwohl der Weg sehr anstrengend war und ich in der letzten Stunde im Dunkeln umhertaperte.

Die Ankunft in Deurali war jeden Keucher wert. Inzwischen erkenne ich sofort, was ein guter Platz zum Übernachten ist. Der hier ist definitiv *sehr gut*. Die Lodge hat schlichte, aber schöne Zimmer, mit einem Blick weit ins Tal hinein, und eine *dining hall* mit Holzfeuer! Ich bin selig und gebäre großartige Einsichten wie: »Es ist nicht immer der praktische Weg, der zur Glückseligkeit führt.« Aber auch jenseits jedes Pathos bin ich begeistert. Weil mir diese Aktion gezeigt hat, wie simpel es ist, den richtigen Dreh zu finden, wenn ich eben gerade nicht das tue, was vernünftig und logisch erscheint. Und mein Stimmungswechsel ist phänomenal. Auch wenn man es eine

Bagatelle nennen könnte, dünkt mir der gesamte Vorgang geradezu symbolisch für mein Leben, das ich künftig führen will: meiner inneren Stimme anstelle des ausgetretenen Trampelpfads folgen.

Jetzt würde ich am liebsten beten. Und ich mache es, egal wie sehr sich ein Teil von mir darüber lustig macht. Ich bitte um Unterstützung. Damit ich das, was da leise in mir wächst, weiter pflegen und achten kann. Und um Zeit zu haben, alles ohne Druck und ohne Peitsche in mir aufblühen zu lassen. Und ich bedanke mich. Dafür, dass ich diese Reise angetreten bin. Ich spüre, dass ich zum Kern in mir vordringe, indem ich mich durch meine inneren Mauern und Eisschichten kämpfe. Dadurch lande ich Tag für Tag ein wenig mehr in mir selbst. Ich bin dabei, bislang verschlossene Räume meines Innenlebens zu entdecken, das trifft es wohl.

9. Dezember 2007
Morgens mit heißem Kaffee
auf meiner Pritsche

Die Lodge ist ein Volltreffer. Ich hätte nicht gedacht, dass mir noch einmal ein solcher Ausblick auf die Gebirgskette vergönnt sein würde. Weit unter mir ist der See von Pokhara zu sehen. Alles ist jenseits jedes Vergleichs zu dem gestrigen Hostel – ich kann es nicht oft genug betonen. Allein wenn ich an die lauwarme Kaffeesuppe denke, die man mir in dieser Bergdorfkaschemme angeboten hätte, schüttelt es mich. Bei solch elementaren Dingen wie Kaffee bin ich doch über alle Maßen froh, dass die Einheimischen sich nach den Bedürfnissen einer tragisch gebeutelten und in ihren Augen reichen Westlerin ausrichten und es niemals wagen würden, mir lediglich ihren Zuckertee vorzusetzen ...

Kurz vor Pokhara

Ich nähere mich der Zivilisation, laufe wieder durch dichter besiedelte Gegenden. Damit bin ich aber auch mit den Kindern konfrontiert, die mir, sobald sie mich nur sehen, sofort am Jackenzipfel hängen und um Geld oder Süßigkeiten betteln. Dahinter stehen ihre Mütter, die ebenfalls die Arme ausstrecken. Ich hadere nach wie vor mit der Situation. Weiß einfach nicht, was ich tun soll. Natürlich sage ich mir wieder den gesamten entwicklungspolitischen Kram vor. Dass es vor allem darum geht, an den Wurzeln des Übels anzusetzen, also die strukturellen Lebensbedingungen zu verbessern, anstatt mit Geld quasi medikamentös die Ursachen zu besänftigen. Und bla bla bla ...

Zum Teil sind das simple Ausreden, damit ich mich nicht mit der Situation auseinandersetzen muss. Im Moment tue ich schließlich rein gar nichts für grundlegende Veränderungen, und so ist es fast scheinheilig, zu tönen: »Geld bringt den Leuten auf Dauer sowieso nichts.« Damit rechtfertige ich hübsch meinen Geiz. Doch zu meiner Verteidigung muss ich sagen, dass das lediglich *ein* Aspekt ist. Was die Sache noch um einiges komplizierter macht, ist die Art und Weise, *wie* ich hier angebettelt werde. Mit einer Unterwürfigkeit und Demut, da wird mir fast schlecht – vor Scham. Das aber nicht, weil ich mehr Geld habe, sondern weil der Kontakt nicht auf Augenhöhe stattfindet. In der Regel jedenfalls nicht.

Einmal kam ein Vater zu mir und sagte: »Hey, reiche Deutsche, gib mir Geld, ich brauche was zu essen für meine Kinder!« Das klang fast wie ein Befehl. Damit bin ich weitaus besser zurechtgekommen. Aber bei diesem unterwürfigen Opferblick würde ich am liebsten gar nichts geben. Weil es ja nicht freiwillig geschieht. Sondern aus schlechtem Gewissen. So hüpft die Argumentation in meinem Kopf wie ein Pingpongball hin und her.

Denn wie sollen sich die Menschen hier auch selbstbewusst vor uns hinstellen und die Hände ausstrecken, wenn sie selbst in einem Denksystem gefangen sind, das auf einer Chimäre beruht, auf der Gleichsetzung von Lebenserfolg und materiellem Reichtum? Wenn überhaupt jemand die Absurdität der »Ersten« und »Dritten Welt« aufdecken und entgegensteuern kann, dann wir aus dem Westen. Der Arme, der sich schämt, weil er so arm ist, wird keine Revolution starten.

Was geht in dir vor, wenn du diese Kinder siehst? Was empfindest du? Ich schlage dir ein weiteres Mal vor, dein Herz zu öffnen, anstatt dich mit Analysen über die Ungerechtigkeit der Welt abzulenken!

Ich erschrecke fast, so sehr wird mir bewusst, dass diese Wahrnehmung erneut voll ins Schwarze trifft. Statt zu fühlen, denke ich nach. Mehr gibt es dazu nicht zu sagen. So treffe ich sehr still in Pokhara ein.

Atemholen in Pokhara

Als duftendes und glänzendes
Girlie im Harvest Moon

Bin wieder in mein vertrautes und nach wie vor urlauberverwaistes Hostel zurückgekehrt. Modhi und Chini haben mich begrüßt wie eine verlorene Tochter – obwohl ich gerade mal zwei Tage bei ihnen verbracht habe und das vor knapp zwei Wochen. Hat eben auch Vorteile, die einzige Besucherin eines verlassenen Hostels zu sein. Insbesondere aber ist es wohltuend, nach all dem Alleinsein einen realen menschlichen Heimathafen zu haben.

Nun liege ich faul in der Sonne auf der Dachterrasse, habe unverschämt lange geduscht, mich eingecremt, Fußnägel geschnitten und sie mir zu guter Letzt sogar noch knallrot lackiert. Das volle Resozialisierungsprogramm.

Später werde ich unten am See in einem der unzähligen Internetcafés nach einem Vipassana-Kurs recherchieren und mir anschließend etwas Leckeres zu essen besorgen – egal was, Hauptsache ohne Reis und Linsen! Und ein neues Buch – danach sehne ich mich am meisten. Mit dem werde ich mich den restlichen Tag auf der Terrasse vergnügen und dort dem faulen Nichtstun frönen.

Abends, satt und faul

Habe einen vorzüglichen frischen Fisch verzehrt und mich an Mineralwasser mit Kohlensäure erfreut. Die Atmosphäre an der Promenade ist allerdings nach wie vor schrecklich. In etlichen der unzähligen schicken Restaurants wird laute Musik gespielt, und für meinen Geschmack quetschen sich noch immer viel zu viele Menschen durch die Shoppingmeile. Auch wenn es wohl nur halb so voll ist wie in der Trekkingsaison – nach der Stille in den Bergen ist dieser Ballermann auf exotischem Niveau eine komplette Reizüberflutung. Schnellstens flüchte ich in mein einsames Hostel, zu meiner Nepali-Familie.

Vor dem Essen rief ich noch im Vipassana-Büro in Kathmandu an. Dort sagte man mir, dass es keinen freien Platz mehr für den nächsten Kurs gäbe. Ich ließ mich auf die Warteliste setzen, doch ich befürchte, dass ich auf Yoga ausweichen muss. Dummerweise kann ich nicht so richtig darüber jubeln – mittlerweile reizt mich glatt diese verdammte Vipassana-Meditation. Bei allem Respekt, aber mich zieht es momentan wirklich mehr zur Stille als zum Yoga und »Shanti-Shanti«-Singen. So überlege ich allen Ernstes, nach Lumbini, zur Geburtsstätte von Buddha, zu fahren. Im dortigen Vipassana-Center soll es noch eine Chance beim nächsten Kurs geben. Übergeschnappt?! Auf jeden Fall ist es dieser Wer-auch-immer-Stimme mit ihrer Penetranz gelungen, dass ich mich *freiwillig* einer solchen Marter aussetzen möchte. Ja, ich bin wohl wirklich verrückt geworden.

Nachts: Wälze mich schlaflos im Bett umher. Habe mir in einem Buchladen *Einfach »Das«* von Ken Wilber besorgt und vorhin versucht, darin zu lesen. Wilber ist ja einer der großen spirituellen Denker, der auch von »normalen«

wissenschaftlichen Kreisen nicht gleich in die Esoterikschublade gesteckt wird. Mich beeindruckt er vor allem deshalb, weil er sich zwar ausdrücklich für die Notwendigkeit einer spirituellen Praxis – insbesondere im politischen Bereich – ausspricht, dabei aber zwischen »translativer« und »transformativer« Spiritualität unterscheidet. Ersteres meint das Übersetzen von gesellschaftlichen Missständen in spirituelle Heilszustände. Also der inmitten eines tobenden Krieges auf einem Meditationskissen selig Lächelnde. Auf diese Weise gesellschaftspolitische Veränderungen zu erzielen bezeichnet Wilber als illusorisch. Transformative Spiritualität hingegen zielt auf eine Bewusstseinsveränderung ab, die er für jede Form von politischer Arbeit für grundlegend erachtet. Um zu verhindern, dass sie womöglich mit der gleichen Energie betrieben wird wie die Strukturen, die man verändern will. Wenn ich mich früher auf den Großevents von Attac und Co befand und dort den aggressiven Parolen lauschte, mit denen beispielsweise die Ausbeutung von Drittweltländern seitens der Großkonzerne angeprangert wurde, dachte ich zuweilen an seine Worte. Mit einem Satz: Wilber ist so etwas wie eine Muss-Lektüre für jemanden wie mich, der sich ernsthaft mit Spiritualität und Erleuchtung auseinandersetzen möchte.

So habe ich mich förmlich auf das Buch gestürzt. *Tagebuch eines ereignisreichen Jahres* heißt es im Untertitel – welch passender Zufall, habe ich noch gedacht. Nach einer halben Stunde schlief ich fast darüber ein. Es war mir unmöglich, mich auf den Inhalt zu konzentrieren, ständig schweiften meine Gedanken ab. Er schreibt sehr abstrakt und bietet meiner Ansicht nach vorrangig eine Aneinanderreihung von Zitaten großer Denker dar. Mir erschien es sterbenslangweilig. Oder verstehe ich lediglich seine komplexen Gedankengänge nicht? Bin ich zu dumm für wahrhafte Spiritualität? Wohl gar ein translatives Spirivögelchen? Einfältige Menschen werden esoterisch – das ist ja schon ein Urteil, das ich in mir trage.

Mit dieser heiklen Thematik hatte ich mich schon einmal in den Bergen beschäftigt und meine innere Stimme dazu zu Rate gezogen. »Sag mal, im Endeffekt sind das zwar interessante Antworten, die da auf meine Fragen bezüglich meiner Lebensthemen gegeben werden, aber *sensationell* neu ja nun nicht und deshalb noch lange kein Zeichen für eine wahrhaft spirituelle Verbindung. Wenn ich dich aber nun fragen würde, wie die Quantenphysik funktioniert oder solche Dinge, von denen ich wirklich keine Ahnung habe, da würde ich doch keine Antwort erhalten. Und das wiederum ist wohl der beste Beweis dafür, dass da nichts Göttliches in mich einfährt, sondern lediglich mein gesunder Menschenverstand mit mir kommuniziert!« (Ha, dachte ich, jetzt habe ich die Instanz in mir aber echt schachmatt gesetzt!)

Die Antwort erfolgte prompt.

Stimmt, da käme nichts. Weil es dich nicht interessiert. Du aber immer meinst, es müsste so sein. Weil du dich sonst für dumm hältst. Mal wieder ein Bild, dem du hinterherhechtest. Mit mir wirst du den Preis für die erfolgreichste Nachwuchswissenschaftlerin nicht gewinnen, womöglich noch nicht einmal den für die sportlichste Erleuchtete der westlichen Welt – den Zahn muss ich dir leider ziehen.

Selten so gelacht, habe ich gedacht – und ansonsten erst einmal nicht viel weiter. Während ich nun dabei bin, mich selbst zu zerfleischen, weil ich bei einem so genialen Denker wie Ken Wilber momentan erkennbar keine geistige Offenheit an den Tag lege, kommt mir diese Szene wieder in den Sinn. Ähnliches Muster: Bei wie vielen Dingen ist die Vorstellung, ich *müsste* etwas Bestimmtes wissen oder sein, Antriebsfeder meines Handelns? Während meines Studiums verbrachte ich Stunden über Stunden in diversen Bibliotheken und lieh mir Unmengen von Büchern aus. Klassiker der Weltliteratur, historische Wälzer von der Antike bis heute, Grundlagenwerke in Philosophie, Physik, Biologie etc. Die dekorierten in meterhohen Stapeln meine Zimmerwände und beruhigten mich allein durch ihren Anblick. Zumindest so lange, bis der Rückgabetermin näherrückte und ich in keinem Buch mehr als geblättert hatte. Regelmäßig verpasste ich das Abgabedatum und musste monatlich an die 40 Euro Mahngebühren zahlen. Reichlich bekloppt, man kann es nicht anders sagen. Mittlerweile gehe ich nicht mehr in Bibliotheken, sondern erstehe die Bücher im Antiquariat. Das ist auf Dauer billiger ...

Herrje, jetzt packt mich die Melancholie: Ich vermisse die Stille der Berge, das Wandern, meine Gespräche. Eine gewisse Umgebung oder zumindest Atmosphäre ist offensichtlich notwendig, um Zugang zu dieser Verbindung zu erhalten. Im Augenblick scheint sie gekappt. Da liegt der Unterschied zwischen Herumhirnen und diesem inneren Dialog. Mit simplem Nachdenken tut sich nicht viel. So fürchte ich bereits wieder, der Kontakt könnte endgültig gekappt sein. »Einfach« zu vertrauen, ohne vorher einen unterschriebenen Garantieschein ausgehändigt zu bekommen, empfinde ich als recht herausfordernd.

10. Dezember 2007

Beim Aufwachen flog mir ein Zitat von Schopenhauer in den Kopf: »Erfolgreich ist, wer weiß, was er nicht kann.« Ich darf mich also entspannt zurücklehnen: Trotz meiner mangelnden Allgemeinbildung habe ich noch Überlebenschancen. Ich werde das Buch von Ken Wilber zurückgeben. Das ist doch Blödsinn. Ich muss mein eigenes Lebensgesetzbuch schreiben. Es gibt keine objektive Instanz, die bestimmt, was notwendiges Wissen ist und was nicht. Das kam von meiner inneren Stimme. Auf dem Klo. Es müssen also nicht immer die Berge sein.

Am Nachmittag fahre ich mit Modhi zum Busparkplatz, um Touristen abzufangen. Er hat mir erzählt, dass der Grund für die extreme Leere seines Hostels vor allem der ist, dass *Lonely Planet* ihn und sein Harvest Moon nicht ins Hotelregister aufgenommen hat. Keiner der Autoren des Reiseführers hat sie kontaktiert. Das gleicht einem Todesurteil. Denn praktisch jeder Trekker hier hält *Lonely Planet* in Händen. Wenn man da nicht drinsteht und zudem noch nicht im Zentrum liegt, wie das bei Modhis Hostel der Fall ist, hat man Pech. Dann bleibt nur das tägliche Pilgern zum Busbahnhof, um einen der wenigen von Kathmandu anreisenden Touristen zu verführen, sich dir anzuschließen. So wie in meinem Fall. Das gelingt aber nicht oft. So wartet Modhi Tag für Tag auf die Busse aus der Hauptstadt, die je nach Verkehr zwei bis drei Stunden später als angekündigt eintreffen können. Hartes Los. Dennoch macht er einen Witz nach dem anderen und wirkt insgesamt bester Stimmung. Verstehe ich nicht. Dazu bin ich wohl zu westlich.

Jedenfalls hatte ich die Idee, für ihn ein paar Touristen abzuschleppen oder ihnen zumindest einen heißen Tipp (so von reicher Westeuropäerin zu reichem Westeuropäer) für eine ordentliche und günstige Unterkunft mit extrem guter Dusche zu geben. Ein bisschen fies wegen der Mitstreiter, die auch eine Chance wollen. Aber so ist das Spiel eben – ein gnadenloser Überlebenskampf.

Wir haben niemanden erobert – Modhi ist eben kein Kaptalistenschweinchen (wie ich). Er hat mich nicht direkt auf den Parkplatz gelassen, weil das sonst unlauterer Wettbewerb gewesen wäre und er es sich mit all seinen

Kollegen verscherzt hätte. So durfte ich lediglich die wenigen Leute ansprechen, die nicht von den anderen Hostelbesitzern abgefangen wurden und den Platz auf eigene Faust verließen – das allerdings, weil sie in der Regel schon eine Unterkunft hatten. Blöd! Aber wir werden in den nächsten Tagen nochmals unser Glück versuchen. Ich habe mir in den Kopf gesetzt, Modhi und seiner Frau zu helfen – das will ich nun verdammt noch mal auch tun. Irgendwann muss ich schließlich Punkte sammeln für den Eintritt ins Himmelstor.

Bei sternklarer Nacht den Mond anheulend

Auf der Straße habe ich zufällig die *Australian guys* getroffen und ging mit ihnen in ein Lokal. Der Abend war allerdings nicht besonders inspirierend. Nach einem ausführlichen und detaillierten Austausch über den Abstieg vom ABC bis Pokhara und einer allseitig geteilten Begeisterungshymne auf die heißen Quellen folgte eine leidenschaftliche Fachsimpelei über die unterschiedlichen Zubereitungsarten von Dhal Bhat und die Überlegung, ob die Pasta in den Bergen genießbar sei. Schließlich landeten wir bei der sensationell einfallsreichen Frage, was denn jeder von uns beruflich machen würde. Es erschien mir, als sei ich mitten in Fassbinders Film über die Existenz von Herrn R. gelandet. Ich konnte bestens nachempfinden, warum der gute Mann in einem bestimmten Moment einfach aufgestanden war und alle Menschen um ihn herum erschlug. Sak war zwar weiterhin eine Augenweide, mehr nicht. Natürlich stiegen wieder Selbstzweifel in mir auf. Vielleicht führen diese Typen ansonsten die abgefahrensten Diskussionen und weichen nur heute auf diesen Small Talk aus, weil mit mir nichts anderes machbar ist? Da beißt sich die Katze in den Schwanz: Irgendetwas ist ständig falsch. Entweder ich stelle mich selbst in Frage, oder ich gehe in den Gegenangriff und stemple die anderen als oberflächliche beziehungsweise verkopfte Autisten ab. Wie auch immer – mir ist in Gesellschaft jedenfalls oft einsamer zumute als allein, und permanent habe ich den Eindruck, ich sei am falschen Ort, in der falschen Zeit oder in der falschen Umgebung. Ging es mir also nur deshalb so gut in den Bergen, weil ich den Kontakt zu meinen Mitmenschen vermieden habe? Aber wo soll das denn hinführen? Ich will schließlich nicht für immer und ewig in fernen Höhen umherwandeln.

11. Dezember 2007

Mit dem phantastischen Sonnenaufgang am Morgen ist mein Stimmungsbarometer wieder aus den Minusgraden ins Plus geklettert. Ich bin die, die ich bin, und wenn mich Small Talk langweilt, dann ist das eben so. Ihr könnt mich mal, ihr Richter in mir, die ihr mir ständig mit der Peitsche kommt, wenn ich mich nicht so verhalte, wie es erwünscht ist. Allzeit extrovertiert, eloquent, witzig, inspirierend, phantasievoll, gleichzeitig aber bitte schön tiefsinnig, ruhig und zentriert – da bleibt ja kaum eine Möglichkeit, außer der, mit Bravour zu scheitern!

Abends mit müden Augen nach einer Reise in eine ferne Welt

Ich habe eine Mail vom Vipassana-Büro erhalten: Man könne mir noch einen Platz für den Kurs in Kathmandu zuteilen, der allerdings schon in drei Tagen beginnen würde. Für mich heißt das, ich muss übermorgen früh hier weg. Das geht nun ziemlich schnell – und beinhaltet den endgültigen Abschied von Pokhara, vor allem von

Modhi und Chini und ihrem Hostel. Schade, wenn ich auch spüre, dass es gut sein wird, diese Auszeit zu nehmen – von und gleichzeitig mit mir selbst. Mein freundlicher Begleiter führte mir vorhin ein weiteres Mal brillant einfach vor Augen, wie außen- und erfolgsorientiert ich schon wieder bin. All meine Handlungen und Gedanken stehen auf dem Prüfstand: Bin ich auf dem *richtigen* Weg? Mache ich alles *gut*? Ist es nun Gott, mit dem ich da spreche, oder führe ich nur phantasievolle Selbstgespräche? All so was. Immer habe ich diese Riesenangst, die Reise könnte irgendwann enden, bevor ich »es geschafft habe«.

Wem willst du eigentlich beweisen, dass du dich besonders intensiv mit deinen Lebensthemen auseinandersetzt?

Tja. Gute Frage. Vielleicht finde ich eine Antwort beim Meditieren.

Der restliche Tag katapultierte mich in verregnete Samstage meiner Kindheit, die ich vom Aufwachen bis zum Schlafengehen mit dem Schmökern der *Roten Zora* oder den *Brüdern Löwenherz* verbrachte. Am Abend immer noch im Schlafanzug und nicht willens, meine Lektüre zu beenden, bevor ich nicht die letzte Seite ausgelesen hatte.

Heute war es anstelle meines Kinderbettes die sonnenüberflutete Terrasse und später mein kleines Hostelzimmer. Und statt *Die rote Zora* hielt ich *Der Gott der kleinen Dinge* von Arundhati Roy in den Händen – im Tausch gegen Ken Wilber. Der Rauschzustand, wenn man über Stunden in eine Geschichte eintaucht, war hingegen der gleiche. Erzählt wird die tragische Liebe zwischen Ammu, einer Frau aus der indischen Mittelschicht, und Velutha, einem Mann aus der Kaste der »Unberührbaren«. Arundhati Roy schreibt bewegend und poetisch, gepaart mit einer politischen Schärfe, die ich auch aus ihren anderen

Büchern kenne – phänomenal gut. Und nach wie vor aktuell. Die Frage, inwiefern wir bereit sind, einem bestimmten Gesetz zu folgen und grausam zu handeln (in dem Buch gipfelt das in dem Mord an Velutha), weil es »einfach so ist«, ist nicht unbedingt an das indische Kastensystem gekoppelt.

12. Dezember 2007

Den Morgen verbringe ich weiterhin mit Arundhati Roy und schließe das Buch mit rot verheultem Gesicht. Sie schafft ein brillantes Finale und endet mit einem Rückblick auf die erste Nacht zwischen Velutha und Ammu. Sehr geschickter Schachzug. So kommt ihre Kritik hinsichtlich eines blinden Verfolgens von scheinbaren Gesetzmäßigkeiten zwar deutlich zum Ausdruck, ohne dass dies aber moralisch präsentiert wird. Das gibt Power, während ein tragischer Schluss mich eher in resignative Verzweiflung gestürzt hätte.

Dementsprechend politisiert und voller Tatendrang setze ich die Sonnenbrille auf meine knallroten Augen und fahre noch einmal mit Modhi zum Busparkplatz. Heute steht unser Touristenfang unter einem guten Stern: Ich treffe am Ausgang auf drei Deutsche, die ich überzeugen kann, im Harvest Moon zu wohnen. Damit ist es allerdings auch vorbei mit der heiligen Ruhe. Die drei Typen machen sich auf *meiner* Dachterrasse breit und erwarten zudem, dass ich mich zu ihnen setze. Na prima! Ich schleiche mich klammheimlich an ihnen vorbei und verdrücke mich zu Chini in den Garten. Gut, dass ich morgen früh abreise. Sosehr ich ihr und ihrem Mann gönne, dass sie endlich ein wenig Geld verdienen – mir war die Ruhe vorher weitaus lieber. Aber mit Blick auf die nahende absolute Einsamkeit ist es okay, dass diese

Dumpfnasen mit ihren ekelhaften Bierdosen die Terrasse okkupieren. Zumindest führt mir dieses dümmliche Trauerspiel vor meinem Fenster mal wieder vor Augen, dass *ich* ja bei Weitem nicht so touristisch und proletenhaft bin wie der Rest der Welt. Alles in allem ist der Tag also ein Volltreffer: Ich bin die Retterin armer Familienhostels und vom Habitus her praktisch schon Nepalesin – welch Balsam für mein Ego!

Als es dunkel wird, spaziere ich ein letztes Mal zum See, gönne mir in einem kleinen Imbiss ein Dhal Bhat – ich hatte es schon glatt vermisst – und mache mich anschließend auf die Suche nach einem Meditationsschal, wie ich ihn bei Heike immer neidvoll bestaunt habe. Wenn ich schon keine Ahnung davon habe, wie das Meditieren vonstatten gehen soll, möchte ich dabei zumindest gut aussehen! In einer kleinen Seitenstraße entdecke ich einen Laden, in dem eine alte Frau ihre handgewebten Schals aus Yakwolle anbietet. Ich entscheide mich für einen in Weinrot und lege ihn mir sofort um die Schultern. Beschwingt wandele ich zurück »nach Hause« – und komme mir dabei geradezu spirituell vor.

13. Dezember 2007

Auf dem Parkplatz warte ich auf meinen Bus nach Kathmandu. Trinke einen *chiya dudchia*, einen nepalesischen Milchtee. Schrecklich süß, aber sehr lecker. Hier ist die Hölle los. An die dreißig Männer laufen mit Tabletts voll köstlich duftender Nusshörnchen herum, die sie den Touristen anbieten. Dabei sind die Verkäufer fast in der Überzahl – *off-season* eben. In den erklärten Trekkingmonaten wird bestimmt mehr Trubel sein. Wenn mir auch Modhi erzählt hat, dass durch die unsichere politische Lage die Besucherströme der Achtziger und Neunziger sich in ein leise dahinplätscherndes Bächlein verwandelt haben. Mal wieder das bekannte Spiel: Des einen Freud ist des anderen Leid. Für die Nepalesen ist der Touristenschwund wirklich tragisch. Vor allem deshalb, weil sich die hartnäckig haltenden Gerüchte über die Maoisten, die den friedlichen Trekker aus dem Hinterhalt überfallen könnten, keineswegs mit der heutigen Realität übereinstimmen. Ich habe bislang – zum Bedauern meiner Abenteurerseele – noch nicht einmal einem Rebellen ins maskierte Gesicht starren dürfen. Von einem kleinen Schwertkampf im Gebüsch ganz zu schweigen. Doch mit dieser Negativpropaganda ist vermutlich bald Schluss. Am 28. Dezember gibt es – so Modhi – die seit Langem ersehnten Wahlen, wodurch die Monarchie in Nepal endlich durch eine Republik abgelöst wird. Es besteht dadurch die berechtigte Hoffnung, dass sich die Rebellen offiziell zurückziehen. Ganz klar ist mir die politische Situation bislang allerdings nicht geworden. Die Nepalesen, die ich danach frage, kennen sich selbst kaum aus – zumindest können sie mir die Hintergründe nicht auf Englisch erklären. Wenn ich ehrlich bin, kommt mir das allerdings recht gelegen. Mein Interesse an Politik ist – wie ich mir nur hinter vorgehaltener Hand und im Flüsterton einzugestehen getraue – auf dem Nullpunkt. Ich reise ein anderes Mal zur Revolution an.

Zwischenstopp in einem überfüllten Esslokal

Erneut eine so irrsinnige Tour, wenn ich mich auch allmählich an die nepalesische Fahrtechnik gewöhne: Der Bus, der sich in einem Zustand befindet, dass er in Deutschland schon seit etwa zehn Jahren auf dem Schrottplatz zu bewundern wäre, steuert mit Karacho und lautem Hupen in jedes Schlagloch auf dieser verdammten Straße. Wobei diese praktisch nur aus solchen Löchern besteht. Resultat: Alle Nepalesen um mich herum kotzen wieder mal fröhlich zum Fenster hinaus. Ich habe das Kind meiner Nachbarin im Arm, damit die Mutter sich in Ruhe übergeben kann. Seltsamerweise wird keinem der Touristen im Bus schlecht, sondern nur den nepalesischen Frauen. Die kümmern sich allerdings auch nicht groß darum. Nach einer Kotzwelle wird munter weitergequasselt und mit Heißhunger die eine oder andere Süßigkeit verspeist – die wenige Minuten später langsam an der Scheibe hinuntertropft. Wie auf dem Hinweg brauchen wir auch dieses Mal wahnwitzig lange. Hundert Kilometer in vier Stunden! Da ist man mit dem Fahrrad fast schneller. Aber ich genieße die Reise dennoch, vor allem die Aussicht auf Reisfelder und Wasserfälle aus den verdreckten Fenstern mit Reisgeleebröckchen an den Scheiben.

Habe mir gestern noch Regeln und Ablauf des Vipassana-Kurses ausdrucken lassen und sie soeben studiert. Hui! Das wird kein Zuckerschlecken. Zehn Tage lang von vier Uhr morgens an meditieren – und nichts anderes. Kein Buch, keine Bewegung. Ich werde nicht einmal Tagebuch schreiben dürfen. Mir wird allein bei dem Gedanken leicht flau im Magen. Vielleicht doch besser Yoga-Ashram?

Lehrer des gesamten Exerzitiums ist Satya Narayana Goenka, der diese Technik, die angeblich bereits Buddha gelehrt hat, in diversen Meditationszentren weltweit anleitet – mittlerweile vornehmlich über Assistenzlehrer. Ansonsten steht auf den ausgedruckten Seiten allerlei höchst theoretischer Kram, der mich nicht großartig interessiert. Ich weiß nur eines: Ich muss den ganzen Tag auf meinem Hintern sitzen. Das kann ich mir, insbesondere jetzt, nach meiner frisch auserkorenen Leidenschaft fürs Trekking, noch weniger als je zuvor vorstellen. Kurzzeitig ärgere ich mich, dass ich mich auf diesen Deal eingelassen habe. Aber es hilft nichts – jetzt gibt es kein Entkommen mehr.

Abends in einer Touristenklitsche in Kathmandu

Die Stadt bietet ein herbes Kontrastprogramm zu den letzten zwei Wochen und vermutlich auch der folgenden Zeit. Als wir mit dem Bus unten am Fluss an den Slums vorbeifuhren, musste ich schlucken. Diese brutale und unwürdige Form von Armut verschlägt mir immer noch den Atem. Überall nur Müll und Dreck, und dazwischen campieren Menschen in ihren Zelten. Die Einfachheit in den Bergen ist das eine, aber dieses Elend in der Stadt – und ich mache hier Urlaub! In den Staub möchte ich mich werfen vor Schmach! Hinter diesen Müllbergen erhebt sich in majestätischer Erhabenheit die verschneite Bergkette des Himalaya – ein Anblick, der mich mit einer ebensolchen Intensität ergreift. Irgendwie ist gerade das Nepal: dieses »und« – die Schönheit und der Dreck. Genau das fällt mir so schwer, die doch ständig nur »Entweder-Oder« denkt. Dabei bin ich selbst ja auch »und«, fällt mir plötzlich auf. Aber damit eben hadere ich, mit der scheinbaren Unvereinbarkeit etlicher widerstreitender Positionen und Seelenanteile in mir. Vielleicht liegt darin der tiefere Sinn dessen, dass ich ausgerechnet in dieser Stadt gelandet bin? Dass ich herausgefordert werde, diese Gegensätzlichkeiten nicht mehr als Widerspruch zu sehen? Mit diesen hochgradig philosophischen Überlegungen schließe ich müde meine Augen auf der ausgeleierten Matratze meines kleinen, im Vergleich zu den Bergen aber sehr komfortablen Zimmers mit eigener Toilette und Dusche.

Einmal Hölle und retour:
Meditation im Schweigekloster

14. Dezember 2007 – Tag 0
Kathmandu-Stadt

Ich wollte mich eben für den Kurs registrieren lassen, war aber zu früh dran. Die Anmeldung beginnt erst in zwei Stunden. Gegen vierzehn Uhr werden alle Teilnehmer mit einem Bus zum Meditationszentrum – etwa eine Stunde außerhalb von Kathmandu – gefahren, wie mir die Dame im Office äußerst unwirsch mitteilte. Mit ihrer Bärbeißigkeit könnte die glatt als Berlinerin durchgehen. Das völlige Gegenmodell zu all den permanent freundlich strahlenden Nepalesen. Ist das nun ein positives oder schlechtes Zeichen für die nächsten zehn Tage, dass die gute Frau sich so gar nicht unterwürfig gibt? Egal, mir ist sie gerade deshalb sympathisch, und ich bin froh über jede weitere Minute in Freiheit, die mir dadurch noch vergönnt ist.

Nutze dies für eine ausgiebige Henkersmahlzeit und genehmige mir einen riesigen Schokokuchen. Dazu einen *richtigen* Kaffee in einem dieser dekadenten Schuppen, um die ich bislang immer einen weiten Bogen gemacht habe. Heute brauche ich das. Kulinarische Stärkung für die nächste Zeit. Seelennahrung. Meine Güte, was für ein Tamtam ich um diesen Vipassana-Retreat mache, als müsste ich in den Knast. Aber die Vorstellung, zehn Tage reine Sitzmeditation durchzustehen, ist nach wie vor hart. Ich mit meinem Bewegungsdrang, die es bereits im Kino bei einem Film mit Überlänge nicht auf ihrem Sessel aushält. Doch ich habe eine E-Mail von Heike erhalten – ich musste ihr natürlich von meinem geplanten Irrsinn berichten –, in der sie mir Mut machte: »Da gewöhnt man sich dran. Du wirst sehen, nach wenigen Tagen bist du süchtig danach, einfach nur in der Stille zu sitzen. Ich war so begeistert, dass ich gleich ein paar Monate später am nächsten Kurs teilgenommen habe.« Beruhigend. Zumindest eine Runde werde ich dann wohl auch bewältigen – das wäre doch gelacht!

Vor allem blüht mir im Anschluss eine verlockende Belohnung. In meinem Wanderführer habe ich eine Trekkingroute entdeckt, die wie für mich geschaffen scheint. Sie beginnt im Shivapuri-Nationalpark, der in der Nähe des Meditationszentrums liegen muss. Von dort kann ich also gleich am 25. Dezember in die Berge starten, hoch zu den heiligen Goisakund-Seen, gelegen auf dem Laurebina-Pass auf knapp fünftausend Metern Höhe. Daran werde ich einfach denken, wenn mir der Hintern einschläft – immerhin ein Trost.

Budhanilkantha, Kathmandu Valley

Wir sind vor wenigen Minuten im Kloster eingetroffen. Wunderschön hier oben, etwa tausend Meter über Kathmandu gelegen, mit einem Blick auf das gesamte Tal. Und der Nationalpark, von wo aus ich nach dem Vipassana wieder in die Berge starten möchte, liegt in der Tat direkt vor der Tür – ideal.

Die etwa einstündige Fahrt hier herauf war interessant. Ich habe mit einer spanischen Filmemacherin gesprochen, die seit einigen Jahren einen Großteil ihres Lebens in Nepal verbringt. »Ich kann nicht anders, nach spätestens drei Monaten muss ich einfach wieder hierher, es ist wie eine Sucht«, sagte Roza und zeigte mir stolz ein Bild von ihrem kleinen Haus inmitten von Reisfeldern, das sie sich im letzten Jahr gekauft hatte, ganz in der Nähe von Kathmandu. Ich habe inzwischen schon einige Menschen aus dem Westen getroffen, die sich in dieses Land verliebt haben – das ist auffällig. Wobei sich auch meine Meinung über das »Armutsghetto« nach den drei Wochen – sind es wirklich erst drei? – seit meiner Ankunft verändert hat. Roza stellte zudem klar, dass man die Stadt nicht beurteilen könne, wenn man lediglich in dem Touristengebiet unterwegs sei: »Thamel ist eine Katastrophe. Wenn man etwas von Kathmandu erleben will, darf man dort nicht wohnen. Du musst zum Durbar Square, dort findest du das wahre Leben Nepals!« Sie schwärmte so euphorisch von Märkten mit Gewürzen, Früchten, Blumen, Gemüse und den unterschiedlichsten gebackenen und frittierten Köstlichkeiten, von Musikern, die bis in die Nacht spielen, feierlichen Hindu-Ritualen und Trommelkonzerten, dass ich mich fragte, wo um alles in der Welt ich mich bislang aufgehalten hatte. Vielleicht sollte ich einfach wieder zurückfahren und auf dem Durbar Square zur Musik tanzen? Nein? Nun gut – nur ein Versuch ...

Der köstliche Schokokuchen ist mir übrigens gar nicht gut bekommen. Er ist hübsch im hohen Gras direkt neben dem Eingang des Zentrums gelandet. Mensch, ist mir kodderig – schätze jedoch, das liegt nur zum Teil am Kuchen; vor allem habe ich wohl schlicht und ergreifend Angst.

Atme tief durch und gehe zusammen mit Roza, die mir diskret ein Taschentuch zur Beseitigung meiner Schokospuren reicht und mitfühlend den Rücken tätschelt, durch ein riesiges gusseisernes Tor. Jetzt stehen wir auf einem gepflasterten Vorplatz, wo wir von einem lächelnden Mann – wieder gewohnt nepalesisch-freundlicher statt berlinerisch-bärbeißiger Natur – empfangen werden. Er weist mit der Hand auf ein kleines Häuschen, das sich rechts von uns befindet. Die Rezeption. Wir müssen dort unseren Pass, Geld, Ticket, Bücher, Handy, Rauchutensilien und sogar alle Schreibsachen abgeben. Der Abschied von meinem Tagebuch fällt mir besonders schwer – ein mulmiges Gefühl, plötzlich *gar nichts* mehr zu haben. »Pass auf, zum Schluss ist das alles nur ein gut eingefädelter Trick, und sobald wir beim Meditieren sitzen, hauen die mit all unserer Kohle und den Ausweisen ab«, raune ich Roza zu. Sie kichert, und auch der Mann vom Office grinst. Er hat jedenfalls mehr Humor als die Lady von heute Morgen.

Eine junge Frau, die sich uns als »*dhamma workerin*« (ich verzichte großzügig darauf, ihr zu erklären, dass es diese Form im Englischen gar nicht gibt) vorstellt, führt uns an einer Baustelle für eine neue Versammlungshalle vorbei, danach folgt ein großer Rundbau mit einer goldenen Kuppel, anschließend ein Wiesenstück. Zur rechten Seite sind mehrere lang gezogene Gebäude zu sehen, weiter oben links eine Halle. Auf dem gepflegten Rasen mit vereinzelten Blumenbeeten ist ein dicker Pfahl mit einem Schild in die Erde gerammt, auf dem »*Women area*« steht. »Frauen und Männer sind während der gesamten Zeit strikt getrennt. Auch Blickkontakt – zwischen *allen* Teilnehmern – ist untersagt«, teilt uns die *dhamma workerin* in ansonsten sehr gutem Englisch mit. Okay, Männer sind mir derzeit sowieso egal, aber dennoch: So unrecht hatte ich mit meinem Knastvergleich also nicht.

In den länglichen Gebäuden hinter dem Rasenareal befinden sich die Zimmer; zu zweit sollen wir uns eines teilen. Mein mir zugewiesener Raum besteht aus einer kargen Kammer mit einem Fenster, darunter eine schmale Pritsche links an der Wand, eine zweite rechts, dazwischen etwa siebzig Zentimeter Platz, das ist alles. Aber es gibt noch ein echtes Highlight: ein Mini-Separee mit Waschbecken und *Sitz*toilette! Ich bin erleichtert – eine Freundin des stehenden Geschäfts bin ich noch nicht geworden.

Die *dhamma workerin* weist uns zum Schluss darauf hin, dass wir uns um achtzehn Uhr in der Halle versammeln sollen, vorher würde es Tee und Suppe geben, und zwar in dem Essraum, der sich direkt neben dem Eingang zur Halle befindet. Das bedeutet, ich habe ein wenig Zeit, um die Gegend zu erkunden. Der Blick – sowohl aus dem Zimmerfenster wie auch von der Wiese – hat Trekkingqualität. Unter mir schimmert in weiter Ferne Kathmandu, von hier wirkt es weder verdreckt noch chaotisch, sondern sanft und erhaben. Ringsum ist alles grün und voller Reisterrassen.

Ich erkunde ein wenig das Gelände, doch stoße ich an den meisten Stellen auf Schilder mit der Aufschrift »*Restricted area – no enter*«. Angesichts meiner Erleuchtungsmission befolge ich das Verbot ausnahmsweise und sperre meine Neugier in den Keller.

Die Rundhalle mit der goldenen Kuppel ist verschlossen. Schade, mich hätte interessiert, wie es darin aussieht. Scheint auf jeden Fall um einiges pompöser zu sein als die Gebäude, in denen wir untergebracht sind. Aber links daneben führt ein schildfreier Weg einige Stufen hinauf zu einem kleinen Bänkchen, das nur darauf wartet, dass ich mich auf ihm niederlasse. Herrlich! Nun bin ich allem Anschein nach doch in der Toskana – oder in einem anderen Urlaubsgebiet – gelandet. Hinter mir stehen zwei Palmen, schräg unter mir ist ein Beet angelegt, mit für mich – ich bin eine Niete in Pflanzenkunde – nicht identifizierbaren, aber prächtigen Blumen mit riesigen roten und gelben trichterförmigen Blüten, die einen intensiven Duft verströmen. Die Sonne strahlt mir warm ins Gesicht. Ich schließe die Augen, mir ist nahezu feierlich zumute. Und ich bin erstaunlicherweise voll Vorfreude auf die nächsten Tage. Habe den Eindruck, dass ich am richtigen Platz bin.

Abendliche Akklimatisierungsschwierigkeiten

Ach du Schreck! Ist das kalt hier! Ich hatte mit einer schön geheizten Meditationshalle gerechnet, wo wir uns wohlig um einen Holzofen versammeln. Von wegen. Wir sitzen auf dem Boden bei null Grad – welch glückliche Fügung, dass ich meine gesamte Bergausrüstung dabeihabe. Künftig werde ich in voller Montur erscheinen. Diese halbe Stunde, in der wir zur Einstimmung ein indisches Mantra singen und anschließend über den inhaltlichen und zeitlichen Ablauf des Kurses informiert werden, hat mir schon ausreichend eiskalte Hände und Füße beschert. Immer mehr dämmert mir, dass ich mich auf ein echt hartes Ding eingelassen habe. Allein der Tagesplan ist Indiz für bevorstehende martialische Qualen:

4.00 Uhr	Wecken
4.30 – 6.30 Uhr	Meditation (nonstop zwei Stunden; wie ich das lebend überstehen soll, ist mir ein Furcht einflößendes Rätsel)
6.30 – 8.00 Uhr	Frühstück und Pause
8.00 – 9.00 Uhr	Gruppenmeditation in der Halle
9.05 – 11.00 Uhr	Meditation in der Halle oder im Zimmer

11.00 – 13.00 Uhr Mittagessen und Pause
13.00 – 14.25 Uhr Meditation in der Halle oder im Zimmer
14.30 – 15.30 Uhr Gruppenmeditation in der Halle
15.40 – 17.00 Uhr Meditation in der Halle oder im Zimmer
17.00 – 18.00 Uhr Tee und Pause
18.00 – 19.00 Uhr Gruppenmeditation in der Halle
19.00 – 20.15 Uhr Videovortrag von Goenka
20.20 – 21.00 Uhr Meditation in der Halle
21.00 – 4.00 Uhr Nachtruhe

Puh ... Das sind knapp elf Stunden sitzen – pro Tag! Ich hatte das Programm ja bereits überflogen. Aber ehrlich gesagt, das tatsächliche Ausmaß des gesamten Irrsinns wird mir erst jetzt bewusst. Und man beachte, dass die letzte volle Mahlzeit um elf Uhr mittags angesetzt ist – am Abend gibt es nur noch Obst und Tee. Wieder puh ...

Auch sonst gibt es einen strikten Regelkodex: Bis zum zehnten Tag herrscht auf dem gesamten Gelände *nobel silence*, das heißt, wir dürfen während der ganzen Zeit mit niemandem ein Wort sprechen, es sei denn, wir haben eine organisatorische oder wichtige inhaltliche Frage. »Philosophische Diskussionen sind nicht erlaubt!«, das wird extra betont. Die genehmigten Fragen können wir den *dhamma workerinnen* stellen, die uns während des Kurses mental und praktisch unterstützen und uns zudem kulinarisch versorgen. Natürlich dürfen wir auch nicht lachen, rennen oder uns anderweitig »unheilig« aufführen. Also weder lügen noch stehlen, kein Tier töten – dabei hatte ich mich schon mit einem Gewehr in der Hand auf Kaninchenjagd gesehen – und keinerlei Rauschmittel zu uns nehmen. Auch Formen fremder spiritueller Praktiken sind strikt untersagt, wie etwa Fasten und Beten.

Selbst Yoga gehört auf die Schwarze Liste. Bei denen piept's wohl! Ich werde mitnichten elf Stunden am Tag sitzen, ohne mich zu stretchen! Wer bin ich denn?!

Mehrmals werden wir explizit aufgefordert, uns gut zu überlegen, ob wir wirklich mitmachen wollen. Entweder wir gehen *sofort* oder aber erst in zehn Tagen. Abbrechen kommt nicht in Frage. Und ich schätze mal, die meinen das hier ernst. Aber für mich stellt sich dieses Problem nicht mehr. Auch wenn ich den Eindruck habe, als wäre ich dabei, mein eigenes Todesurteil zu unterschreiben, zweifle ich nicht an meiner Entscheidung. Nun bin ich hier, und ziehe die Sache durch. Knallhart ...

Zu meiner Erleichterung habe ich eine sehr sympathische und obendrein äußerst anmutige Zimmergenossin, die ich auf etwa fünfunddreißig schätze. Emmanuelle, kurz Emma genannt, ist aus Neukaledonien, einer französischen Inselgruppe im Pazifik, in der Nähe von Australien. Als wir uns die Hand schütteln, stutzen wir beide. Kennen wir uns nicht von irgendwoher? Und dann erinnern wir uns beide gleichzeitig: Annapurna Base Camp – auch ohne Mann kann man überleben. Emma ist jene Französin, die mir kurz vor dem ABC zur Seite gesprungen ist. Ebenso wie ich war sie allein in den Bergen unterwegs. Sie weilt für zwei Monate in Nepal, um sich nach einer beruflichen und privaten Krise neu zu sortieren. Das kommt mir bekannt vor. Und nun werden wir gemeinsam ein Abenteuer der ganz anderen Art durchstehen. Was für ein witziger Zufall! Vor allem ist *sie* witzig – und zudem sehr »unheilig«.

Zu meinem Erstaunen wirken überhaupt alle Beteiligten recht normal und bodenständig, gänzlich konträr zu dem Bild, welches ich in meiner lästerlichen Vorstellung mal wieder skizziert hatte: Frauen mit wallenden

Gewändern, die weder lachen noch laut reden. Und die anstatt einfach zu gehen, durch die Gegend wandeln, als wären sie »erleuchtet« und würden nur noch mit Engeln und Kobolden kommunizieren. Nichts da. Ganz normale Menschen, nicht abgehobener als ich selbst. Aber Emma wirkt eben besonders lustig. Auch wenn wir wegen des Schweigens und langen Sitzens nicht viel voneinander haben werden – schon allein aufgrund der Tatsache, dass wir auf so engem Raum zehn Tage zusammenleben müssen, ist es nicht unrelevant, ob man sich riechen kann – im metaphorischen wie auch wörtlichen Sinn. Ich stelle fest, dass ich sie nicht nur riechen kann, sondern sie sogar anziehend finde mit ihrem dunklen Teint, den langen schwarzen Locken und samtigen, dunkelbraunen Augen, die zu leuchten anfangen, wenn sie lacht. Meine Güte, das nenne ich attraktiv! Verfalle kurzzeitig in eine Schwärmerei – und amüsiere mich im Stillen zugleich über diese Absurdität. Da werden wir sorgfältig vom anderen Geschlecht abgeschirmt, damit auch ja keine amouröse Ablenkung die Konzentration auf sich selbst gefährden kann, und ich wechsele mal en passant meine derzeitige sexuelle Orientierung und verliebe mich in meine sexy Bettnachbarin.

Vorerst widmen wir uns aber ganz pragmatischen Dingen und treffen alle notwendigen Verabredungen: nachts die Klospülung nicht ziehen, wecken, wenn eine von uns schnarcht, schlafen bei offenem Fenster, keine Zwiebeln essen, damit man nicht andauernd die Luft verpestet ... Und dann sind wir gewappnet für – tja, für was wohl? Ich habe zugegebenermaßen keinen blassen Schimmer, aber ziemliches Herzklopfen. Mal sehen, was ich am 25. Dezember sagen werde.

15. Dezember 2007 – Tag 1

Um vier Uhr morgens ertönt der Gong zum Wecken. Es ist schweinekalt. Ich kann nicht glauben, dass ich gleich aufstehen werde, um zwei (!) Stunden zu meditieren – und das ohne Kaffee, Tee oder sonst etwas im Magen! Auf was habe ich mich da nur eingelassen? Gleichzeitig spüre ich eine enorme Aufregung. Das ist das größte Abenteuer meines Lebens – dieser Gedanke ist in mir, woher auch immer er rührt.

Wir sitzen in der riesigen Halle. Links die Männer, rechts die Frauen. Jedem von uns wurde ein Platz auf einem dunkelblauen Kissen zugewiesen, auf dem wir es uns so gut wie möglich bequem machen. Es gab keinerlei Anweisung, wie wir uns zu platzieren haben, außer der, uns einigermaßen aufrecht zu halten und dabei die Beine nicht nach vorne auszustrecken. Ob jedoch Schneider- oder Fersensitz oder sonstiger Verknotungssitz, ist anscheinend egal. Insgesamt ist das Sitzen mindestens so schlimm wie zuvor befürchtet. Binnen kürzester Zeit schlafen mir die Beine ein, sodass ich ständig meine Position wechseln muss. Was hinzukommt: Es gibt keine dicken Meditationskissen, wie ich sie von Deutschland kenne, auf denen man vornehm thronen kann und die zumindest den Rücken ein wenig entlasten. Nein, wir berühren praktisch den Boden, unter uns nur das flache blaue Kissen, das mehr der Dekoration denn der Polsterung des Allerwertesten dient.

Ich blicke mich unauffällig um und zähle insgesamt rund siebzig Teilnehmer, vielleicht fünfzig Einheimische und zwanzig Westler. Altersmäßig ist alles dabei, von einer Anfangzwanzigjährigen bis hin zu einer Lady, deren Gesicht fast nur aus Runzeln besteht und die einen fürchterlichen Husten hat. Ich versuche mir meinen Vater, der vermutlich im ähnlichen Alter ist, auf einem solch dünnen Kissen, die Beine im Schneidersitz verschränkt, vorzustellen. Undenkbar! Neben den Teilnehmern entdecke ich noch je vier weibliche und vier männliche *dhamma worker*. Ganz vorne, in vornehmer Heiligkeit, sitzt ein *assistant teacher*, in Vertretung von S. N. Goenka, dem Großmeister, der lediglich über Tonband und Video zu uns sprechen wird. Seiner irdischen Vertretung dürfen wir bei Bedarf einmal am Tag Fragen stellen – natürlich ausschließlich die Technik betreffend. Und wir alle zusammen versuchen nun in der eisig kalten, mit Vorhängen verdunkelten Halle zur Erleuchtung zu gelangen.

Wir sollen uns dafür auf unseren Atem konzentrieren. Allerdings nicht wie beim Yoga, wobei der so richtig schön laut durch den Rachen rauschen darf – nein! Nur den *natürlich* fließenden Atem beobachten. Ich bekomme davon kaum etwas mit, geschweige denn, dass ich orten könnte, aus welchem Nasenloch mehr Luft entweicht. Das ist aber auch krank! Es gelingt mir definitiv nicht, mich länger als etwa zehn Sekunden darauf zu konzentrieren. Das gibt mir schon zu denken, im wahrsten Sinne des Wortes, womit das Problem auch gleich beim Namen genannt ist.

8.30 Uhr

War das schrecklich! Die zwei Stunden erschienen mir wie zwei Wochen. Mir tut jeder einzelne Knochen weh – und diese Tortur soll ich nun Tag für Tag elf Stunden über mich ergehen lassen? Das kann ja heiter werden.

11.30 Uhr Mittagspause

Fünf Stunden Meditation liegen hinter mir, die Hälfte des Tages ist also schon mal geschafft. Ich krieche allerdings auf dem Zahnfleisch. Alles in mir sträubt sich gegen dieses verdammte Atembeobachten – ist doch ausgesprochener Quatsch und vor allem stinklangweilig.

Immerhin schmeckt das Essen gut, wenn auch leichte Panik in mir hochsteigt, wenn ich daran denke, dass wir heute Abend nur noch etwas Obst erhalten, und das war's dann. Den anderen geht es wohl ähnlich, wir schaufeln jedenfalls alles in uns rein, als würde diejenige von uns einen Preis gewinnen, die als Erste fertig ist und dabei möglichst viel verschlungen hat. Das komplette Gegenteil zur meditativen Ruhe.

Emma und ich haben unser Schweigen gebrochen und heimlich geflüstert. Besser gesagt, wir haben uns gegenseitig vorgejammert, wie schwierig diese Meditiererei doch sei. Emma hat mir sogar eine Flasche Sekt versprochen, sollte sie in diesen zehn Tagen je von sich behaupten können, sie würde *wirklich* meditieren. Da ist sie pessimistischer als ich. Oder sollte ich sagen, realistischer? Ich traue mir das durchaus zu. Noch. Ansonsten sind wir uns aber ziemlich ähnlich. Ein Lichtblick. Sie hat einen Stift und einen Block eingeschmuggelt – ich bin neidisch. Warum war ich Idiot nur so artig und habe mein Tagebuch abgegeben? Aber sie schenkt mir ein paar Blätter und verspricht großzügig, ihren Kugelschreiber mit mir zu teilen. So werde ich also zumindest ein paar Notizen über diese Tortur machen können. Die Rebellin in mir freut sich heimlich über die Gebotsüberschreitung.

17.00 Uhr

Nun gibt es »Abendbrot« – eine Tasse *chiyaa dudchia*, den nepalesischen Milchtee, gepaart mit drei kleinen Apfelschnitzen, die säuberlich um eine halbe Banane herum auf einem Tellerchen drapiert sind. Das kann nicht deren Ernst sein! Mein Magen knurrt so laut, dass ich fürchte, ich werde wegen Brechens der *nobel silence* zurechtgewiesen. Doch es gibt welche, denen es noch schlechter geht: Die *old students*, also alle, die bereits schon einen oder gar mehrere Vipassana-Kurse absolviert haben, erhalten noch nicht einmal Tee oder Obst, sondern nur heißes Zitronenwasser. Mitleidig beobachte ich die vier geisteskranken Heldinnen, die tapfer mit ihrem Wässerchen im Garten auf und ab spazieren. Ich frage mich, wie es sein kann, dass man einen solchen Kurs tatsächlich freiwillig mehrfach absolviert. Mir ein unergründbares Rätsel. Den einzigen Vorteil, den die *old students* uns gegenüber haben, ist der, dass sie die Vormittags- und Nachmittagsmeditationen auch in ihrem Zimmer zelebrieren dürfen. Uns anderen wird das nicht gestattet. Es gibt auch Grund genug zum Misstrauen – ich würde mich einfach schlafen legen.

21.00 Uhr

Geschafft – der erste Tag ist vorbei. Ich meditierte heute länger als in meinem gesamten bisherigen Leben! Anders formuliert: Zumindest saß ich brav auf meinem Hintern. In Wahrheit habe ich während jeder Meditation vor allem danach gefiebert, dass der erlösende Gong ertönte, der uns zu fünf Minuten Pause in die Sonne entließ. Mit vor Schmerz verzogenen Gesichtern humpelten dann alle nach draußen und versuchten, sich tunlichst unauffällig ein wenig zu dehnen.

Dieser Tag übertraf bislang sämtliche Negativvorstellungen um Längen. Niemals zuvor habe ich auch nur annähernd so etwas Schreckliches erlebt. Ich habe schon übelst mit meiner Stimme geschimpft. Sie schwieg allerdings nur vornehm. Zumindest wurde mir irgendwann am Nachmittag das Erfolgserlebnis beschert, mindestens eine Minute nicht zu denken – *yeah!*

Nach der Abendmeditation wurden wir Teilnehmer aus dem Westen noch in einen kleinen Raum mit einem Fernseher und Videorekorder geführt, um das abendliche *teaching* von Goenka auf Video zu verfolgen. Ich machte es mir gemütlich und dehnte meine Beine, endlich konnte ich entspannen. Schöne Idee, die augenblicklich zerstört wurde. Die *dhamma workerin* deutete mit strengem Blick auf das Schild vor dem TV-Gerät: »Bitte achten Sie den Lehrer, und strecken Sie die Füße nicht in seine Richtung aus, sondern verweilen Sie in Meditationshaltung!« Was sollte das denn? Goenka war schließlich gar nicht da, sondern wir schauten uns lediglich eine Videoaufnahme von ihm an. Welch alberne Guru-Verehrung! Aber bitte, langsam gewöhne ich mich daran, dass die hier alle 'nen leichten Knall haben. Ganz Märtyrerin, setzte ich mich wieder aufrecht hin – sollte ich eben weiterleiden!

Goenka zog mich jedoch in den Bann, zumindest nach erster spontaner Lästerei über eine Frau – seine holde Gattin, wie ich annahm –, die neben ihm sitzend auf dem Bildschirm erschien und sich während des gesamten Vortrags in vornehmes Schweigen hüllte. Wozu war sie denn an seiner Seite, wenn sie nicht einen einzigen Ton von sich gab?, fragte ich mich. Um sein Händchen zu halten? Es ist doch immer der gleiche Mist mit all diesen weisen Typen – egal ob im therapeutischen oder spirituellen Bereich, stets haben sie das alleinige Sagen und eine Frau zur Zierde an der Seite. Wen wundert es, wenn so eine

Präsentation sämtliche Ressentiments heraufbeschwört und alle Vorurteile gegenüber patriarchal gesinnten Gurus zum empörten Schwingen bringt?

Aber sei's drum, in diesem Moment interessierten mich nicht Geschlechterverhältnisanalysen bei spirituellen Meistern, sondern ausschließlich die Qualen des heutigen Tages, für die ich endlich eine Erklärung wünschte! Die erfolgte jedoch nicht, stattdessen eine wirklich gute Performance, in der Goenka auf köstlich selbstironische Art und Weise exakt meinen heutigen Kreuzweg beschrieb. Auch wenn ich vor Müdigkeit kaum noch meine Lider offen halten konnte, musste ich immer wieder lachen – unter den Argusaugen der gestrengen *dhamma workerin*, bei der ich mich fragte, ob sie nicht noch irgendwo eine Überwachungskamera installiert hatte. Denn wie sollte das sonst gehen, dass sie konzentriert und anbetungsvoll auf den Bildschirm starrte und mich, die ich drei Meter hinter ihr saß, dennoch bei der kleinsten Regung meiner Mundwinkel mit einem rügenden Blick bedachte? Wundersam war das hier zuweilen, höchst wundersam ...

In jedem Fall: Der Typ, also Goenka, hatte was, und er ist keinesfalls ein esoterischer Guru, wie ich zuerst dachte. Er weckte meine Neugier. Obwohl er praktisch immer nur den gleichen Satz wiederholte: »*You have to work hard, very hard work. Patiently and persistently. Patiently and persistently ...*« Und so ist mir nun auch zumute, als hätte ich von früh bis spät Betonklötze einen Steilhang hinaufgeschleppt – geduldig und unermüdlich. Vollkommen erschöpft liege ich im Bett und weide mich an der Vorstellung, einfach zu schlafen und sieben Stunden nicht zu meditieren – herrlich! Doch seltsamerweise: Aller Pein zum Trotz – ich bin aufgedreht und irgendwie glücklich. Nein, zufrieden, das trifft's besser.

Meine Leidenschaft für Emma ist im Übrigen nicht weiter hochgekocht. Gemeinsam auf so engem Raum zu sein und zwangsweise auch diversen Fäkalgeräuschen zu lauschen ist ein echter Liebestöter – schön geschnittenes Gesicht und samtene Rehaugen hin oder her.

16. Dezember 2007 – Tag 2

Ich schlafe so fest, dass ich den Gong nicht höre. Emma muss mich wecken. O nein, bitte nicht. Ich will nicht schon wieder zwei Stunden sitzen! Aber vielleicht wird's ja heute besser? Ich hoffe es.

Frühstück

Meine Hoffnung hat sich nicht erfüllt, es war wieder nur schrecklich. Vor allem irritiert mich, wie wenig Kontrolle ich über meinen *mind* habe. Manchmal dauert es eine kleine Ewigkeit, ehe ich nur bemerke, dass ich, anstatt meinen Atem zu beobachten, an die absurdesten Dinge denke. Vom Shopping über meine berufliche Zukunft bis hin zu meinem ersten Lover – kreuz und quer wird da in rasantem Tempo munter vor sich hinphantasiert, offenbar ohne jede Einflussnahme meinerseits. Irgendwann gab ich auf und öffnete kurz die Augen, in der Erwartung, vielleicht eine Leidensgenossin zu entdecken, der das Meditieren ebenso wenig gelang wie mir. Sie sahen alle sehr versunken aus. Mist! Als ich den Blick der *dhamma workerin* bemerkte, die sich prüfend im Raum umschaute, schloss ich blitzschnell die Augen und versuchte, ebenso ruhig und allen Gedanken entschwunden auszusehen. Die sollte mitnichten Zeuge meines Scheiterns sein! Die restliche Zeit wartete ich wieder nur darauf, dass der Gong mich erlösen würde.

Nun sitze ich beim Frühstück. Die Mahlzeiten sind die einzige Freude – obwohl es bei genauerer Betrachtung eine recht triste Angelegenheit ist: Alle Tische sind auf eine kahle Wand hin ausgerichtet, ich starre auf ein kleines Loch in der Mauer vor mir, keine Sonne scheint in den Raum herein – fast eine Aufforderung zur Depression ... wenn es dabei auch vorzüglich mundet. Um halb sieben morgens scharfen Bohneneintopf und süßen Reisbrei – gewöhnungsbedürftig, aber ich mag's.

Wenn ich nicht esse, verbringe ich jede Minute meiner Pausen mit Entspannen und Schlafen. Meine kleine Yoga-Revolution habe ich schnell verworfen – ich bin so geschlaucht, dass daran gar nicht zu denken ist. Möchte nur im Bett liegen, die Beine an die Wand gestellt, und nichts machen. Eine Weite tut sich in mir auf. Ich muss gerade mal gar nichts – außer elf Stunden am Tag meditieren ...

Mittagspause

Nobel silence in Nepal ist schon ein leichter Witz. Zumindest die erste Viertelstunde jeder Meditation ist erfüllt von einem Gehuste und Geschnupfe – hier wird ja das Laut-die-Spucke-im-Rachen-hochziehen-und-dann-Ausspucken zelebriert. Ein hiesiges Ritual oder lediglich ein recht natürlicher Umgang mit den Bedürfnissen? Ganz gleich ob Frau oder Mann, von tief unten wird der Schleim mit dröhnendem Geräusch hochgezogen und der Rachen frei geschnupft. Wenn es etwas auszuwerfen gibt, wird eben ausgeworfen. Wie und wohin das schleimige Ergebnis dieser Aktion in der Meditationshalle beseitigt wird, ist eine der Fragen, die mich davon abhalten, in die innere Versenkung zu gelangen. Abgesehen davon, dass ich mir tunlichst das Lachen hinter meinem Meditationsschal verkneifen muss, wenn ich dasitze und statt heiliger Stille eher heiliges Gerotze herrscht. Emma sowie etliche andere im Raum regen sich immens darüber auf. Ich spüre förmlich, wie der Adrenalinspiegel um mich herum steigt, wenn der Lärm nicht aufhört. Und bin natürlich stolz, dass *ich* dabei so gelassen bin!

Kurze Rast auf meinem Lager

Denke über Goenkas Anweisungen nach, die bei jeder Meditation in den ersten Minuten per Tonband eingespielt werden. Wir sollen lediglich wahrnehmen, was *ist* – und dabei »*perfectly equanimous*«, also absolut gleichmütig bleiben. Bei Goenka klingt das fast wie ein Befehl. Gerate dabei sofort in Widerstand. Geht es nicht vielmehr darum, verständnisvoll mit mir zu sein, *gerade* wenn ich nicht gleichmütig sein kann? Ist nicht das auch schon wieder eine Anforderung, die ich zu erfüllen versuche, und mich dadurch von dem, was im Moment in mir ist – ganz gleich, ob ich das mag oder nicht –, entferne? Gut, er fügt zwar hinzu, man solle sich nicht verurteilen, wenn einem zum Beispiel immer wieder der *mind* davongaloppiert. Aber diese Aussage reicht mir nicht. Allein dadurch, dass ich mir das zugestehe, gelange ich doch nicht zu *peace and harmony* mit all meinen »Unzulänglichkeiten«, oder? Ist da nicht auch wieder dieses verdammte »Richtig« und »Falsch«? Also: Richtig ist der völlig ausbalancierte Mensch, falsch der in seinen Emotionen verstrickte. Die Guten ins Töpfchen, die Schlechten ins Kröpfchen. Und aus Angst, zu den Falschen zu gehören, werden alle ganz spirituell heilig – und scheintot.

Abends –
zittrig-erschöpft-erledigt-im Eimer

Goenka meinte vorhin in seinem Vortrag: »*Second day – slightly better.*« Am zweiten Tag soll es besser sein? Von wegen. Ich fand's heute noch schrecklicher. Das einzig Gute daran ist, dass es vorbei ist. Dennoch: auch heute wieder diese Ruhe und Zufriedenheit in mir. Ich bin immer noch überzeugt, dass es vollkommen stimmig ist, hier zu sein. Und ich weiß, dass ich nie wieder in meinem Leben einen solchen Exerzitienkurs mitmachen werde. Nie, nie wieder! Mit diesem innerlichen Schwur kann ich beruhigt einschlafen.

17. Dezember 2007 – Tag 3

Das ist Folter – nichts anderes! Das Schweigen und selbst das verdammte Atembeobachten sind ja noch zu ertragen, aber das Sitzen ... Wenn ich noch eine einzige weitere Minute in dieser Meditationshaltung verbringen muss, bekomme ich einen hysterischen Schreikrampf. Ich will nicht mehr!

Wie konnte mir Heike allen Ernstes zu dieser Veranstaltung raten, ohne einen einzigen Ton über das Ausmaß diesen Leidens verlauten zu lassen? Außer der simplen Bemerkung: »Klar, es ist hart« kam nichts. Kein Sterbenswort. War da ein geheimer Groll in ihr? Etwas, das sie mir heimzahlen wollte? Oder war sie spirituell schon so weit, dass sie derart Banales wie Schmerzen in den Knien nicht mehr kannte? In dieser Mischung aus Wut und Ehrfurcht gedenke ich meiner an und für sich heiß geliebten Freundin und zähle innerlich, wie viele Sitzstunden noch vor mir liegen: etwa sechsundachtzig!

11.00 Uhr

Wir dürfen endlich auch im Zimmer meditieren. Emma und ich legen uns sofort auf unsere Betten. So ist es auszuhalten. Zumindest eine Stunde ohne Schmerzen – das Paradies! Bereits nach fünf Minuten ist der Traum vorbei: Die *dhamma workerin* steht in der Tür und fordert uns auf, uns aufzusetzen. Sind die denn komplett verrückt hier? Dagegen ist Gefängnis die reinste Erholungskur! Dort wird man in Ruhe gelassen und kann zumindest einsam vor sich hinvegetieren. Fände ich derzeit angenehmer. Aber was hilft's – die *dhamma workerin* könnte trotz ihrer Heiligkeit eine gute Knastmutter abgeben. Oder nein, noch schlimmer: Sie erinnert an Oberschwester Hildegard aus der Schwarzwaldklinik. Wir sind dennoch artig und setzen uns, mit dem Rücken an die Wand gelehnt. Immerhin ein klein wenig besser als in der Halle auf dem harten Steinboden.

Ein kleiner Trost: Wenn ich das hier überstanden habe, werde ich künftig alles andere in meinem Leben mit Leichtigkeit überstehen, egal ob Arbeitmarathons, Retreats oder Trekkingtorturen. Selbst eine Mayr-Kur, bei der man seinen Tag mit dem Wiederkäuen einer trockenen Semmel verbringt, zu der man ein Tässchen lauwarme Milch trinkt, erscheint mir gegen das hier lächerlich. Und ich mache sogar Fortschritte. Ich würde zwar nicht von wirklichen Erfolgserlebnissen sprechen, aber ab und zu habe ich den Eindruck, wirklich *master of my mind* zu sein – maximal für fünf Minuten, aber immerhin.

Abends, nach dem Meister-Vortrag

Außer den Witzen, mit denen Goenka nicht spart, und seinem herrlichen Hindu-Englisch – »*wööörk hard, peiiitently and pöööööööörsistently*« –, folge ich seinen Ausführungen bislang kaum. Zum einen bin ich so erschöpft, dass ich fast nichts mehr aufnehmen kann, zum anderen interessiert es mich auch nicht so rasend – das meiste ist ohnehin bekannt. Im Wesentlichen geht es darum, sich auf sich selbst zu konzentrieren, anstatt den Feind im Außen zu lokalisieren und sich somit als Opfer von äußeren Umständen oder bestimmten Menschen zu betrachten. Wobei er schon dick aufträgt. Behauptet, dass Buddha über Vipassana zur Erleuchtung gelangt sei. Das hat natürlich Schlagkraft. Was soll man da anderes wollen, als bettelnd niederzuknien und zu flehen: »Ich will auch«? Wer weiß, ob das stimmt. Mir reicht allein die reine Erfahrung – und die habe ich. Jenseits aller Schmerzen und meiner vergeblichen Bemühungen, zu meditieren, merke ich doch, dass sich etwas in mir bewegt. Es lässt sich noch nicht fassen, aber ich *spüre* es. Mich fasziniert, dass ich derzeit keineswegs zu ergründen vermag, was genau die Ursache für diese seltsame Zufriedenheit in mir ist. Das gelingt mir sonst nicht einmal, wenn ich es drauf anlege.

18. Dezember 2007 – Tag 4

Vor der Meditationshalle steht ein Schild mit dem Hinweis: »*Day four – Vipassana day*«. Als ich das lese, wird mir klar, dass ich keine Ahnung habe, was sich eigentlich hinter dem Ausdruck »Vipassana« verbirgt. Stand das in den ausgedruckten Erläuterungen, die ich aus Bequemlichkeit ausgelassen habe? So was von dämlich – melde mich zu einem Meditationsmarathon an, ohne zu wissen, auf was ich mich da einlasse. Wie ein Lämmchen bin ich brav meinem Hirten gefolgt, ohne Widerspruch, ohne Infragestellen. Das lebende Beispiel für geistige Entmündigung, wenn man dem Glauben verfällt. Und deswegen sitze ich schon den vierten Tag in diesem Superschlamassel – weil ich meinen Verstand gegen meine Erleuchtungsphantasien eingetauscht habe. Bislang ein glattes Minusgeschäft.

Nun gut: Wenn dieser Tag schon als »*Vipassana day*« bezeichnet wird, werde ich vielleicht endlich erfahren, worauf dieses verdammte Atemobservatorium hinauslaufen soll. Zumindest scheint da noch anderes zu warten – das allein wäre Grund genug für eine feierliche Großkundgebung auf dem goldenen Kuppeldach.

Gleichwohl es mir gestern fast gelang, *eine* Stunde konzentriert bei ebendiesem Atem zu bleiben, kann ich beileibe noch nicht sagen, mein Geist sei wirklich »*calm and quiet*«, wie Goenka immer fordert. Sobald ich mich auch nur eine Sekunde nicht zu hundert Prozent fokussiere, springt er im Dreieck und schlägt Purzelbäume. Goenka hat das ähnlich geschildert. Der Geist ein ungezähmtes Wildpferd, das gebändigt werden muss, weil man sonst keinen Nutzen davon hat. Es geht darum, Herrscher über ihn zu werden, anstatt von ihm beherrscht zu werden. Klang logisch, als er das sagte – vor drei Tagen. Mittlerweile haben alle um mich herum dieses Stadium offenbar längst hinter sich gelassen und sind in komplett andere Sphären eingetreten, sind sämtlichen irdischen Überlegungen entrückt oder kennen Verlangen gar nicht mehr. Jeder hier im Raum – bis auf meine Wenigkeit. Okay, und Emma. Zumindest auf sie ist Verlass. Als ich ihr von meinem unzähmbaren Geist berichte, gesteht sie, dass es ihr um keinen Deut besser ergehe. Sie sei noch nicht mal imstande, den ihren ganze zehn Minuten zu beherrschen. Kaum gehört, ging es mir sofort besser ...

```
Nachmittags, heimlich in meinem Zimmer
```

Ein Lichtblick – es gibt tatsächlich Abwechslung. Die ausschließliche Beobachtung unserer beiden Nasenlöcher wird erweitert auf sämtliche Körperpartien. Es geht darum, Schritt für Schritt den gesamten Körper aufmerksam entlangzuwandern – angefangen vom Scheitel, dann über das Gesicht, beide Arme, Schultern, Brust, Beine bis hinunter zu den Zehenspitzen – und dabei in Gleichmut zu bleiben, unabhängig davon, ob die Empfindungen stark sind oder schwach, heiß oder kalt, schmerzhaft oder angenehm. Deshalb Vipassana. Weil das »wertfreies Beobachten« bedeutet. Von dem, was in einem ist. Ich »beobachte« zwar außer Schmerz rein gar nichts, aber das ist anscheinend normal. »*Be patient*, sei geduldig«, das mahnt Goenka ja ständig. Insgesamt gibt er heute etliche spannende Anweisungen. Dass es darum geht, in einer inneren Balance zu bleiben – unabhängig davon, auf welche Empfindungen man trifft. Also »*no aversion*«, keine Abwehr von unangenehmen Empfindungen, aber eben auch »*no craving*«, kein unendliches Verlangen, wenn es schöne Empfindungen sind. Das heißt: Alles, was in einem abgeht (und das ist eine Menge, wenn man zum Stillsitzen verdonnert ist), lediglich zu registrieren, ohne darauf zu reagieren. Und abzuwarten, bis sich die Dinge wieder ändern. Ich bin derzeit nicht zu einer fundierten Reflexion über die kausalen Zusammenhänge fähig, aber innerlich klingelt es, und ich bin einmal mehr neugierig geworden.

Mit hochgelagerten Beinen
auf meiner Pritsche

Ich habe eine leise Ahnung, dass das aufschlussreich werden könnte mit diesen Körperempfindungen. Insbesondere aber bin ich froh, dass ich mich nicht mehr nur auf meine beiden Nasenlöcher konzentrieren muss! Und die Grundaussage von Goenka verstehe ich allmählich auch: in völliger Balance zu verharren, egal was passiert. Einfach beobachten, was ist, ohne es zu *bewerten*.

Über den Satz: »*Observe reality as it really is and not as you would like it to be* – beobachte die Realität als das, was sie wirklich ist, und nicht, wie du sie gern hättest« könnte ich allerdings drei Nächte lang mit ihm streiten. Was, bitte schön, soll den *die* Realität sein? Da eine Konstruktivismusdebatte jedoch unter Garantie als »*philosophical discussion*« abgeblockt werden würde, ergänze ich die Realität, die »*really is*«, einfach um ein »in mir«, die Realität in mir – und bin wieder zufrieden.

19. Dezember 2007 – Tag 5
Noch kurz vor dem Frühstück festgehalten

Diese Morgenmeditation ist die allerhärteste. Knapp zwei Stunden sitze ich herum, in der Hauptsache damit beschäftigt, daran zu verzweifeln, dass ich mich nicht in der Lage sehe, zu meditieren. Um sechs Uhr wird ein Gesang von Goenka eingespielt, von da an wird es ein wenig besser. Froh gelaunt, dass es nun nur noch eine halbe Stunde bis zur Frühstückspause ist, beginne ich unter meinem Meditationsdeckchen leicht zu Goenkas Gejaule zu schunkeln. Irgendwann – immer wieder erscheint es aufs Neue wie eine Ewigkeit – endet der Meister. Danach bleibt ungefähr noch eine Minute bis zum Gong. Und diese verdammte *eine* Minute ist großartig. Endlich bin ich dort, wo ich in den vergangenen zwei Stunden verzweifelt sein wollte. Im Zustand tiefster Verbundenheit.

Auch wenn ich es ziemlich verrückt finde: Für diese eine Minute lohnt sich die zweistündige Quälerei. Denn da bin ich in Liebe, nein, ich bin Liebe, bin einfach – ach egal – *just great!* Finde allmählich sogar Gefallen an diesem Knastleben und erfreue mich jeden Tag der gleichen Dinge. Etwa des Moments, wenn wir um halb sieben aus der Halle treten und über dem Tal gerade die Sonne aufgeht, ich mir ein Glas heißes Wasser nehme und als Erstes ein paar Runden im Garten drehe, während Goenkas Gesang leise über den Platz erschallt. Nach all der Sitzerei die steifen und eingeschlafenen Beine zu dehnen und allmählich wieder zu spüren ist ein Genuss, den man im normalen Alltag nicht erleben darf. Anschließend zum Frühstück meinen Teller mit Reisbrei und scharfen Bohnen von den *dhamma workerinnen* gefüllt zu bekommen. Dazu *eine* Tasse *chiyaa* – da es hier weder Kaffee noch Süßigkeiten oder sonstige kulinarische Schädlichkeiten gibt, ist der stark gezuckerte Milchtee, von dem es morgens und abends jeweils nur eine Tasse gibt, eines der Highlights des Tages. Setze mich damit an meinen Platz an der Steinwand, wo dieses kleines Loch ist, in dem ein klitzekleines Pflänzchen wächst. Das beobachte ich immer, während ich mich löffelnderweise an meinem Brei ergötze.

In diesen Augenblicken kann ich verstehen, wenn Menschen ins Kloster gehen. Diese Reduktion hat was. Auf jeden Fall. Und ich stelle fest, dass ich durch das Sitzen eine Stabilität in mir aufbaue. Es ist fast gleichgültig, ob ich denke oder nicht. Allein das Sitzen zentriert und vermittelt mir den Eindruck, ich sei ein Fels, über den eine Brandung von Emotionen schwappen kann, ohne dass er sich auch nur einen Zentimeter von der Stelle rührt. Langsam fange ich zu begreifen, warum ich das hier machen soll – das gestehe ich meinem weisen *guide* in aller Demut.

Nach der Acht-Uhr-Meditation

Wow! Das ist genial! Ich glaube, ich meditiere. Die Stille umhüllt mich mit Sanftmut – dieser pathetische Ausdruck kam mir vorhin als Umschreibung dieses Erlebnisses. Dabei verstehe ich immer noch rein gar nichts. Wahrscheinlich ist es gerade das?

Mittagspause, selig auf meinem Bett

Nach dem Essen fiel mir auf, wie langsam, ja, fast hingebungsvoll ich das tägliche Dhal Bhat verzehrt habe. Ohne dass ich mich deshalb anstrengen musste. Ich wollte einfach nicht schnell essen. Das würde ich als das bislang größte Kuriosum der gesamten Zeit bezeichnen. Es funktioniert tatsächlich: Ich habe drei Gänge zurückgeschaltet. Dreimal beeindruckt drauf gespuckt!

15.00 Uhr

Ab heute dürfen wir uns in den drei einstündigen Gruppenmeditationen eines Tages nicht mehr bewegen, einzig den Schmerz beobachten – »*just observe*« – und darauf warten, dass sich die schlimme Empfindung wieder wandelt. Goenkas frohe Botschaft: »*Changing, everything is permanently changing.*« Witzbold. Bei mir ist da nichts von einem permanenten Wandel zu spüren. Vielmehr wird mir fast schlecht vor Schmerzen – ganz ernsthaft! Ich weiß beim besten Willen nicht, wie ich da noch was beobachten soll. Nach dreißig Minuten gebe ich auf. Ich muss meine Position wechseln, es geht nicht anders.

17.00 Uhr

Unser Stift hat den Geist aufgegeben. Mist! Fieberhaft überlege ich, wie sich Ersatz beschaffen lässt. Meine Sachen sind verschlossen, die *dhamma workerinnen* werden mir einen Vogel zeigen, wenn ich nach einem Kugelschreiber frage – und im Essraum liegt auch keiner herum. Aber während der Abendmeditation entdecke ich auf dem Pult des *assistant teacher* einen. Das ist meine Rettung! Ich warte, bis die Meditation vorbei ist und alle die Halle verlassen haben. Zugleich vergewissere ich mich, dass auch die *dhamma workerinnen* beim abendlichen Tee sitzen. Blitzschnell laufe ich zum Pult, nehme den Stift an mich, stecke ihn schnell in die Tasche und schleiche mich wieder nach draußen. Voller Stolz präsentiere ich Emma meine Beute, ohne die Spur eines mahnenden Über-Ichs, dass ich damit gegen eines der heiligsten Gesetze beim Vipassana verstoßen habe. Vom siebten Gebot im Christentum ganz zu schweigen. Bei mir ist eben Hopfen und Malz verloren.

Händchenhaltend an Emmas Bett

Emma erlitt einen kleinen Absturz. Sie war ziemlich entmutigt und meinte, sie würde das mit dem Meditieren einfach nicht schaffen. Überlegen erkläre ich ihr, dass eben das Vipassana sei – das innere Auf und Ab zu beobachten, im Wissen um die andauernde Veränderbarkeit einer jeden Emotion: In der einen Minute zu sehen, dass der *mind* außer Kontrolle und man schier am Verzweifeln ist, und zehn Minuten später die Erfahrung, dass man sich fast erleuchtet fühlt. Das besagt *annicsha*, das Prinzip des ständigen Wandels und Basis der Vipassana-Meditation.

Ich kann ja wahrlich nicht behaupten, ich wäre mittlerweile die Meditiererin vor dem Herrn, aber immerhin verstehe ich zunehmend, was sich hinter dem ominösen Vipassana verbirgt: Auf diese inneren Wechsel nicht blind zu reagieren, sie nicht zu beurteilen und damit verändern zu wollen, sondern sie lediglich wahrzunehmen – darum geht es.

20. Dezember 2007 – Tag 6

Die Morgenmeditation war eine Achterbahn sondergleichen: Nach etwa einer Stunde fühlte ich mich geradezu high. Hatte erstmalig seit Beginn dieser Tortur wieder Kontakt zu meiner inneren Stimme. War recht erleichtert darüber, ich hatte sie schon sehr vermisst. Mit ihr konnte ich erneut auf meine Krise blicken. Dabei die Trauer und Angst spüren, die ihr zugrunde liegen. Ich musste weinen, weil ich erstmals ohne Urteil sehen konnte, wie schwer es mir zuweilen fällt, mich einfach so zu nehmen, wie ich nun mal bin, weil ich an so vielem etwas auszusetzen habe. Und stattdessen schon gern viel weiter wäre, reifer und erwachsener, erhabener und weiser.

Fünfzehn Minuten später war alles anders. Plötzlich war nur Wut in mir, auf alles und jeden. Ich habe mir en détail ausgemalt, wie ich jeden Einzelnen hier im Raum abknallen würde. Allen voran diese heiligen *dhamma workerinnen*, direkt gefolgt von dem *assistant teacher*, die doch samt und sonders keinen Deut Lebendigkeit in sich tragen. Die einzigen lebensfrohen Menschen in diesen heiligen Hallen sind Emma und ich! Und wir sind auch diejenigen, die nicht in der Lage sind, zu meditieren.

Schließt sich eben aus – Meditation und Lebendigkeit. Hab ich ja immer gesagt!

Weitere zehn Minuten später bin ich erneut tief versunken und wünsche nichts weiter, als jeden Einzelnen von denen, die ich vorher so kaltblütig abschießen wollte, in mein neu entdecktes Herz einzuschließen.

Der a*ssistant teacher* setzt nun einen Talk an. In Dreiergruppen dürfen wir uns zu seinen Füßen knien und werden reihum gefragt, wie wir vorankommen. Emma und ich befinden uns in einer Gruppe mit einem blonden Engel, der mir schon in den letzten Tagen durch sein heiliges Grinsen unangenehm aufgefallen war. Meine schöne Zimmerbewohnerin, weiterhin frustriert, antwortet auf die Frage des Assistenzlehrers sehr zurückhaltend. Prompt erhält sie die Anweisung, »*hard and constantly*, hart und beständig« zu arbeiten. Als der blonde Engel dran ist, strahlt er breit bis zu den Ohren und flötet in einem gestochenen *British*-Englisch: »O, es ist *simply fantastic*! Ich spüre wirklich meinen gesamten Körper – das alles ist nahezu ein Wunder!« Ich merke, wie mein Hals dicker und dicker wird und kalter Schleim in mir hochkriecht. Ich würde dieser Blondine am liebsten die Visage zertrümmern. Das ist doch unverschämt, so dermaßen selbstverliebt seinen Triumph auszukosten! Merkt die denn nicht, dass Emma ganz niedergeschlagen ist? Sollte besser Empathie anstatt Meditation üben!

Der *assistant teacher* hingegen ist sehr zufrieden mit der Angeberei des Blondschopfs und wendet sich nun mir zu: »*And you, do you achieve the sensations?*« Sein Strahlen hat er definitiv vom Engel kopiert, das Englisch allerdings nicht. Ich nehme an, dass er wissen möchte, ob ich diese bescheuerten Körperempfindungen spüren kann. Wenn ich ihm ehrlich antworte und sage, dass ich anderes zu tun habe, als mich auf diese simplen *body sen-*

sations zu konzentrieren, sondern vielmehr dabei bin, meine grundlegenden Lebensverstrickungen aufzulösen, vergeht ihm wahrscheinlich sein Grinsen schlagartig. Also erwidere ich wortkarg: »*Sometimes*«, und erhalte wie Emma den Auftrag, weiter hart und ausdauernd an mir zu arbeiten. »Aber«, begehre ich auf, »geht es nicht viel mehr um Emotionen als um Körperempfindungen?« »*No philosophical discussion!*«, werde ich streng und ohne ein Strahlen zurechtgewiesen. Der blonde Engel meditiert schon wieder, und ich schleiche kleinlaut zurück zu meinem Platz, mit einem Kloß im Hals, als hätte ich vom Lehrer ein »Danke, setzen, sechs« kassiert. Dogmatisches Arschloch, denke ich, hier wird man mundtot gemacht – das war schon seit Menschengedenken der Anfang allen Übels!

Nach dem Mittagessen in heller Aufregung

Heute gab es zum ersten Mal Nachtisch. Für jede von uns ein klitzekleines dreieckiges Stück Mandelkuchen. Das habe ich soeben in der Sonne liegend verspeist. Auf der Zunge zergehen lassen. Hätte mich jemand dabei gefilmt, es wäre ein grandioser Werbespot geworden. Wie intensiv wird das Leben durch Verzicht. Als ich die Augen schließe und im Gaumen noch den süßen Geschmack des Kuchens wahrnehme, steigt ein Gedanke in mir auf, vergleichbar mit dem Einschlagen eines Blitzes: Ich werde ein Buch über diese Erlebnisse schreiben! Das, was hier passiert, ist so abgefahren, das *muss* dokumentiert werden. Welch Segen, dass ich täglich ein paar Notizen gemacht habe, den Rest schreibe ich aus meiner Erinnerung heraus auf. Genial! Ich kann nicht weiter ruhig sitzen bleiben und laufe – so schnell es im *Nobel-Silence-*Wandelschritt machbar ist – in mein Zimmer und mache dort vor lauter Freude einen Handstand. Ich schreibe ein Buch, das ist eine großartige Idee!

Teepause, bockig auf meinem Bett

Ich will hier raus. Ich habe die Schnauze so gestrichen voll, dass ich am liebsten alles kurz und klein schlagen würde – voll im Ernst! Wenn ich könnte, wie ich wollte, würde in dieser verdammten Halle kein einziges Kissen mehr an seinem Platz liegen, und einige meiner lieben Mitmeditierenden hätten ein paar Pfund Haare weniger auf dem Kopf. Wie sie mich alle ankotzen in ihrer bedächtigen, in sich gekehrten Haltung. Ich passe nicht hierher! So gut hatte ich es in den Bergen, so in Liebe, so in Einklang mit mir. Und stattdessen? Stattdessen bin ich hauptsächlich damit beschäftigt, diese blöde Vipassana-Meditationstechnik anzuwenden – und mit dem Scheitern an dieser Aufgabe. Auch hier ein »Nicht genügend«. *Achieve, achieve!* Als ob es im Leben nur darum ginge! Warum tue ich mir diese Quälerei an, noch dazu freiwillig? Hätte ich nur nicht auf diese beschissene innere Stimme gehört!

Observe. Nun gut. Ich gebe zu, diese Meditiererei bringt mir was, ob ich es richtig mache oder nicht. Dieses Nichtreagieren auf »egal, was ist«, das könnte der Schlüssel zu vielen Dingen für mich sein. Endlich mal was durchziehen. Nicht alle drei Wochen beschließen, mit dem Rauchen aufzuhören, und am dritten Tag wieder die Fluppe im Mund – weil das *craving* nach Nikotin so schmachtend ruft. Oder meine ständigen und vergeblichen Vorsätze, achtsamer und langsamer zu essen. Hier gelingt es – erstmalig! – ohne Anstrengung. Mir ist schon klar: Wenn ich es schaffen würde, diese Technik zu verinnerlichen, würde ich etliche meiner Lebensthemen lösen. Aber wie zum Teufel dahin gelangen? Und vor allem: Will ich das *wirk-*

lich? Ist Goenkas »Heilsbotschaft«, nicht mehr ins Drama zu rutschen, sondern konsequent, rigoros und diszipliniert zu sein, wirklich *meine* Sehnsucht? Mag ich mich nicht viel lieber als eine absolut inkonsequente, charmante und chaotische Künstlerin sehen? Oder ist das nur eine faule Ausrede, weil ich mir mein jämmerliches Versagen nicht eingestehen will? Ich weiß es nicht.

Just observe ... Schlechte Laune habe ich immer noch. Sich freiwillig in einen solchen Knast zu begeben, abgeschnitten von der Außenwelt, so blöd muss man sein. Nicht einmal Schokolade gibt es hier. Immer noch eins drauf. Als hätte ich nicht schon genug Selbsterfahrung in den Bergen gehabt, nein, es muss dazu noch ein zehntägiger Meditationsmarathon sein. Ich bin so ein masochistischer Vollidiot. Meditieren ist einfach nicht mein Zugang zu einer Art von spiritueller Verbindung – das kann ich auf jeden Fall festhalten.

```
Abends - entbockt und sanft
wie ein Engelchen
```

Teufel, Teufel – da bin ich mir aber außerordentlich auf den Leim gegangen! Natürlich stellt sich jetzt – drei Stunden später – alles ganz anders dar. Der letzte Satz von vorhin muss aus dem Protokoll gestrichen werden. Ich bin goldrichtig hier, auch wenn es nicht angenehm ist. Interessant finde ich bestimmte Zustände. Es gibt welche, in denen bin ich wütend oder verzweifelt, könnte Wände einrennen, erkenne dabei aber selbst, dass ich mich in einem inneren »Film«, in einem Prozess befinde. Da ist es mir ein Leichtes, mich entspannt zurückzulehnen und allen Mist, der sich da munter in mir abspult, wie einen Kinostreifen zu beobachten. Daneben aber existieren diese trickreichen Momente, in denen bin ich überzeugt:

So ist es nun. *Das* ist kein Prozess, sondern die *Realität*. Wie auch vorhin oder praktisch während des gesamten Jahres. Das Schlimme war ja weniger die Krise an sich, sondern die Befürchtung, in einer Sackgasse stecken geblieben zu sein. Auf alle Ewigkeiten verdammt.

Goenka hat es in seiner Abendansprache sehr pointiert formuliert: Wir sind identifiziert mit unseren Emotionen und befinden uns dadurch in einem Kreislauf blinder Reaktion, was uns ziemlich unfrei macht. Weil wir wie auf Knopfdruck auf diverseste Auslöser von außen funktionieren. Deshalb bezeichnet er den gesamten Vipassana-Prozess als *dhamma*, als einen Akt der Befreiung. Es geht um den Ausstieg aus ebenjenem unbewussten Reaktionsschema. Ziel dabei ist, zu einem Handeln zu gelangen, das aus einer freien Entscheidung heraus geschieht. Wenn man das, was er da sagt, in aller Konsequenz begreift, so hat man den Schlüssel zur Himmelspforte in der Hand – »*I am sure*«. Mit einem Mal überfällt mich eine unsagbare Müdigkeit. Ich weiß nicht, wie ich jemals wieder aufstehen soll, am liebsten würde ich sterben. Zufrieden, aber dennoch.

21. Dezember 2007 – Tag 7

Bin frohen Mutes aufgewacht. Heute werde ich eine super Morgenmeditation haben – ich weiß es!

8.00 Uhr

Es war die Hölle – ohne jedes *changing*. Einfach permanent schlimm! Habe ich eigentlich schon einmal ausgesprochen, wie abgrundtief ich dieses Meditieren hasse? Ich kann es nicht, und ich werde es nie können. Und vor allem: Es ist sooooo langweilig! Wann ist es endlich vorbei? Am Marterpfahl festgebunden zu sein erscheint mir dagegen als das reinste Amüsement.

12.00 Uhr

Was für ein Erlebnis! Ich will nichts anderes mehr außer Meditieren. Das macht süchtig – diese Stille, dieser Frieden in mir. Der Inbegriff von Erfüllung. Alle Schmerzen sind vergessen – allein für *einen* solchen Moment lohnt es sich, zu leben. Mir ist egal, was noch kommen mag, wie oft ich noch das Sitzen verfluchen werde und wie groß die Schmerzen sein mögen – dieser Augenblick gerade eben, der enthält die Essenz dessen, um die es geht. Ich möchte mein Leben Gott hingeben – das hört sich grauenhaft verkitscht an, ist aber exakt das, was ich gerade empfinde. Diese Verbindung übertrifft einfach Sämtliches, was ich mir vorstellen kann. Beziehung, Tanz, Theater, Gemeinschaft, Essen, selbst Sex – *alles* ist bedeutungslos im Vergleich zu dem, was jetzt in mir ist.

14.00 Uhr

Weiter in tiefen Prozessen. Mein Körper verkraftet es aber nicht mehr – ich muss aus der Meditation gehen und mich im Garten übergeben. Ich gestehe, dass ich recht stolz darauf bin, in solch innere Sphären abzutauchen, dass ich sogar körperliche Reaktionen habe. Das ist doch der klare Beweis dafür, dass ich schnurstracks auf dem Weg zur Erleuchtung bin! Die *dhamma workerin* folgt mir in den Garten und streicht mir mitfühlend über den Rücken. Jetzt begreift sie wohl endlich, wie weit ich schon in meiner Meditationspraxis bin, denke ich zufrieden. Als ich ihr mitteile, dass ich mich hinlegen möchte, schickt sie mich auch gleich zum *assistant teacher*. Der kennt allerdings keine Gnade – was für ein Idiot! Sehe aus wie ein Gespenst und kann kaum senkrecht sitzen, und dennoch erlaubt er mir nicht, mit dem Meditieren aufzuhören. Gleichmütig lächelte er mich an: »*You have to work – patiently and consistently.*« Wenn mir nicht so schlecht wäre, würde ich ihn glatt erwürgen. So aber füge ich mich wie so oft notgedrungen und sitze weiter in meinem Zimmer, mit flauem Magen. Ernte dafür auch ein Lächeln von der *dhamma workerin*, die prompt nach fünf Minuten zur Kontrolle auftaucht. Ein Irrenhaus ist das hier!

Kurz vor dem seligen Entschlummern

Fühle mich durchgeputzt und ausgekotzt, mit einem Wort: wundervoll! Habe allerdings vorhin den »Befehl« von meiner inneren Stimme erhalten, morgen nichts zu essen – zumindest so lange, bis es mir wieder richtig gut geht. Ich sträube mich mit Haut und Haaren dagegen, das Essen ist immerhin die einzige Abwechslung bei all der meditativen Ödnis, darauf kann ich nicht verzichten! Die Stimme antwortet nur lapidar: *Na, du bist lustig! Redest davon, dein gesamtes Leben Gott hinzugeben, und schon beim läppischen Verzicht aufs Frühstück machst du 'nen Rückzieher?* Okay, okay, ich habe es verstanden, ich werde morgen fasten. Bereits jetzt könnte ich heulen bei der Vorstellung.

22. Dezember 2007 – Tag 8

Hatte eine nicht ganz so schreckliche Morgensitzung. Allerdings wohl vor allem deshalb, weil ich mich nach dem gestrigen Tag in einem leichten Hungerdelirium befinde. In den Genuss der besten Meditationserlebnisse gelange ich interessanterweise immer dann, wenn ich innerlich aufgebe, nicht mehr meditieren will. Dann kehrt Stille ein – und in mir fühlt es sich an, als wäre ich in den Bergen, auf viertausend Metern Höhe, und ich sacke innerlich drei Meter ab. Wenn ich hier angelangt bin, kann ich fast nur weinen vor Glückseligkeit. Und klar, fünf Minuten später ist alles wieder anders. Nach wie vor liegt mir fern, zu sagen, ich würde gern meditieren – ich kann es nicht ausstehen, aber gleichzeitig bin ich verrückt danach.

Während die anderen nun ihr Frühstück zu sich nehmen, ruhe ich auf meinem Bett und erlebe – ohne Übertreibung – den bislang erfüllendsten Moment meines bisherigen Lebens. Ich will nie mehr aufstehen, ich brauche nichts mehr. STILLE. ─────────────────────

Und *dagegen* habe ich mich also gesträubt. Nie mehr werde ich mich gegen diese Stimme wenden, wie unsinnig oder blöd mir der Vorschlag anfangs auch erscheint. Permanent erhalte ich den Beweis, dass ich mich führen lassen muss. Ich möchte beten, singen, irgendetwas tun, um meine Freude adäquat auszudrücken. Jedes Wort ist im Grunde eine grobschlächtige Banalisierung gegenüber der Zartheit, die da in mir ist. Lautlos beginne ich in mich hineinzusingen: »Großer Gott, wir loben dich, Herr, wir preisen deine Stärke ...« Schon als Kind bin ich seltsamerweise auf dieses Kirchenlied abgefahren. Gegenwärtig ist es absolut stimmig, trotz dezenter Peinlichkeit.

Beim mittäglichen Entspannungsritual

Kurz nach diesem Erlebnis heute Morgen war die Übelkeit vollständig weg. Ich konnte also mit Wonne mein Dal Bhat verzehren – definitiv bin ich lediglich Anhängerin einer zeitweiligen Askese. Was schmeckt das Zeug gut! Jetzt fläze ich mich frohgemut auf dem Bett und beobachte Emma bei ihrer Großwäsche. Als sie damit beginnt, unser Fenster mit ihren frisch gewaschenen Tangaslips zu dekorieren, stelle ich mir das Gesicht der nepalesischen Oberschwester Hildegard vor, wenn wir diese heißen Strings in knallroter Spitze auf der Wäscheleine vor der ehrwürdigen Meditationshalle aufhängen würden – und muss laut losprusten. Wir verfallen beide in einen solchen Lachanfall, dass wir fast auffliegen. Wie gut, dass Emma sich gleichermaßen unheilig benimmt!

Nach dem Endorphinkick setze ich mich noch nach draußen in die Sonne und starre in den dunkelblauen Himmel. Purer Glücksrausch ist noch untertrieben für die Beschreibung meiner Seelenverfassung. Darauf bezieht sich vermutlich Goenka, wenn er von der Gefahr des *craving* spricht, des unsagbaren Verlangens. Entscheidend ist, diese Verbindung zum Göttlichen (ja, im Ernst!) zu spüren und dennoch nicht daran kleben zu bleiben. Voll zu genießen, aber im Wissen, dass dieses Gefühl nicht von Dauer ist. Bei Vipassana geht es letztlich um ein Kommen und Gehen, der guten, angenehmen Dinge ebenso wie der schlechten, unangenehmen. Und so ist heute der Tag, an dem ich meinen Schwur annulliere: Selbstverständlich werde ich wieder einen Vipassana-Kurs machen, ganz gleich wie schrecklich es ist – diese Endorphinausschüttung ist einfach phänomenal!

Es ist ja nicht so, dass ich diese emotionalen Wechselduschen vom Wandeln auf der euphorisierten Sonnenseite des Lebens bis hin zum hoffnungslosen Feststecken im Morast der psychischen Abgründe nicht gut kenne. Neu ist jedoch diese Gelassenheit, auf die Goenka immer wieder verweist. Wie sinnlos und energievergeudend es ist, auf jeden Furz unmittelbar zu reagieren und dadurch eine bestimmte Emotion im Endeffekt erst zu manifestieren – wenn man doch »nur« abwarten muss, bis es sich wieder ändert.

Gerade ist das alles sehr einfach und logisch. Wobei ich mich immer noch frage, ob diese Gleich*mütigkeit* nicht einhergeht mit Gleich*gültigkeit* und ich letzten Endes so unempfindsam werde wie diese spirituellen Menschen, die mir grottenlangweilig und uninspirierend erscheinen.

Abends, äußerst fidel
in unserem kleinen Reich

Bin in Hochstimmung – das war ein rundum guter Tag. Emma ist immer noch schlechter Laune, weil sie beim Meditieren kaum Körperempfindungen spüren kann. Ebenso wenig wie ich, aber mich kümmert das nicht.

»Das Spannende sind doch die Vorgänge, wenn man seine eigenen Emotionen beobachtet, die *body sensations* interessieren mich nicht wirklich.« Trotz Verbots gebe ich meine Meinung kund.

Nachdenklich sieht sie mich an und sagt langsam: »Mag sein. Aber glaubst du, dass wir klüger sind als Goenka? Immerhin haben Tausende von Menschen diese Methode ausprobiert, sie ist definitiv erfolgreich. Natürlich kann es sein, dass sie *ausgerechnet* bei uns nicht funktioniert. Aber ich gehe zunächst davon aus, dass er nichts Falsches behauptet und wir lediglich noch nicht zum Kern seiner Theorie vorgedrungen sind. Vipassana nach Goenka ist eben das Beobachten der Körperempfindungen und nichts anderes sonst.«

Hätte sie mir meine Geburtstagstorte aus den Händen gerissen und mir mit voller Wucht die Sahneseite ins Gesicht geschleudert, hätte ich mich nicht bedröppelter gefühlt. *Ausgerechnet* Emma, die ich all die Tage mit meinen klugen Ratschlägen und Erklärungen aus ihren Meditationskrisen gehievt habe. Der ich mir – bei aller Zuneigung! – himmelhoch überlegen schien, verpasst mir eine derartige Lektion. Denn mir ist sofort klar, dass sie verdammt recht hat. Acht Tage lang bin ich hier und realisiere am vorletzten Tag, dass ich gar nicht Vipassana mache? Das darf nicht wahr sein! Panik steigt in mir hoch – wie soll ich denn noch zu einem Happy End gelangen? Wenn ich es in gut einer Woche nicht geschafft habe, wie kann ich dann in zwei läppischen Tagen noch was reißen? Mein Buch, meine Beinah-Erleuchtung – mit einem Schlag ist alles vorbei. Wie soll ich denn über Vipassana schreiben, wenn ich selbst gar nicht an den Kern davon gestoßen bin – o nein, das darf nicht sein! Doch mal halb lang, ich muss mich beruhigen. Ich werde jetzt nichts weiter unternehmen, als mich schlafen zu legen. In einer solchen Stimmung lässt sich ohnehin kein klarer Gedanke mehr aus mir herauspressen. Von einer Form gleichmütigen Beobachtens ganz zu schweigen.

23. Dezember 2007 – Tag 9

Die Panik, die mich gestern fast erstarren ließ, hat sich gottlob aufgelöst. Ich bin immer noch aufgewühlt, aber der Pragmatismus hat ebenfalls wieder Einzug gehalten. Der Kurs ist ja noch nicht vorbei und – dies ist der Vorteil beim Vipassana: Man kann jederzeit neu anfangen. Es gibt kein »zu spät«, in jeder Minute habe ich die Chance, alles zu verändern. Das hört sich zwar an wie aus einem NLP-Managertraining, doch sei's drum. Das ist schließlich der Grundsatz von *annicsha*. Und selbst wenn ich in den noch verbleibenden zwei Tagen nicht zur Erleuchtung gelange, kann ich mich damit beruhigen, dass dieser Retreat sowieso nur der erste Schritt den Berg hinauf ist. Neben dem Fakt, dass noch immer knapp drei Wochen Nepal vor mir liegen und etwa fünfundsechzig Jahre meines Lebens – also: *relax!*

Emma gibt mir einen Kuss zum Aufstehen, und ich umarme sie dankbar – das war eine gute und notwendige Lektion. Ich kann schon wieder über mich lachen. Da hatte ich mich bereits als Heldin des Vipassana gefeiert, und eine Minute später lag alles in Schutt und Asche, und ich befand mich im absoluten Frust. *»Changing, everything is permanently changing ... «*


```
6.00 Uhr - während der Morgenmeditation
auf dem Klo
```

Yeah! Ich konnte drei Beobachtungsrunden durch meinen Körper machen und in ihn hineinspüren. Alles kribbelte, als würde ich eine Ganzkörpermassage erhalten. Diese Kausalkette von »Fallen-Einsicht-Belohnung« mutet zwar fast zu simpel an, um wahr zu sein. Aber was soll ich es mir madig machen – ich bin nun mal ein Liebling der Götter!


```
Wieder einmal
nach der Acht-Uhr-Meditation
```

Ich folge brav dem Fluss meiner *sensations*, obwohl ich das bei Weitem immer noch nicht so spannend finde wie die Beobachtung meines Emotionskarussells. Werde jedoch prompt nochmals belohnt. Mein Körper, vom Scheitel bis in die Zehenspitzen, wird sozusagen von innen heraus wachgeküsst. Nach etwa fünfundvierzig Minuten schmerzen meine Knie wieder, als würde jemand mit einem Presslufthammer darauf herumschlagen. Ich bleibe herrlich relaxt und atme in meine Gebärmutter. Nach einigen weiteren sterbensnahen Minuten spüre ich einen solchen Starkstrom durch mich hindurchfegen, dass ich mich sehr zusammenreißen muss, die *nobel silence* nicht mit einem orgiastischen Stöhnen zu durchbrechen. Ich sollte mir überlegen, ob ich mich und die Auswirkungen eines Vipassana-Kurses nicht bei *BILD der Frau* vermarkten kann.

11.00 Uhr

Ich erkenne immer noch nicht ganz den Zusammenhang zwischen Buddhas Erleuchtung und der Konzentration auf die Körperempfindungen. Aber Tatsache ist, dass ich meinen gesamten Körper spüre – *ich bin da!* Endlich verstehe ich, was damit gemeint ist, wenn alle die Notwendigkeit einer Verankerung im Hier und Jetzt betonen. So könnte ich die Welt aus den Angeln heben – ganz in Ruhe natürlich.

16.00 Uhr

Eine Wunderheilung muss sich ohne mein Wissen abgespielt haben, anders kann ich mir das nicht erklären! Ich sitze in meinem Zimmer, und mein Körper, der bislang in dieser Meditationshaltung so etwas wie das Leiden Christi erfahren durfte, ist vollkommen schmerzfrei. Ja, noch mehr: richtig lebendig! So, als hätte ein Profimasseur jeden einzelnen Muskel sorgfältig durchgeknetet. Ich kann eine Stunde sitzen, ohne auch nur an einen einzigen Haltungswechsel zu denken. Was geht hier vor? Es ist immerhin lediglich eine Technik, oder?

Immer wieder fasse ich meine Beine an, weil ich nicht glauben kann, wie anders sich alles anfühlt – von einer Minute auf die nächste. Bin ich noch in meinem eigenen Körper? Ich verstehe nur Bahnhof. Ich frage Emma, ob es ihr ebenso geht. Sie schüttelt nur entnervt den Kopf. Sie will aussteigen. Hat keine Lust mehr aufs Meditieren. Ich bin voller Mitgefühl – wenn ich auch ein heimliches »Ätsch, ich bin eben doch besser als du« nicht unterdrücken kann. Zu stolz bin ich darauf, haarscharf noch die Kurve gekratzt zu haben. Immerhin überzeuge ich sie, wieder mit in die Halle zu gehen: »Wenn ich es schaffe, dann wirst du es gleichfalls bewältigen. Gib nicht auf, allein schon deswegen nicht, damit wir irgendwann den Sekt trinken können!« Mit Humor kriegt man Emma immer ...

Romantischer Sonnenuntergang

Wenn ich morgen in mein normales Leben zurückmüsste, würde ich sicher sentimental werden. Ohnehin bin ich es ein wenig. Wer hätte das gedacht?! Die Aussicht auf die Berge und damit auf die Fortsetzung meiner inneren Forschungsreise stimmt mich aber gleichzeitig euphorisch.

Morgen ist Weihnachten. Verrückt, zu Hause kann ich diese Zeit nicht ausstehen. Heute freue ich mich, sie mit mir und meinem kleinen Freund in mir zu verbringen. Sehr sogar.

In unserem Zimmer erwartet mich eine strahlende Emma: »Eine Flasche Champagner!«, schreit sie mir entgegen. »Ich habe es tatsächlich geschafft: Eine komplette Stunde vom Kopf bis zum Fuß und vom Fuß bis zum Kopf! Ich glaube, ich habe meditiert!« Wir fallen uns überschwänglich in die Arme und fangen wild zu tanzen an. Es gibt also noch ein Happy End – und ehrlich, alles andere wäre bei dieser Plackerei auch eine Unverschämtheit des Universums gewesen.

```
Abendlicher Vorweihnachtsputz
```

Emma schlägt vor, dass wir uns für Weihnachten herausputzen. Sprich: Haare und Körper mit Wasser und Seife zu bedecken und zu waschen. Ich sträube mich anfangs, sehe aber nach vollzogener Nasenprüfung unter meiner Achsel ein, dass es nach mittlerweile zehn Tagen ohne Wasser auf meiner Haut selbst für die hartgesottenste Meditierkönigin eine Herausforderung bedeutet, neben mir *equanimous* zu bleiben. Todesmutig setze ich mich dem zu erwartendem Kälteschock aus, der allerdings noch um etwa zehn Minusgrade übertroffen wird. Bar jeder Beschreibungsmöglichkeit! Ich bin ohnehin eine Memme, was Duschen unter dreißig Grad plus (!) betrifft, aber dieses Wasser ist nicht nur kalt, es hat winterliche Bergquellentemperatur. Ein Superlativ des Grauens. Wenn auch jetzt, gut eingemummelt im Bett, mit duftenden Haaren und frischen Klamotten, in der Tat ein gewisser Vorweihnachtskitzel in mir aufsteigt. Wie als Kind, wo ich den 23. Dezember fast besser als den Heiligabend selbst fand. Beim Einschlafen konnte ich nämlich flüstern: »Und morgen ist es endlich so weit!«

```
24. Dezember 2007 –
letzter Tag und Weihnachten
```

Wie schon öfter wache ich bereits eine Stunde vor dem Gong um vier Uhr auf – ich brauche weniger Schlaf. Hoffe nur, dass sich das in den Bergen wieder ändert. Und vor allem in Berlin, denn sonst stehe ich auf, wenn Kreuzberg zu Bett geht ...

Der letzte Tag, meine letzten Meditationen – heute möchte ich jede einzelne Minute in Gleichmut erleben, egal ob sie schrecklich ist oder schön.

Inzwischen glaube ich nicht mehr, dass der Zustand der inneren Balance langweilig oder unlebendig ist – ganz und gar nicht. Wenn ich *wirklich* in mir ruhe und die Wogen meiner Emotionen mit Neugier und Humor beobachten kann, empfinde ich trotzdem in voller Intensität. Den Schmerz ebenso wie die Fröhlichkeit. Ich lasse mich nur nicht davon wegschwemmen, und vor allem beurteile ich sie nicht. Das ist ein immenser Unterschied. Unlebendigkeit tritt auf, wenn ich krampfhaft versuche, etwas zu sein, was ich nicht bin. Oder ich es nicht wage, präzise hinzuschauen, weil ich fürchte, etwas zu sehen, was mir nicht gefällt. Es geht also darum, von den Bewertungen Abstand zu nehmen, damit ich Goenkas Rat befolgen und die Dinge beobachten kann, wie sie sind.

Ähnlich ist es mit den Körperempfindungen: Wenn wir lernen, auf Schmerz und andere unangenehme physische Empfindungen nicht sofort zu reagieren, sondern sie einfach nur wahrzunehmen, ist es später praktikabel, dies in gleicher Weise auf emotionaler Ebene zu tun. So zumindest Goenka – und Buddha ...

7.00 Uhr

Noch zwei Stunden in *nobel silence*, dann wird das Schweigen gebrochen. Ein kaum vorstellbarer Gedanke. Ebenso, dass ich mit Wehmut an das Ende des Kurses denke. Ich, die jede einzelne Stunde, ja fast Minute zählte, um zu wissen, wann der Horror ein Ende hat. Wobei ich immer noch nicht behaupten kann, dass ich ein Meditationsjunkie geworden sei. Nach wie vor ist nahezu die Hälfte aller Meditationen mehr Graus als Vergnügen. Es ist wie beim Sport: Man quält sich ab, verflucht sich und seinen Scheiß-Ehrgeiz, und dennoch ist das Gefühl, wenn man es geschafft hat, »*seulement formidable*«, wie Emma es ausdrückt.

11.00 Uhr

Nobel silence ist vorbei! Meine Güte, was ist das für ein Gequatsche überall, wie auf einer Hühnerfarm. Hennen und Hähne sind zwar weiterhin in ihren getrennten Ställen – sie nennen das hier unschön »*male segregation*«, Geschlechtertrennung; wahrscheinlich wird befürchtet, die allgemeine Erleuchtungsatmosphäre könnte womöglich zu einer Spontanbegattung führen –, aber die allgemeine Kontaktsperre ist nun aufgehoben. Ich habe mir als Erstes meine Tasche mit meinen persönlichen Dingen geholt. Endlich wieder in mein Tagebuch schreiben! Und zwar in der Öffentlichkeit und nicht nur heimlich auf dem Klo ein paar kryptische Notizen. Die plötzlich zelebrierte Offenheit um mich herum überfordert mich ein wenig. Alle laufen mit strahlenden Gesichtern umher und fallen sich verzückt kreischend mit einem lauten »*How are you?!*« in die Arme. Alle, die in den letzten Tagen leidend und verbittert durch die Gegend krochen – plötzlich wirken sie zehn Jahre jünger. Ich schätze, fast jede von den Frauen hat ähnliche Zustände durchlaufen wie ich. Eine junge Nepalesin hüpft mir fast auf den Schoß: »Das war die beste Erfahrung meines Lebens«, sagt sie lachend. Stimmt.

Die Sonne strahlt vom blitzblauen Himmel, wir haben Weihnachten, 110 Stunden Meditation liegen hinter mir. Hey, ich habe tatsächlich einen Vipassana-Retreat gemacht – und überlebt! Stolz steigt in mir auf, und Dankbarkeit. Knapp fünf Wochen bin ich mittlerweile in Nepal, und mein Leben ist ein anderes. Steckte ich vor Kurzem tatsächlich tief in einer Krise, ohne jede Aussicht auf irgendeine Besserung? Wann war das? Einige Inkarnationen zuvor? Dabei hat sich faktisch nichts geändert – ich bin gewandert, habe geschwiegen, gesessen und mehr schlecht als recht meditiert. Und nun sitze ich hier und spüre eine zufriedene Euphorie, die sich nicht in Worte fassen lässt. ⸻

13.00 Uhr

Was haben die *dhamma workerinnen* für ein Festmahl aufgefahren! Ich kann mich kaum noch bewegen, so viel habe ich gegessen – herrlich. Bin nun selbst voller Inbrunst dem Gequatsche verfallen, völlig aufgedreht und beseelt. Gibt es denn Schöneres, als mich all meinen Leidensgenossinnen an den Hals zu werfen? Endlich einander in die Augen zu sehen, überhaupt menschlicher Kontakt! Als ich mich mit meinem satten Bauch neben Emma in der Sonne aale, gesellt sich der blonde Engel zu uns. Sie erzählt Emma, wie schrecklich sie ab dem siebten Tag gelitten hätte. Wohl wahr. Mir war aufgefallen, dass sie kurzzeitig ihr heiliges Grinsen verlor. Ehrlich gesagt, ich habe mich tierisch daran ergötzt. Auf einmal beugt sie sich zu mir: »Du hast das aber schon öfter gemacht, oder? Du hast immer so ruhig und regungslos auf deinem Kissen gesessen, als wärst du im Meditationssitz auf die Welt geworfen worden. Ich habe dich so beneidet!« Ich starre sie mit offenem Mund an. Emma fängt schallend an zu lachen. Sie weiß bis ins Detail, wie sehr ich den Engel wegen seiner stolz zur Schau gestellten Perfektion gehasst habe. Jetzt muss ich ebenfalls grinsen und umarme sie. »*How are you?*« Was für einen Mist man da projiziert ...

Auch die *dhamma workerinnen* sehen verändert aus. Strahlend. Warmherzig. Schön. Lachen sogar und machen Scherze. In den zehn Tagen haben auch sie uns nie richtig angesehen. Wenn sie mit uns sprachen – vornehmlich, um uns zu reglementieren –, geschah das stets mit bewegungsloser Miene. Ich hatte angenommen, das läge an ihrer Meditationsversessenheit und einer damit verbundenen Leblosigkeit. Inzwischen bin ich froh, dass sie uns auf diese Weise einen Raum für uns selbst ermöglicht haben. Meiner – in diesem Ausmaß gar nicht bewussten – Außenorientierung und meinem ständigen Sich-beweisen-Wollens wurden dadurch der Humus entzogen. Einfach deshalb, weil sich kein Schwein dafür interessierte, was ich mache. Hätte Goenka zum Beispiel nicht über ein Video, sondern leibhaftig zu uns gesprochen, hätte ich mich mit Sicherheit noch länger damit beschäftigt, ob ich wie eine »gute« Schülerin wirke, beim Meditieren heilig aussehe und all solche Dinge. Selbst der sturste Leistungstyp erkennt irgendwann die Absurdität seiner Selbstinszenierung vor einer Videoaufnahme ... So fühle ich mich wie aus einem sehr engen und erdrückenden Korsett befreit und fliege als Vögelchen durch diesen fast surreal warmen Weihnachtstag.

15.00 Uhr

Wir dürfen unseren Dank, unser *dhana*, nun gleichfalls monetär ausdrücken. Niemand muss etwas zahlen, alles basiert auf freiwilligen Zuwendungen, das steht extra auf den Umschlägen, in denen wir anonym einen Geldbetrag abgeben können – wenn wir wollen.

Wir hören dazu ein Interview mit Goenka. Als er sein erstes Zentrum auf dem Prinzip der ausschließlichen Spendenbasis in Indien eröffnete, wurde er für verrückt erklärt. »Wie soll das funktionieren? Die Menschen sind so arm, sie werden dir die Bude einrennen, wenn du ihnen Kost und Logis frei zur Verfügung stellst!« Er blieb gelassen: »Sie erhalten ja nichts, ohne etwas dafür zu tun, sondern müssen hart arbeiten, elf Stunden am Tag meditieren!« Das macht Sinn. Allein wegen des Essens würde garantiert niemand so eine Quälerei über sich ergehen lassen, selbst wenn er fast am Verhungern ist. Die Befürchtungen erfüllten sich auch nicht. Sämtliche Vipassana-Zentren tragen sich heute allein durch die Spenden der dankbaren Teilnehmer – und ich kann nur sagen, die sind *sehr* dankbar, dass dieser Leidensweg nun ein Ende hat – sowie die ehrenamtliche Mitarbeit der *old students*, also der Menschen, die einen Kurs besucht haben und danach als *dhamma worker* mithelfen. Um über das Dienen den Befreiungsakt vom Ego – der Essenz des *dhamma* darstellt – zu beschleunigen. Ich beschließe sofort, auch so einen *dhamma service* zu machen, weniger wegen der Befreiung, sondern vielmehr wegen der freudigen Vorstellung, die Kursteilnehmerinnen ernst und heilig in ihre Schranken verweisen und unbarmherzig aus den Betten reißen zu können, wenn sie es wagen, sich auch nur eine Minute zu verspäten. Und sollten sie gar die Frechheit besitzen, sich im Zimmer hinzulegen, anstatt zu sitzen, dann werden sie schon sehen, was sie an mir haben ...

17.00 Uhr

Es wurde ein Film über Vipassana in indischen Gefängnissen gezeigt. Kiran Bedi – großartige Frau! – hat zu Beginn ihrer Amtszeit als Generalinspektorin für Gefängnisse die Absurdität des herkömmlichen Strafsystems kritisiert: »Menschen, die schlimme Verbrechen begangen haben, werden weggesperrt. Irgendwann naht die Entlassung, und sie haben keinerlei Fähigkeiten zu Empathie und menschlichem Handeln entwickelt. Wie sollen sie denn zu mehr Einfühlsamkeit finden – indem wir sie wie Monster behandeln? Wir müssen das Gefängnis in einen Ashram verwandeln!« Und sie machte sich auf die Suche nach praktikablen Wegen, ihre Vision in die Tat umzusetzen. Dabei stieß sie auf Goenka. Die beiden brachten es tatsächlich fertig, in Neu-Delhi, im Tihar Central Jail, mit tausend Insassen das größte Gefängnis Indiens, einen zehntägigen Vipassana-Kurs durchzuführen – inklusive des gesamten Personals! Unfassbar. Die Bilder, wie die Gefangenen – darunter Schwerkriminelle, Mörder, Vergewaltiger, also alles harte Jungs – nach dem Retreat Goenka und der Gefängnisleitung um den Hals fielen und vor wirklich empfundener Trauer über die begangenen Verbrechen weinten, bescherten mir ebenfalls feuchte Augen. Goenka formulierte das gestern auch in seinem Vortrag: »Jeder Mensch, auch wenn er anderen großen Schaden zufügte, benötigt Unterstützung, um zur Empfindung zurückzufinden, die nichts mit Schuld und Bedauern zu tun hat.« Marshall Rosenberg machte das ebenfalls in seiner Arbeit mit Gefängnisinsassen deutlich. Schuld bedeutet: Ich bin ein schlechter Mensch und bereue. Ein Eingeständnis, das ausschließlich im Kopf stattfindet. Den Schmerz zuzulassen und dadurch auch Empathie zu empfinden – das ist mit dem Schuldprinzip nicht möglich. Dazu ist etwas ganz anderes nötig als das Wissen, was richtig und falsch ist: nämlich die Verbindung zu sich. Selbstliebe.

Wie gern würde ich gerade an einer institutionellen Schaltstelle sitzen und in der Nachfolge von Kiran Bedi rufen: »Wir brauchen Empathieschulen! Trainingseinrichtungen in Mitgefühl anstatt Gefängnisse!« Was wäre das für ein bahnbrechender Schritt. Über ein lautes Organ verfüge ich bereits, fehlt nur noch die Dinnerverabredung mit Roland Koch und Wolfgang Schäuble ...

21.00 Uhr

Die letzte Meditation ist vorbei. Wir tanzen und lachen und kreischen herum, das ist besser als jeder Ecstasytrip. Die Endorphine tanzen durch mich hindurch – der absolute Flow. Das kann man gar nicht beschreiben, das muss man selbst erleben! Für diesen Augenblick gehe ich jederzeit wieder gern durch die Hölle. Morgen sind aber als Erstes die Berge dran. Ich sehne mich nach einem Hostel mit *Tibetan fried bread* und *veggy omlette*. Und einer Sprite – woher auch plötzlich diese Leidenschaft kommt, gerade würde ich mein Leben für eine Sprite geben!

Jenny, eine junge Frau aus Kanada, eine der tapferen *old students*, erzählt, dass sie letztes Jahr schon einmal in diesem Zentrum war. Als sie in ihre Heimat zurückkehrte, schmiss sie nach einigen Monaten alles hin – ihr Studium, ihr gesamtes Leben – und zog nach Kathmandu. Jetzt studiere sie hier tibetischen Buddhismus. Ich starre sie mit großen Augen an – meine Güte, was werde ich wohl noch alles beschließen? Auf einen solch grundlegenden äußeren Wechsel habe ich aber, ehrlich gesagt, gar keine Lust. Im Inneren bin ich ja schon voll dabei. In mir ist alles auf den Kopf gestellt. Oder geradegerückt?

Hinauf in den Himmel –
Trek Nummer 2

25. Dezember 2007

Ich stehe vor dem Tor des Klosters, rechts von mir befindet sich der Eingang zum Nationalpark. Jetzt muss ich nur loslaufen, und ich bin wieder in den Bergen – allein auf Tour. Die Route, die ich mir ausgesucht habe, ist angeblich weitaus weniger belebt als die zum Annapurna Base Camp, insbesondere um diese Jahreszeit. Mein Trekkingführer kürt sie zu einer der schönsten Strecken im gesamten Himalaya mit keinen allzu schwierigen Steigungen. Auf diese Versprechungen gebe ich zwar nichts mehr, aber nachdem ich diesen zehntägigen Marathon überlebt habe, schaffe ich nun sowieso alles.

Der Morgen war noch recht witzig. Wie eh und je schlug der Gong um vier Uhr, obwohl keine Vipassana-Meditation mehr angesagt war. Stattdessen bekamen wir eine Einführung in eine neue Meditationsform, bei der es um selbstlose Liebe für alle Welt geht. Als Goenka uns per Tonband dazu verdonnerte, einige Minuten unser Mitgefühl über sämtliche Geschöpfe der Erde zu ergießen, stieg ich allerdings innerlich aus. An so einer Stelle ist meine persönliche Grenze erreicht. Und das hat nun wahrlich nichts damit zu tun, dass ich nicht für Empathie wäre. Aber wenn ich in einer Runde sitze, in der sich das Mitgefühl auf Befehl einstellen soll, wird bei mir das pure Gegenteil erzeugt. Urteilsfreie *equanimity* hin oder her, da finde ich dann alles um mich herum nur blöd und esoterisch und sehne mich nach einem Eremitendasein. So verweigerte ich auch heute Morgen meine Mithilfe am Frieden in der Welt, konnte mir jedoch zumindest ein derbes Lästern schenken. Es ist eben Geschmackssache, ob man auf diesem Weg in sein Herz findet oder nicht.

Im Anschluss an die Meditation wurden wir zu unserem Erstaunen noch in den Videoraum geführt. Um fünf Uhr morgens? Und vor allem: Es war Tag elf, der Kurs somit vorbei – was war hier los? Mir schwante Böses. Goenka erschien auf dem Bildschirm, im Schneidersitz, wie all die Tage zuvor, neben ihm seine schweigsame Frau. Auch das sattsam bekannt. Und tatsächlich begann er mit den Worten: »*Eleventh day of Vipassana.*« – »Wenn er jetzt ›*You have to work, patiently and persistently*‹ sagt, krieg ich 'nen Schreikrampf«, flüsterte ich Emma zu. Sie lachte. Die *dhamma workerin* auch. Das zumindest war beruhigend, wir durften also noch sprechen.

Das Rätsel wurde schnell gelüftet – heute ging es allein um unsere Zukunft als Vipassana-Schülerinnen. Goenka schärfte uns ein, jeden Morgen und Abend weiter das Sitzen und Beobachten zu praktizieren – »dreihundertfünfundsechzig Tage im Jahr, seid nicht einen Tag nachlässig!« – und mindestens alle zwölf Monate einen zehntägigen Kurs zu absolvieren. Ich entschied, mich zumindest in den kommenden zwei Wochen strikt an die erste Aufforderung zu halten, für mein Leben wollte ich mich noch nicht gleich verpflichten.

Dann ging alles sehr schnell. Ein letztes Mal den legendären Reisbrei, Packen, Zimmer ausräumen und große Verabschiedung vor dem Tor. Emma nahm mein restliches Gepäck mit und versprach, es in ihrem Hostel in

Kathmandu für mich zu hinterlegen. Der Abschied voneinander fiel uns sehr schwer, das gemeinsame Leiden hatte uns eng zusammengeschweißt. Emma wusste noch nicht genau, ob sie noch in Kathmandu sein würde, wenn ich aus den Bergen zurückkehrte. Dann startete der Bus, ich lief wild winkend hinterher – und stehe nun hier. Mit meinem geliebten Trekkingrucksack auf dem Rücken, den Wanderschuhen an den Füßen und meinen Trekkingstick in der Hand. Los geht's!

Außer mir ist weit und breit kein Mensch unterwegs. So habe ich den gesamten Weg für mich allein. Die ersten Schritte mache ich sehr langsam – was ist das für ein abgefahrener Traum? Wir haben Weihnachten, es ist frühlingshaft warm, und ich bin *on the road again*.

Ich biege um die nächste Kurve und blicke weit unter mir auf das im dichten Nebel liegende Kathmandu, die Sonnenstrahlen bahnen sich gerade ihren Weg durch die Dunstwolke. Ist das zu glauben? Ich befinde mich in Freiheit, mitten in der Natur, in den Bergen, im Himalaya! Andächtig pinkle ich am Wegesrand und kann nur fassungslos den Kopf schütteln. Wenn das alles ein Film wäre, den ich im Kino sehen würde, wäre jetzt der Moment, wo ich sagen würde: »Also, jetzt reicht's endgültig, das ist definitiv *zu* kitschig. Ich weiß auch nicht mehr wohin mit all den Emotionen in mir, und so lasse ich einfach alles durch mich hindurch. Dabei bin ich grandios gelassen. Gerade könnte alles Mögliche passieren – es wäre mir schlichtweg egal. Aber nicht zu verwechseln mit diesem trotzigen Ich-zieh-mir-die-Decke-über-den-Kopf-und-scheiß-auf-alles-Gefühl. Ganz und gar nicht. Ich kann mich nicht erinnern, dass ich vor dieser Reise je solch intensive Emotionen erlebt hätte, wie ich sie in den letzten Tagen andauernd spürte oder auch gerade in diesem Augenblick.

Noch nie habe ich beispielsweise so sehr einem *veggy omlette* entgegengefiebert wie heute, seit sechs Tagen träume ich davon. Aber ich bin mir sicher: Selbst wenn ich kein einziges Lokal finden würde, in dem *veggy omlettes* angeboten werden, wenn heute der Tag in Kathmandu, in ganz Nepal wäre, an dem es keine *veggy omlettes* gäbe, die gesamte Herstellung gar weltweit neuerdings verboten würde, es wäre nicht schlimm. Ein Zustand also ohne jedes *craving* oder *aversion*. Einfach Gleichmut. Nun weiß ich demzufolge endlich, warum ich zehn Tage meditiert habe – um diese Aussage treffen zu können: »Und wenn's heute kein *veggy omlette* gibt – ich werde nicht daran sterben!«

Den ersten Halt mache ich an einem buddhistischen Tempel in der Nähe einer kleinen Klosterschule. Das war ja klar! Als erhabene Altbuddhistin setze ich mich in der Gebetshalle auf ein Meditationskissen und sauge die Stille und Heiligkeit in mich auf. Nach kurzer Zeit stehe ich jedoch wieder auf – ich will weiter. Genug der Stille und Heiligkeit, heute ist mir mehr nach irdischem Dasein, nach Wildheit, Feiern, Exzess und Trubel – wir haben schließlich Weihnachten!

Beim Laufen denke ich ein weiteres Mal über die Grundpfeiler von Vipassana nach. Ich bin froh, dass ich es – bei aller Begeisterung – nicht als meine neue Religion oder auch nur als *das* Ding schlechthin ansehe. Mehr als Support, als eine brauchbare Technik, um meinen Weg zu gehen. Ähnlich wie mein Trekkingstick (dem ich am Anfang ähnlich ablehnend wie der Meditation gegenüberstand), der sehr unterstützend ist, um den Berg hochzusteigen, der aber allein – also ohne Berg – lediglich ein nettes Souvenir wäre. Mal abgesehen davon, dass ich mir sowieso meine ganz eigene Form vom Vipassana kreiert habe. Ich finde einige Ansätze sehr interessant, mit denen werde ich weiterarbeiten. Über etliche andere Vorschriften und Gebote habe ich mich hingegen frech hinweggesetzt. Besserwisserisch renitent oder weise selbstdenkend? Das ist die entscheidende Frage, die sich mir immer stellt, wenn sich alles in mir sträubt, mich den Aussagen von – erklärtermaßen – allwissenden Gurus hinzugeben.

Worauf meine deutlich spürbare innere Transformation genau zurückzuführen ist, kann ich also nach wie vor nicht sagen. Vielleicht war es die Stille, die Meditation, der Ortswechsel, der richtige Zeitpunkt oder lediglich die gemüsereiche Ernährung – was auch immer, eines weiß ich mit Bestimmtheit: Es ist nichts Mystisches und überaus Geheimnisvolles, was hier geschehen ist – kein Wunder also, aber wundervoll.

Fünf Stunden später, kurz vor dem Verlust der Goenka'schen *equanimity*

Na, da hatte ich ja eine große Klappe mit meiner stolz verkündeten Gelassenheit bezüglich meiner Lunchwünsche! Zwar insistiere ich nach wie vor nicht auf einem *veggy omlette*, aber doch vehement auf Nahrungsaufnahme im Allgemeinen. Seit fünf (!) Stunden laufe ich, und seitdem tauchte noch kein einziges Lokal auf. Das finde ich nicht fair. Verdammt, ich habe um sieben Uhr gefrühstückt, mein Körper ist getimt auf ein Mittagessen um elf, und außerdem ist heute Weihnachten! Ja, ich gebe es offen zu: Ich bin in einem verdammten *craving*! Soll ich deshalb etwa ein schlechtes Gewissen haben? Ich pfeife auf die Balance!

Stelle mir gerade vor, dass sämtliche Restaurantbesitzer in der Gegend mein Verlangen spüren und daraufhin sofort ihre Gaststätten schließen und im Boden versinken lassen – Folge der Vipassana-Logik. Daraufhin bekomme ich einen solchen Lachanfall, dass ich mir auch noch in die Hosen mache. Ich lache und lache, bis ich nicht mehr kann und mein Bauch schmerzt. Dann fange ich auf einmal an zu rennen, so schnell ich kann, und schreie dabei laut. Ich drehe durch – wie herrlich!

Nach einer Viertelstunde gelange ich, völlig außer Atem, zu einem hübschen Hostel. Ein junger Mann und eine Frau sitzen in der Sonne gemütlich auf einer Bank und grinsen erfreut bei meinem Anblick. Ich bin wohl der erste Gast des Tages. Rasch greife ich nach der Karte in ihrem kleinen Restaurant. Kein erneuter Balance-Test: Sie haben *veggy omlette* – großartig! Ich bestelle gleich zwei davon und dazu einen Pfannkuchen und Pommes und einen Kaffee und ein Bier – die völlige Maßlosigkeit als Kontrastprogramm zu den letzten Tagen.

Der Hostelbesitzer wünscht mir mit breitem Strahlen »*Merry Christmas*« und schaltet danach das Radio ein. Tatsächlich ertönt »Jingle Bells« aus dem Lautsprecher. Mensch, ich muss meine Eltern anrufen! Ich frage nach einem Telefon und habe kurz darauf meinen Vater an der Strippe. Er ist gerade aufgestanden und erleichtert, mich wohlauf zu wissen.

Obwohl es noch sehr früh ist, beschließe ich, den Rest des Tages und die kommende Nacht hier in Borlang Bhanjyang zu verbringen. Mir ist danach, ausgiebig zu faulenzen. Der Hostelbesitzer zeigt mir voller Stolz mein Zimmer. Ich schreie leise auf vor Begeisterung. An der Fensterfront steht ein sonnenüberflutetes Riesenbett – der gesamte Raum eine wahre Königssuite im Vergleich zu der dunklen Kaschemme, die ich mir mit Emma geteilt hatte. Als ich ihn nach einer Dusche frage, schüttelt er bedauernd den Kopf, bietet mir aber stattdessen einen Eimer mit heißem Wasser an. Auch gut, Hauptsache keine

Wiederholung des letzten Frostvergnügens. Ich lege mich genüsslich mit einem Snickers in die Sonne (die Gier nimmt kein Ende) und schreibe die Erlebnisse der letzten zehn Tage auf – habe viel nachzuarbeiten.

Der Eimer mit Wasser war mein Weihnachtsgeschenk! In wahrer Andacht begieße ich mich mit einem kleinen Kännchen langsam von oben bis unten. Es ist tatsächlich *heiß*! Stelle dabei erneut fest, was für ein Fan der Askese – auf Zeit – ich bin, werden doch dadurch viele Dinge, die ansonsten so selbstverständlich sind, zum Anlass wahren Hochgenusses.

Generell ist heute ein Feiertag – auch jenseits von Weihnachten. Ich finde mich rundum toll. Das erinnert mich an meinen Exfreund. Der hat sich oft darüber »gewundert« – so hat er sich ausgedrückt, im Grunde war er wohl ziemlich genervt davon –, dass ich mich so häufig selbst lobe. Und in der Tat: Es gibt etliche Situationen, da finde ich mich schlicht und ergreifend super. Aber wenn ich dieses Phänomen lediglich mal beobachte – ganz im Vipassana-Style – und versuche, es nicht zu beurteilen: Was ist daran so schlimm? Warum ist es legitim, sich selbst runterzumachen, wann immer auch nur eine Kleinigkeit misslingt, hingegen allgemein verpönt, sich daran zu erfreuen, wenn auch mal etwas gelingt?

Ich würde beide Herangehensweisen in Frage stellen, wenn die Messlatte dabei eine äußerliche Richterskala ist. Also wenn du dich lobst, weil du eine bestimmte Hürde geschafft, oder dich bestrafst und verurteilst, wenn du es nicht auf die Reihe bekommen hast.

»Ach, schau an, mein kleiner Freund! Da bin ich aber sehr froh, dass du dich entschieden hast, noch weiter mit mir zu reisen. Aber hey: Nach all den Monaten, in denen ich mich am liebsten gegen eine andere eingetauscht hätte, ist es doch erlaubt zu sagen: ›Ich bin zufrieden, die zu sein, die ich bin!‹

Durchaus. Aber wenn dir der Angstschweiß noch auf der Stirn klebt und du ständig beweisen möchtest, dass du nun doch den Absprung aus der Misere geschafft hast, ist das meiner Meinung kein angenehmes Lebensgefühl.

Verflucht und zugenäht. Muss zugeben, da ist mal wieder was dran. In der Tat gibt es in mir eine Art ständig mitlaufenden Kommentator, der beurteilt, ob ich etwas gut oder richtig mache, lobt oder schimpft. Wie stopfe ich ihm bloß den Mund?

Früher Abend

Verspüre ein wenig Melancholie, wenn ich an die letzten Tage denke. Vermisse glatt diesen strengen Rahmen, der mich zwar extrem eingeschränkt und begrenzt, mir aber genau dadurch auch eine extreme Freiheit ermöglicht hat. Ich musste nicht darüber entscheiden, was zu tun ist, nicht ständig Sinn produzieren, konnte lediglich sein. Bin richtiggehend erleichtert, dieses innere Gelübde bezüglich meiner täglichen Meditationen abgelegt zu haben. Denn ganz ehrlich: Mich dürstet schon nach meiner abendlichen Sitzung.

Seltsam scheint mir das alles schon, fast so, als wäre ich in einer Sekte gelandet, die mich einer Gehirnwäsche unterzog. Dabei ging es nicht mehr und nicht weniger als um ein simples Sitzen – zehn Tage, elf Stunden am Tag. Schade, dass Vipassana eine absolute Nonprofit-Angelegenheit ist, mit mir als Frontfrau könnte man daraus einen echten Verkaufsschlager machen.

Mein Weihnachtsdinner war leider ein völliger Griff ins Klo; ich hätte wissen müssen, dass ich in Nepal kein Fleisch essen kann. Mit dem ersten Bissen hatte ich all die fliegenumschwärmten toten Hühner vor Augen, die an den dreckigen Verkaufsständen in Kathmandus staubigen Straßen angeboten werden. Danach erschien mir mein Curryhühnchen nicht mehr als wahrhaft delikate Angelegenheit.

Zuerst wollte ich es einfach zurückgeben und mir das übliche Dhal Bhat bestellen. Aber als der Wirt auf die Terrasse kam, bestürzt auf meinen fast vollen Teller blickte und erschrocken fragte: »*Not good?*«, konnte ich nicht anders, als ihn mit aller mir möglichen Begeisterung anzulügen: »Doch, es ist wunderbar, es fehlt lediglich Salz.« Erleichtert wandte er sich einem Fenster zu, das wohl zur Küche gehörte, und rief etwas. Ein paar Sekunden später wurde von seiner Frau ein Topf herausgereicht, den er in Empfang nahm und strahlend an mich weitergab. Ich bedankte mich brav und bedeckte unter seiner Beobachtung mein Huhn dick mit Salz. Nun kam er wohl auf die Idee, ich könnte mich am Weihnachtsabend einsam fühlen – oder aber er war lediglich gesellig. Jedenfalls setzte er sich – erneut strahlend – mir gegenüber, um mir beim Essen Gesellschaft zu leisten. Wie nett! Ich kaute also tapfer auf meinem köstlichen und nun auch noch völlig versalzten Huhn herum, das in meinem Mund immer mehr aufquoll. Nach einer Weile hatte ich den Eindruck, ich würde ein riesiges Stück Schaumstoff zwischen den Zähnen zermalmen, während der gute Mann in seinem besten Englisch ein wenig Konversation zu betreiben versuchte. »*Alone?*« Ich nickte und überlegte krampfhaft, wie ich den Gammelbrocken möglichst unauffällig aus meinem Mund entfernen konnte. »*Trekking?*« Nochmals nickte ich, wobei mir allmählich auch meine göttliche *equanimity* zu entgleiten drohte. Herrje, ja! Was soll man denn sonst in den Bergen machen, nach Fischen tauchen? Heute Mittag, als ich mit Wonne die gesamte Menükarte rauf und runter gegessen habe, scherte er sich doch auch einen Dreck um mich. Warum nun dieses plötzliche Interesse? Am liebsten würde ich ihm sein Ekelhühnchen vor die Füße kotzen! »Kann ich eine Cola haben?«, brachte ich jedoch stattdessen nur mühsam hervor und betete inständig, der Typ würde die Bestellung nicht lediglich seiner Frau zurufen, sondern seinen verdammten Hintern augenblicklich von diesem seinem Stuhl entfernen. Glücklicherweise gab es anscheinend jemanden, der Erbarmen mit mir hatte. Der Wirt stand jedenfalls auf. Und während er ins Haus trottete, konnte ich blitzschnell den mittlerweile bis zur Unkenntlichkeit durchgekauten Fleischbrocken in meinen Rucksack fallen lassen und mich erleichtert zurücklehnen.

Als er mit der Cola in der Hand zurückkam, lächelte ich ihn dankend an, hüstelte ein wenig und strich mir wild reibend über meine Unterarme. »Entschuldigung, ich friere, kann ich auf meinem Zimmer essen?«, fragte ich und deutete in die entsprechende Richtung. Er nickte mit fürsorglicher Miene, und ich entfernte mich mit meinem Huhn und der Cola. Zurück in meiner Königinsuite, schüttete ich das Dinner ins Klo, legte mich ins Bett und versank erneut in wehmütiger Erinnerung, dieses Mal an das herrliche Stück Apfel und die Tasse Milchtee, die es heute Abend im Kloster gegeben hätte.

26. Dezember 2007
Borlang Bhanjyang

Es ist immer noch (wie) Weihnachten! Ich habe in der Tat schon meditiert und liege nun mit einem Kaffee in diesem Riesenbett und blicke aus dem Fenster in die aufgehende Sonne. Werde mir noch einen faulen Vormittag gönnen mit Schreiben, Lesen, Yoga und einem ausgiebigen Frühstück. Wie herrlich, so viel Zeit zu haben, über die ich selbst bestimmen darf und in der ich meinen eigenen Sinn produzieren kann – *just great!*

Gerade könnte ich ein Halleluja auf meine Meditationen singen. Sie bieten mir eine Art heiligen Raum, der nur mir allein gehört und zu dem kein anderer Zutritt hat. Ganz gleich, ob ich bei meinem Atem, den Körperempfindungen oder im Dialog mit meiner inneren Instanz bin, sie helfen mir, weiter in dieser Zentrierung zu bleiben, die ich durch die letzten Wochen gewonnen habe.

Ich bin fasziniert von diesem sensationellen Freiheitsempfinden in mir. Das ist wohl auch der tiefere Grund meiner veränderten Selbstwahrnehmung. Oder sollte ich besser sagen, dafür, dass ich mich überhaupt als *Ich* erkennen kann? Meint: als eigenständige Person, ohne den unablässigen Außenblick auf mich, mit dem ich üblicherweise bewerte, ob ich bestimmten aufgepfropften Erwartungen entsprechend handele. Ich erinnere mich an eine Sitzung bei meiner Therapeutin, in der sie mich fragte, welche Rolle denn eigentlich *ich selbst* in meinem Leben spielen würde. Zuerst hatte ich damit nichts anfangen können. Na, das war doch eigentlich klar! Nach längerem Nachdenken und betroffenem Schweigen musste ich jedoch gestehen: »Ich weiß es nicht.« Diese Antwort erschreckte mich selbst. Weil ich erkannte, dass ich nicht diejenige war, die die Regeln festlegte, nach denen ich meine Existenz ausrichtete. Gleichzeitig sah ich mich aber nicht in der Lage, aus diesem Dienerdasein auszusteigen. Dabei hatte ich mich doch so unglaublich frei und selbstbestimmt wahrgenommen. *Ganz* anders als all die jämmerlichen Figuren um mich herum, die einen konventionellen Weg eingeschlagen hatten: Karriere machen, eine Partnerschaft eingehen, vielleicht ein oder zwei Kinder, und mit vierzig eine schöne Depression vor lauter Langeweile. Ich hingegen hatte mich schon lange von diesen gesellschaftlichen Normen gelöst. Dabei entging mir jedoch, dass für mich zwar andere, aber dafür ebenso strikte Diktate zählten: etwa einen politischen Beitrag zur Veränderung der Welt zu leisten! Scharfsinnige und intellektuelle Auseinandersetzung! Unkonventionalität! Kreativität! Offenheit! Selbstreflexion! Tiefsinnigkeit! Bewusstheit!

Ich war umgeben von Ausrufezeichen, die ich zu erfüllen hatte. Deshalb fühlte sich meine Krise auch so verdammt existenziell an, sie *war* existenziell! Weil ich plötzlich sah, dass ich diesem Anspruch, den ich an mich stellte, nicht gerecht wurde. Durch mein Scheitern war mir sozusagen die Daseinsberechtigung entzogen worden. Doch wer hatte diese Ausrufezeichen gesetzt? Was brauchte *ich*, um glücklich zu sein? Diese Frage stellte ich mir so gar nicht, weil dieser Zustand gleichgesetzt war mit der Einhaltung dieser Gesetze.

Wodurch und wie auch immer: Ich habe diese Gefängnismauern verlassen, mich getrennt von meinen So-muss-ich-sein-Vorstellungen und -Erwartungen. Zumindest beherrschen sie mich nicht mehr unbewusst, ohne dass ich eine Chance hätte, mich für oder gegen sie zu entscheiden.

Das erleichtert mich. Gleichzeitig ist auch dezente Panik im Anmarsch. Bin ich dabei, mich auf eine spirituelle

Insel zurückzuziehen und nur noch der persönlichen Selbsterfahrung zu widmen? Das kann es ja schließlich auch nicht sein. Nur weil ich mich nicht mehr von meinen Werten versklaven lassen will, möchte ich sie nicht geschlossen über Bord werfen. Nach wie vor denke ich, dass das Leben nicht allein aus einer persönlichen Bauchschnabelschau bestehen sollte.

Es geht aber auch nicht darum, ein Wettrennen zu gewinnen.

Ja, klar, mein schlauer Amigo muss mich korrigieren. Und wie so oft hat er/sie/es recht. Genau das ist es. Normalerweise würde ich nun durchstarten wollen: Blitzheilung in drei Wochen und mit voller Kraft aufs nächste Projekt gestürzt. Das wäre Teresa, wie man sie kennt, ein echter Feger. Um schnellstmöglich meine Urkunde ausgehändigt zu bekommen. Gratulation! Krise erfolgreich überstanden! Sie dürfen durchstarten, das nächste Tiefenlevel wurde erreicht. Und ich könnte meinen Fans stolz – und mit der gehörigen Portion Selbstironie! – erzählen, wie ich das so rasant geschafft habe. Und ehrlich: Selbst wenn ich weiß, dass es darum gerade nicht geht, gibt es in mir nach wie vor die Hoffnung auf Spontanerleuchtung.

Aber die ist bislang noch nicht eingetreten, und so bleibt mir nach einem ausgiebigen Frühstück in der Sonne nichts weiter, als gegen Mittag wie eine normalsterbliche Trekkerin aufzubrechen. Der Weg führt durch die Dörfer, das heißt, ich gehe direkt an den Wohnräumen der Einwohner vorbei. Es sind kuriose Bilder: die offenen Hütten, davor Frauen und Männer, und in all dem Gewusel laufen in den »Wohnzimmern« munter Hühner, Ziegen oder Kühe zwischen krabbelnden Babys und spielenden Kindern umher. Im Hintergrund dudelt vielfach eine tibetische Leiermusik. Das alles ist Lichtjahre von Deutschland, von unserer hochtechnisierten und sterilen Lebenswirklichkeit entfernt. Zunehmend bin ich begeistert von der herzlichen Wärme, die in jeder verdreckten Ecke dieses Landes zu spüren ist.

Kurze Zeit später erreiche ich einsamere Gefilde. Die Wege werden steiler und enger, und an den Seiten türmen sich meterhohe Steinbrocken. Endlich wieder Hochgebirge! Ich bin so unglaublich guter Laune, dass ich lauthals vor mich hinsinge. Erst nach einigen Minuten fröhlichen Geträllers in einer leicht schiefen Tonlage realisiere ich, dass es sich dabei um eine Melodie des Vogelfängers Papageno aus Mozarts *Zauberflöte* handelt. Augenblicklich taucht meine Mutter vor mir auf. In einem paillettengeschmückten schwarzen Abendkleid und mit silberner Langhaarperücke steht sie auf dem Balkon unseres Hauses und schmettert als Königin der Nacht ihre Arien in den mit Scheinwerfern angestrahlten Garten. Meine Eltern hatten, gemeinsam mit meiner sechs Jahre älteren Schwester und einigen Freunden, diese Oper vor mehr als fünfundzwanzig Jahren in unserem Garten einem hellauf begeistertem Publikum offeriert. Meine Schwester war damals vierzehn und in ihrem türkisfarben schillernden Samtkleid allerliebst anzusehen. In der Rolle der Pamina sang sie in den Armen meines Vaters, der sie als Fürst Sarastro gefangen genommen hatte, anrührend und tränentreibend um ihr Leben. Mir kam – achtjährig – bei dem Spektakel selbstredend auch ein Einsatz zuteil: In Kniebundhosen und weißer Rüschenbluse sollte ich einen der Knaben im Sängerchor darstellen. Vor lauter Begeisterung über das kalte Büfett verpasste ich allerdings um Haaresbreite meinen großen Auftritt und fiel mit hochrotem Kopf und vollem Mund bei dem hochkulturellen Ereignis mal wieder aus dem Rahmen dieser zweiten Mozart-Familie in spe. Wie so oft.

Während meine Schwester bei kleinen Klavierkonzerten, Theateraufführungen oder Lesungen stets ihre Virtuosität bewies, war mein Klavierspiel ausschließlich für Gehörlose zu ertragen – von meiner Leier auf der Blockflöte ganz zu schweigen. Doch zumindest erkannte ich bald die Grenzen meiner musischen Begabung und erklärte meinen entsetzten Eltern im Alter von zwölf Jahren, ich würde fortan sowohl den Cello- wie auch den Klavier-, Flöten- und Orgelunterricht an den Nagel hängen. Und hätte ferner prinzipiell kein Interesse an irgendeiner Form von Hochkultur. Meine Ausdrucksweise war hierbei wohl nicht ganz so elegant wie jetzt, sondern gespickt mit etlichen unflätigen Begriffen, gepaart mit einer schrillen Tonlage und extremer Ausdruckskraft. Tja, das sind sie, die Kindheitstraumata der bürgerlichen Gesellschaft, mit denen später Therapeuten ein kleines Vermögen verdienen ...

Die Freude an der Papageno-Melodie ist mir bei diesen Erinnerungen jedoch gründlich vergangen. Ich wechsele zu einem trotzigen »Let it be« der Beatles, dabei einen Satz meiner bekümmerten Mutter im Ohr, als sie meinem Vater mit einer von entsetztem Unglauben gefärbten Stimme zuflüsterte: »Stell dir vor, nun hört Teresa auch noch *Pop*musik!« So habe ich die Schuld meiner gesamten Misere dort platziert, wo ein jeder sie am leidenschaftlichsten ortet: bei den Eltern. Das tut gut ...

Pass auf, dass du dich nicht über Dinge lustig machst, die dich geschmerzt haben.

Ach herrje, mein wachsamer Aufpasser! »Was meinst du denn damit schon wieder?«

Es wirkt, als wärst du der Ansicht, du hättest als Kind nicht die Anerkennung bekommen, die du dir gewünscht hast.

»Na ja ...«

Nichts »na ja«. Anstatt deine Traurigkeit zuzulassen, be-

schwerst du dich. Du gibst es nur nicht zu. Dadurch wirst du zynisch oder verfällst in Selbstmitleid.

Ich antworte nicht und gebe mein Bestes, mich nicht für all meine blinden Flecken zu schämen. Leicht trotzig reibe ich mir die feuchten Augen und wandere still weiter.

Nach einem fünfstündigen lockeren Walk erreiche ich Chisapani, mein Ziel für heute. Fast bedauere ich das, denn ich bin noch keineswegs ausgelastet. Unabhängig davon werde ich hier übernachten, bis zum nächsten Dorf sind es weitere vier Stunden – das wäre dann doch zu weit.

Nach kurzer Suche finde ich ein kleines Hostel. Jetzt sitze ich auf der dazugehörigen Terrasse und beobachte zwei Männer. In sorgfältiger Kleinarbeit streichen sie den Putz zwischen den Fliesen auf dem Flachdach mit einem langen Brett glatt. Von rechts nähern sich zwei Frauen in langen, bunten Röcken. Auf ihren Köpfen balancieren sie riesige Korbschalen, in denen sich Stroh befindet. Unterhalb der Terrasse liegt eine ältere Dame auf einer kleinen Wiese und schläft, während vor ihr ein Kind auf der Erde sitzt und vergnügt mit den Ziegen spielt, die in der Nähe grasen. Das sieht derart gemütlich aus, dass ich fast Sehnsucht verspüre, ebenfalls ein so ursprüngliches Leben zu führen. Ich glaube, wenn ich noch ein paar Monate länger hier bleiben würde, könnte ich nicht mehr in mein deutsches Dasein zurück. Allein die Vorstellung an einen Staubsauger fällt beim Anblick der Reisigbündel schwer, mit denen eine Frau mir gegenüber ihre Hütte ausfegt. Wie würde es ihr ergehen, wenn sie plötzlich in meiner Wohnung in Berlin-Kreuzberg leben müsste? Ich kann es mir nicht einmal ausmalen. Das entzieht sich jedwedem Vergleichs.

In diesem Augenblick naht der Wirt, ein sehr herzlicher, dicker und gelassen wirkender Mann, um mir mein Zimmer zu zeigen: ein winziger Raum mit Wänden aus dünnem Reispapier und einer schmalen Pritsche. Der gewohnte Bergkaschemmen-Style – ich bin somit zufrieden.

Als ich auf die Dachterrasse trete und den Himalaya vor mir sehe, ist mir, als würde ich nach Hause zurückkehren. In den nächsten Tagen wird diese Gebirgskette Stück für Stück näher rücken. Es ist aufregend, wieder in den Bergen zu sein. Nur die Temperatur hat definitiv einen großen Sprung nach unten gemacht! Als ich mir fröstelnd den Reißverschluss meines Anoraks hochziehe, erklärt mir der Wirt, dass der Ort für seinen eiskalten Gebirgsfluss am Ortsausgang bekannt sei. Er schlägt mir augenzwinkernd vor, dort ein Bad zu nehmen, was ich dankend ablehne. Stattdessen bestelle ich heißes Ingwerwasser und begebe mich in mein Reispapier-Kämmerchen.

```
Kurze Zeit später,
eingehüllt in meinem Schlafsack
```

Liege auf meiner Pritsche und sinniere über mein Leben. Weniger über weitere Seelenschmerzen aus der Kindheit als vielmehr über meine Zukunft. Wie sich die wohl in den nächsten Jahren gestalten wird? Dabei fällt mir ein Intermezzo vom ersten Trek ein, bei dem mich meine Stimme nach meinem beruflichen Träumen fragte und ich antwortete: »Schreiben. Eigentlich möchte ich am liebsten schreiben.« Was, wenn ich es tatsächlich ernsthaft in Erwägung ziehen würde, ein Buch über diese Reise zu schreiben? Beginnend mit meiner Psychomisere? Ich schließe die Augen und horche einige Minuten in mich hinein. Das wäre traumhaft.

Wäre?

»Hör zu, jetzt sag ich dir was ...«, ich mache eine feierliche Pause, »ja, ich werde dieses Buch schreiben, nenne es meinetwegen *Spirituell-humorvolle Innenweltbeobachtungen im Himalaya* oder so ähnlich, und sobald ich es fertig habe, schicke ich es an einen großen Verlag – am besten den, in dem Hape Kerkeling seine Santiago-Wallfahrt publiziert hat. Die werden mich nehmen, einfach so, und schon läuft das Schiff vom Hafen!« Erwartungsvoll schaue ich in die Luft. Keine Reaktion. »Und, was sagst du dazu?« Erneut keine Antwort. Na gut, dann eben nicht, denke ich. Nach einigen Minuten der Stille spüre ich jedoch, wie etwas durch mich hindurchlächelt ...

Kurze Zeit später springe ich gut gelaunt die Treppen zur *dining hall* hinunter und treffe dort auf eine Holländerin. Wir kommen ins Gespräch. Ich berichte von meinem sagenhaften Vipassana-Retreat, und meine Begeisterung ist offenbar zu spüren. Mein Gegenüber zeigt sich beeindruckt, und ich bin mal wieder relativ stolz. Trotzdem gehe ich früh schlafen, mir ist nicht nach weiterer Gesellschaft. Schon so eine kurze Unterhaltung strengt mich an – ich bin Reden einfach nicht mehr gewohnt.

Es ist unangenehm kalt. Ich hoffe, dies liegt einzig an der geografischen Lage des Ortes und nicht an der Jahreszeit. Eine Steigerung des Kälteerlebnisses, wie ich es auf dem Trek zum Annapurna erlebt habe, würde ich nicht aushalten. Ich befinde mich momentan erst auf zweitausend Metern – der höchste Punkt meiner bislang festgelegten Tour liegt auf 4600 Metern; in jedem Fall ein Härtetest.

27. Dezember 2007
Chisapani

Bin schon seit vier Uhr wach – meine innere Zeit tickt offenbar noch im Vipassana-Rhythmus. Doch was soll's. Ich genieße es, im Bett zu liegen und zu wissen, ich muss nicht gleich aufstehen, um zwei Stunden zu meditieren. Ich kann faul sein und meine Gedanken schweifen lassen. Der nette Wirt hat mich gestern noch mit zwei dicken Daunendecken versorgt, sodass es herrlich warm um mich herum ist.

Die Vipassana-Haltung zieht mich, je mehr ich mich damit beschäftige, vollkommen in Bann. Wie eine Ethnologin spaziere ich, anstatt in fremden Kulturen, eben in der eigenen Innenwelt herum und betrachte alles, was mir da an Emotionen und Gedanken begegnet, mit staunendem Interesse. So, als sähe ich die Phänomene zum ersten Mal. »Künstliche Dummheit« nennt man diese Attitüde in der Soziologie. Bei der persönlichen Innenweltschau ist eine solche Haltung allerdings verdammt schwer. Denn auch wenn man locker sagt: »Ich beobachte einfach nur die Realität, die in mir *ist*, es geht mir nicht darum, wie ich sie gern *hätte*« – in der Praxis gleicht dieses Vorgehen einer Mount-Everest-Besteigung. Und zwar ohne Sauerstoffmaske! Eine ehrliche Bestandsaufnahme ist doch kaum durchführbar. Weil ich dafür sämtliche Überlegungen, wie ich sein *sollte*, zum Schweigen bringen muss. Also ständig mit der Diskrepanz zwischen dem, wie ich mich gern *hätte*, und dem, wie ich *bin*, konfrontiert werde. Hier reicht mir das, was ich dazu bislang von Goenka gehört habe, nicht aus. Gleichmütig bleiben und kommentarlos beobachten – schön und gut. Aber wie komme ich dahin in meinem stinknormalen Alltag, in dem ich so oft mit Situationen konfrontiert werde, die unweigerlich Ärger, Wut, Verzweiflung oder Trauer auslösen? Was mache ich, wenn ich es trotz aller guten Vorsätze nicht schaffe, gleichmütig zu bleiben? Sitze ich dann mit verkniffenem Gesicht da und versuche einzig, meinen Ärger herunterzuschlucken? Oder ende ich womöglich als scheinheilig freundlich lächelnde Prophetin, die ihre »bösen« Emotionen in den Keller gesperrt hat? Meiner Ansicht nach braucht es erst einmal ein *Verständnis* für mein Handeln, sonst kann ich es doch gar nicht annehmen.

Mir fällt gerade eine Vipassana-Meditation ein, während der ich auf einen wahren Vulkan in mir stieß. Auslöser dieser Eruption war der Gedanke an meinen Exfreund. Und das, obwohl wir unsere Beziehung schon vor einem knappen Jahr beendet hatten und ich doch längst wusste, was da schiefgelaufen war – im Kopf zumindest. Aber plötzlich war eben die Wut da. Anstatt mich jedoch zum Gleichmut zu zwingen oder dieses Gefühl »wegzuargumentieren« – mit Erklärungen darüber, warum mein Exfreund aus welchem Grund so und nicht anders gehandelt hatte –, habe ich meinem Ärger lediglich zugehört. Was sagt er denn? »So ein Arschloch, der hat sich doch nie voll auf die Beziehung eingelassen. Der war gar nicht fähig, sich mit seinen Emotionen auseinanderzusetzen.« Etliches kam hoch, was dieser Mann alles falsch gemacht hatte. Direkt gefolgt von dem, was ich mir selbst vorwarf. In dieses muntere Selbstzerfleischen schaltete sich meine innere Stimme ein, indem sie einfühlsam zuhörte. Simples Vorgehen, phänomenales Ergebnis. Ich kam von meinem Zorn, der sich im Kopf abspielte, ins Herz, und konnte mich dem zuwenden, was da in mir beachtet werden wollte. Nichts Spektakuläres, sondern recht einfache Dinge, nach denen sich wohl jeder sehnt und die ich mir aber so wenig eingestehen mag. Sie beißen sich zu sehr mit meinem Image – da ist es wieder – von starker Unabhängigkeit: Verständnis, Intimität, Liebe, Zuwendung, Verständigung. Sich eiskalt verachtend zu gebärden schmerzt weniger, als so etwas zu spüren – vor allem ist es weniger heroisch ...

Ich glaube, Erleuchtung hat viel mit dieser Art von Selbstannahme zu tun: Keine Angst vor Gefühlen zu haben, die manchmal in einem vorhanden sind. Sie auch nicht abzuwehren oder schnellstens verändern zu wollen, sondern lediglich wahrzunehmen. In diesem Sinn ist Erleuchtung also »ganz einfach« der Zustand absoluter Angstfreiheit – und damit der von viel zitierter grenzenloser Liebe. *That's it!*

Ein Morgen wie aus der Rama-Werbung – frisch und klar. Habe auf der Dachterrasse unter der aufgehenden Sonne meditiert und anschließend Yoga gemacht. Nun genieße ich mit einer dampfenden Tasse Milchkaffee die Stille. In weiter Ferne ist das Annapurna Base Camp zu sehen. Vor gut zwei Wochen war ich dort – und was ist seither alles geschehen?! Denke mittlerweile, dass man sich durchaus an dieses Land gewöhnen kann. Gerade habe ich keinerlei Verlangen, jemals nach Deutschland zurückzukehren.

Ich möchte diesen Augenblick in mir abspeichern, in jede Zelle meines Körpers. Kann man von zu viel Endorphin verrückt werden? Könnte ich nur dichten, ich würde ein Epos schreiben auf diesen Morgen hier in Chisapani, zu Füßen des Himalaya. Woahhhhh! Ich schreie laut und mache wieder einmal einen Handstand.

Wenig später kommt Nebel auf und verwandelt den strahlend hellen Morgen in ein geheimnisvoll-mystisches Nebelloch. Heute also kein relaxter Vormittag auf der Terrasse, sondern ein relativ früher Aufbruch.

Noch verzaubert von den eben erlebten Morgenstunden, wandere ich vergnügt durch die Gegend. Dieser Weg verdient endlich mal die Bezeichnung »genussvoll«: leichtes Auf und Ab, keine wirklichen Steigungen. Der Nebel hat sich schnell wieder gelichtet, und mir ist somit ein herrlicher Blick mit perfektem Bergpanorama vergönnt.

Ich bade in meinen Erkenntnissen über das Leben. Vor meinem inneren Auge sehe ich mich als weiblicher Jesus vor anbetenden Menschenmassen über meinen Erleuchtungsprozess und meine Entwicklung zur puren und unendlichen Liebe hin referieren – natürlich gespickt mit Zitaten aus meinem innerhalb weniger Tage zum weltweiten Bestseller avancierten Buch.

Da meldet sich mein weiser Freund zu Wort: *Nun mache aber nicht den Fehler, von dir gern favorisiert, eine Abkürzung zu nehmen. Denn dann läufst du um den Berg herum und nicht hinauf. Und wunderst dich später, dass dir die Landschaft so bekannt vorkommt.*

»Bitte?« Ich stelle mich zunächst dumm, lenke dann jedoch kurz darauf mit einem kleinen Lachen ein: »Du denkst wohl, ich würde mich schon am Ziel sehen. (Erneut lache ich sanft.) Aber das ist nur Spaß – man darf doch auch mal träumen. Ich weiß, dass noch ein Haufen Arbeit vor mir liegt!«

Den Eindruck habe ich aber nicht. Ich fürchte vielmehr, du bildest dir allen Ernstes ein, kurz vor der Erleuchtung zu stehen. Und das nimmst du als Anlass, deiner Bequemlichkeit einen Freischein zu erteilen.

Meine Mundwinkel fallen schlagartig herunter. Ich hasse diese Stimme allmählich – und schweige erst mal stur. »Was verlangst du denn noch von mir?«, frage ich schließlich genervt. »Ich meditiere jeden Tag – morgens und abends!« Die gönnt einem aber auch kein Fitzelchen Träumerei, diese verfluchte Stimme!

Du läufst hier durch die Gegend und verbringst 99 Prozent deiner Zeit mit Zukunftsphantasien. Wo ist deine Präsenz, deine Verankerung im Hier und Jetzt? Du bist erneut in einen Wettlauf eingestiegen und versuchst eiligst ans Ziel zu gelangen, anstatt eine spirituelle Grundweisheit zu verstehen: Der Weg ist das Ziel.

Meine gute Laune ist hin. So eine Unverschämtheit! Das muss ich mir nicht gefallen lassen! Im Grunde habe ich mit diesem ganzen spirituellen Mist nichts am Hut! Lasst mich doch endlich in Ruhe mit eurer Präsenz. Ich will einfach nur denken. Wozu hat man denn einen Geist?!

Damit man ihn gezielt einsetzt.

Es ist zum Aus-der-Haut-Fahren. Voller Wut werfe ich meinen Trekkingstick ins Gras und brülle laut. »Verdammt!« Und das Schlimmste: Es stimmt auch noch! Ich bin dabei, mein Leben so rasant wie möglich unter Dach und Fach zu bringen, und laufe zehn Meter vor mir selbst her. So rasch erfolgt also der berühmte Fall. Goenkas verdammtes Konzept vom permanenten *changing* in allen Ehren, aber in diesem Tempo? Solch ein poetisches Finalbild hatte ich bereits für mein Buch entworfen: am Gipfel des Berges stehend und in weiter, weiter Ferne mein Boot entdeckend, aus dem ich im vergangenen März durch das vernichtende Urteil des Herrn Ostermeier in die See gestürzt war.

Und stattdessen? Das Boot treibt keine zwei Meter von mir entfernt vor sich hin, und mit dem Aufstieg habe ich noch nicht einmal begonnen. Ich bin so meilenweit von der Erleuchtung entfernt wie ein bayrischer Pilger von Santiago de Compostela. Leichter Schock. Aber auch dieser miese Zustand wird sich wieder ändern. *Changing* eben. *Changing!* Augenblicklich! Sofort! Bitte!!!

Nichts tut sich. Mir bleibt also nicht weiter, als meinen

Trekkingstick in die Hand zu nehmen und kleinlaut weiterzulaufen.

Etwa eine Stunde später mache ich Pause, um etwas zu trinken. Ein kleiner Hund trottet auf mich zu, ein struppiger schwarzer Mischling. *Das* ist der göttliche Beistand, schießt es mir durch den Kopf. Ist der süß! Sogleich male ich mir aus, wie ich meiner Zuhörerschar von diesem Hündchen erzählen werde: »… und als ich absolut am Boden zerstört war, kam Hugo« – Tiere, ob Plüsch oder echt, heißen bei mir in der Regel immer Hugo – »und hat mich auf dem Rest des Treks begleitet. Ach, was ist uns der Abschied am Ende schwergefallen – er wurde mein engster Vertrauter!« So in etwa. Ich mache schnell ein Foto von uns beiden, als Beweis meiner schicksalhaften Rettung aus meiner inneren Misere. Hugo seinerseits schleckt mir dankbar übers Gesicht. Ich liebe ihn!

In dem Moment tauchen drei Kinder auf, zwei Mädchen, ein Junge. Als sie mich und meinen neuen Freund entdecken, stürmen sie auf uns zu und begrüßen mich lautstark. Der Junge streckt mir eine kleine rote Blume entgegen. »*For me?*«, frage ich ungläubig. Er nickt schüchtern. Das ist doch nun wieder fast zu schön, um wahr zu sein. Ich stecke mir die Blüte gerührt ins Haar. Da schnellt mir die Hand des Jungen entgegen, gefolgt von denen der Mädels. »*Money?!*« Drei dunkle Augenpaare starren mich gierig an. Na, das war doch klar. Hätte ich mir ja denken können, dass die was wollen und nicht nur aus reiner Nächstenliebe Blümchen verteilen – ich naive Kitschnudel! Ich weiche einen Schritt zurück und verschränke feindselig die Hände vor meiner Brust. »*No money!*« Denen gebe ich sicher kein Geld – die verderben mir mein Happy End! Keinen Cent kriegen die. »*Sweets?*« Nochmals schüttele ich, nur vorgeblich bedauernd, den Kopf. Da reißt mir der Junge die Blume aus dem Haar, und die drei rennen schimpfend davon, gefolgt von meinem treuen Begleiter Hugo.

Ich starre ihnen fassungslos hinterher. Jetzt schwimmen mir völlig die Felle davon. Dicke Tränen tropfen aus meinen Augen – diesmal nicht vor Seligkeit. Ganz und gar nicht. Ich beginne zu heulen, aber so richtig. Wahre Sturzbäche strömen aus mir heraus. Ich heule und heule. Weil es mir so unendlich peinlich ist und weil ich nach 110 beschissenen Stunden Meditation noch so viel denke und weil ich so arrogant bin und keine Demut habe. Und weil ich immer noch nicht erleuchtet bin und weil der Hochmut vor dem Fall kommt und weil ich spüre, wie hart dieses gesamte Jahr war und was für eine Riesenangst ich gehabt hatte, in diesem Loch stecken zu bleiben. Und weil es eben deshalb kaum begreiflich ist, wie sich innerhalb von wenigen Wochen mein gesamtes Leben so komplett anders anfühlen kann. Und ich heule vor Erleichterung, weil so viele Zentner Last von mir gefallen sind und weil ich eben heulen muss, damit wieder Platz in mir drin ist. Irgendwann ist alles aus mir herausgeheult. Ich strecke mich auf dem Boden aus und bleibe ganz still liegen. Unter meinem heißen Gesicht spüre ich die Erde, vor Erschöpfung fallen mir die Augen zu.

Als ich erwache, hat die Sonne einen weiten Satz nach rechts gemacht und ist kurz davor, hinter den grünen Hügeln zu verschwinden. Mir bleibt noch etwa eine Stunde, bis es dunkel wird. Ich bin kaputt und zittrig wie nach einem langen Fieberschlaf. Unter mir erstreckt sich eine unendliche Weite voller Reisterrassen. Ich schließe die Augen, der Wind streicht über mein Gesicht. Ich höre mein Herz schlagen. Und dann ertönt in mir die tiefe, blecherne Stimme Goenkas in meinem Ohr: »*Observe. Just observe. Reality as it really is, and not as you would like it to be.*« Vi – pas – sa – na. Kurz darauf ertönt ein lautes Knurren. Mein Magen. Seit heute Morgen habe ich nichts mehr gegessen. Ich stehe auf und mache mich auf den Weg, um endlich etwas zwischen die Zähne zu bekommen.

28. Dezember 2007
Gul Bhanjyang

Bin erneut sehr früh wach – kein Wunder, gestern Abend bin ich gegen acht Uhr wie ein Stein ins Bett gefallen. In einer bezaubernden Lodge mit einer kleinen buddhistischen Gompa im Innenhof. Diese Route wirkt wie ausgestorben, kein Vergleich zum Annapurnagebiet. Niemand außer mir ist weit und breit unterwegs, schon gar keine Touristen. Ich bin der einzige Gast. Die *dining hall* ist aus diesem Grund nicht in Betrieb, und so saß ich abends bei der Familie – eine Mutter mit ihren vier Töchtern – in der Küche am Feuer und aß mit ihr zusammen Dhal Bhat. Wir haben uns großartig unterhalten. Ich deutete strahlend auf meinen Reis, strich mir seufzend über den Bauch und packte mein spärliches Nepali aus. »*Dere mitho cja!* Das schmeckt lecker!« Alle fünf stießen einen begeisterten Schrei aus und begannen, wild gestikulierend und gleichzeitig, auf mich einzureden. Zwischendurch lachten sie und sahen mich auffordernd an. Ich verstand kein Wort, mich aber schloss einfach ihrem Lachen an und hatte dabei den Eindruck, mehr von dem zu begreifen, was sie mir sagen wollten, als so manches Mal, wenn ich mit Deutschen rede. Vor allem aber genoss ich die herzliche Atmosphäre.

Nun wird es langsam hell. Ich gehe nach draußen, um den Sonnenaufgang zu beobachten, der hinter den Gipfeln des Himalaya den gesamten Himmel in tiefes Rot färbt. Vor mir liegen Gurkha, Ganesh, Langtang – drei nicht so spektakulär hohe Berge wie Annapurna oder

Machhapuchhre, aber dennoch beeindruckend. Ich setze mich hin, lege meinen Meditationsschal um meine Schultern und schließe die Augen. Mir ist immer noch ein wenig wackelig zumute, aber vor allem bin ich erleichtert. Ein weiterer Stein, nein, mehr ein Felsbrocken ist gestern von meiner Brust gesprengt worden. Ich wurde mit aller Wucht auf meine Schwachpunkte verwiesen. Insbesondere auf meinen Größenwahn, auf meine fehlende Demut.

Was bringt es dir, solch strenge Diagnosen über dich zu treffen?

»Hä?« Vor Verwunderung reiße ich meine Augen auf. Da redet gerade die Richtige. »Du bist doch ansonsten diejenige von uns beiden, die streng ist. Du hast mir klargemacht, dass es genau darum geht?!«

Um was? Um Strafe?

»Nein!« Ich schüttele den Kopf. »Um die Einsicht in meine Schwachstellen.«

Aber was macht es für einen Sinn, wenn du dir selbst sagst, dass du keine Demut hast und größenwahnsinnig bist? Willst du dich jedes Mal aufs Neue darüber ärgern, dass du anders bist, als du es gern hättest? Genau hinzusehen – jedoch um zu verstehen, und nicht, um zu verurteilen, das ist es, was ich dir zu sagen versuche.

Sofort schießen mir erneut die Tränen in die Augen. Ich spüre, wie groß meine Sehnsucht danach ist, einen Platz zu haben, den mir keiner nehmen kann. Andauernd ist da diese Angst. Davor, wieder alles zu verlieren, erneut aus dem Leben herausgekickt zu werden. Sicherheit – das ist die Sehnsucht hinter alldem, was ich da so treibe.

Ich höre meinen Atem, der gleichmäßig durch beide Nasenlöcher strömt. Tauche in die Stille ein. Vor mir öffnet sich ein enger Raum, eine dunkle, verwinkelte Höhle.

Die Wände und der Boden sind aus Stein. Die Luft ist angenehm kühl. Links an der Wand steht ein massiver alter Holztisch, auf dem eine weiße Kerze brennt. Ich lasse mich neben dem Tisch zu Boden sinken. Lehne den Kopf an den rauen Fels. Atme tief aus. Instinktiv spüre ich tief in mir: Hier kann ich sein. Befinde mich außerhalb der Gefahrenzone. *It's my home.*

»Danke, dass ich hier sein darf, dass du für mich da bist«, sage ich leise.

Immer tiefer sacke ich in meinem Körper. Die Stille bildet eine Schutzmembran um mich herum, hüllt mich ein. Ich habe da etwas in mir gefunden, das jede Freundschaft oder Beziehung zu einem anderen Menschen an Intensität übertrifft. Ist das die viel zitierte Aufhebung der Trennung? Wie auch immer. Eines spüre ich jedenfalls: **Ich bin nicht mehr allein.** Nie mehr.

Ich muss mich hinlegen, den Boden spüren, meinen Körper. Ich fliege davon, und es ist himmlisch. Ich gebe die Kontrolle auf. Auf das, was hier passiert, habe ich keinen Einfluss mehr, kann nur zulassen, dass es durch mich hindurchlebt. Scheiß auf die Angst, ich brauch sie nicht mehr, ich werde eh immer wieder fallen. Wozu also erst versuchen, mich dagegen abzusichern? Solange ich wieder aufstehe, ist es doch egal.

Nachdem ich noch einige Minuten den Geruch der Erde eingeatmet habe, richte ich mich auf, klopfe mir den Dreck von der Hose und gehe zu meiner entzückenden Gastmutter, um mit Hingabe ihr köstliches *rajmah*, scharf gewürzte Bohnen mit Tomaten, zu verzehren. Lachend beobachtet sie, wie ich mit Entzücken die Schüssel leere. Dabei strahlt sie abermals eine solche Wärme und Güte aus, dass ich sie am liebsten als Zweitmutter adoptieren würde. Nach dem Essen gönne ich mir nochmals einen Eimer heißes Wasser, den ich über mir ausschütte und dabei vor Wonne laut stöhne – besser als ein Orgasmus, so eine Ladung heißes Nass!

Danach mache ich mich, fröhlich vor mich hinpfeifend, auf den Weg und hüpfe fidel auf den am Rand liegenden Steinen umher – es erscheint mir dabei selbst, als sei ich frisch verliebt. Und das bin ich ja auch. Allerdings in mich, in diese Instanz in mir. Ich habe also eine Lovestory mit mir allein ...

Im Ernst: Im Endeffekt fühle ich mich exakt so, als hätte ich mich in einen Mann verknallt. Da entwickelt sich etwas ganz Zartes in mir. Jeden Tag bin ich aufs Neue unsicher, ob das denn tatsächlich stimmt oder ob ich mich nicht doch geirrt habe. Gibt es ihn/sie/es noch, sind wir noch verbunden? Ständig überlege ich, wie um Himmels willen ich den Kontakt erhalten kann. Und die Sorge, ihn zu verlieren, ist zuweilen fast größer als die Freude über das, was da am Entstehen ist. Ich kann es nicht logisch erklären. Es ist ungewiss, auf was es hinauslaufen wird. Und vor allem kann ich diesbezüglich keine Versicherungspolice abschließen ...

Gerade verstehe ich – von innen heraus, nicht rational –, warum Buddha wohl das *craving*, also jede Form von Verlangen, verteufelt und sagt, dass alles Leben Leiden ist. Weil wir permanent Auslöser und Ursache verwechseln. Die Erfüllung unserer Sehnsüchte und Projektionen in der großen Liebe oder auch anderen Dingen im Außen orten. Sind wir also im Grunde in das Gefühl in uns, in die Verbindung zu uns selbst verliebt, und hängen lediglich dem Irrtum an, es sei ein bestimmter Mann oder die Frau des Lebens, die uns zur Erfüllung all (oder zumindest ein paar) unserer Träume katapultiert? Die ganze Dramatik rund um das Thema Liebe womöglich nur wegen eines Auslösers, der doch vielmehr Mittel als Zweck ist? Mittel, um mit dieser Liebe in einem *selbst* in

Berührung zu kommen? Gut, es gibt wohl nicht beliebig viele Menschen, die das Liebesharmonium in einem zum Klingen bringen können. Aber dennoch: Der Buddhismus beginnt mich zu interessieren.

Lunch in einem idyllischen Lokal oberhalb eines Wasserfalls

Beim Essen kehre ich nochmals zur Liebe zurück. Wie jeden Mittag bestelle ich gebratenen Reis mit Gemüse und verspeise diesen mit solcher Wonne, dass ich am Ende am liebsten den Teller abschlecken möchte. Jetzt noch ein leckeres Dessert, überlege ich, wäre nicht schlecht, wenn auch nicht zwingend notwendig. Ich bin satt. Brauche eigentlich nichts. So sollte man eine Liebesbeziehung sehen. Wie ein Dessert, zum Beispiel ein Mousse au Chocolat! Ich kann mir kaum Traumhafteres vorstellen, nichts, das so auf der Zunge schmilzt. Und ganz gleich, was sonst noch zur Auswahl steht, für ein Mousse au Chocolat verzichte ich gern auf jedes andere Dessert. Doch bei aller Hingabe bleibt es ein Nachtisch. Die wichtigsten Nährstoffe ziehe ich aus dem Hauptgang. Wenn ich also andauernd meiner Gier nachgebe – morgens, mittags, abends –, schmeckt es irgendwann gar nicht mehr so deliziös. Vielmehr macht es träge, erzeugt Fettpölsterchen um den Bauch herum und damit auch Frust. So lange, bis man den himmlischen Nachtisch schließlich nicht mehr sehen kann. Oder aber – und das ist das Schlimmste: Man wird süchtig. Will eigentlich aufhören, versucht, davon loszukommen, kann aber nicht mehr ohne.

Ich hätte offensichtlich Begabung zu einer Ernährungsberaterin. Wenn es also nichts wird mit der Autorschaft, sollte ich es damit mal probieren ...

Jedenfalls: Ich bin in einem Maße satt und zufrieden,

wie ich es bislang mit keinem Dessert je war – im bildhaften wie auch realen Sinn. Allen Ernstes kann ich nun nachvollziehen, dass man sich dauerhaft für ein Leben – ohne jeden Süßkram! – im Kloster entscheidet. O Schreck. Was bahnt sich denn hier an? Bei aller Liebe, ich will meine durchaus innige, aber doch höchst unerotische Liaison mit meinem göttlichen Freund nun wahrlich nicht übertreiben! Ausdrücklich: Ein zölibatäres Dasein ist nicht mein favorisierter Lebensentwurf!

Mit hängender Zunge in Mangenkot

Das war heute mal wieder eine Strapaze sondergleichen! Meinen Lunch hatte ich zu früh eingenommen, der Weg zwischen Kutumsang, und Mangenkot wollte nicht enden. Insbesondere die letzte Stunde, in der er einen Steilhang hinaufging, trieb mir dermaßen den Schweiß aus den Poren, dass ich mit nassem und auf der roten Stirn klebendem Haar oben ankam. Mein Magen war in einem Zustand von Leere, als wäre die letzte Mahlzeit nicht vor sechs Stunden, sondern vor Tagen gewesen. Demnächst muss ich genauer darauf achten, dass ich immer eine Notration Nüsse oder Schokolade dabeihabe – die Tourenstrecken in dieser Region fordern sämtliches Kraftpotenzial. Und anders als im Annapurnagebiet, wo alle paar Meter ein Restaurant oder zumindest ein kleiner Getränkeshop mit allerlei Zungenbefeuchtern auf dem Weg auftaucht, läuft man hier stundenlang, ohne auch nur einem menschlichem Wesen, geschweige denn einer dieser köstlich kühlen Sprite- oder Colaflaschen zu begegnen.

Nichtsdestotrotz – oder vielmehr eben darum – ist es hier phantastisch. Ich befinde mich auf einer Hochebene (etwa 3200 Meter), vor mir steht eine große Blockhütte, die an eine Alm erinnert. Passend zum Bild grasen davor

Kühe und ein paar Ziegen. Rund um das Areal sind an die zwanzig bunte Tibetfahnen geflaggt, die sanft im Wind wehen. Auf einer großen Holzbank, mit einem Tisch davor, sitzt ein älterer Mann – Australier, wie ich später erfahre – zusammen mit dem Almwirt, einem gut gelaunten kleinen Mann mit Bart und Bäuchlein. Erschöpft lasse ich mich neben sie auf die Bank sinken und stöhne nur noch: »*Kidpoya chiyaa, pani umaleko?*« Der Wirt sieht mich mit gerunzelter Stirn an und entgegnet etwas, das ich nicht verstehe. Meine grandiosen Sprachkenntnisse bringen mich ja mal wieder enorm weiter. Ich wiederhole also widerwillig auf Englisch: »Könnte ich bitte Tee und abgekochtes Wasser haben?« Der Wirt lacht und verschwindet in der Hütte, aus der er kurz darauf mit einer Flasche Wasser und einer dampfenden Tasse zurückkehrt. Der Australier stellt sich als Josh vor und betreibt ein wenig Konversation, die ich an mir vorbeiplätschern lasse. Ich konzentriere mich auf das Schlürfen meines Tees, bin zu fertig, um zu denken, geschweige denn zu reden.

Nach meiner Abendsitzung, draußen im Mondenschein

Ich beschäftige mich mit meinen Meditationen. Das Problem beginnt, sobald ich dabei ein bestimmtes Ziel verfolge, das es zu erreichen gilt. Ich trage immer noch ein Bild von der »richtigen« Meditation in meinem Kopf herum: mich auf den Atem, auf die Körperempfindungen konzentrieren, in tiefer Versenkung und Ruhe entschwinden. Dieses Wollen verhindert aber das Ankommen. Ich glaube, das Sitzen ist gut für mich, weil ich es selbst erlebt und erfahren habe. Und dennoch: Es ist eben genau gut, wie es gerade ist. Will ich mehr? Besser sein? Sagen können, ich habe es geschafft? Wem will ich das sagen?

29. Dezember 2007
Frühmorgens auf einem kleinen Rasenhügel
oberhalb der Alm

Die Sonne wärmt mir den Rücken, unter mir erstreckt sich ein weites Nebelwolkenmeer – ein Anblick, wie ich ihn sonst nur aus dem Flugzeug kenne. Beim Aufwachen war die bekannte Befürchtung in mir. Die Vorstellung, irgendwann zurück in Berlin zu sein und das, was hier in mir ist, nicht erhalten zu können. »*No craving if you have good sensations!*« Nicht versuchen, an den angenehmen Empfindungen festzuhalten. Es gibt keine Versicherung für die Liebe. Ha! Könnte man in diesem Fall nicht einmal eine Ausnahme machen? Zu wissen, dass alles im Wandel ist, ist ja schön und gut, teils sogar wunderbar, wenn es mir schlecht geht. Aber dass das auch beinhalten kann, ständig erneut zu fallen, ist schrecklich. Und so versuche ich krampfhaft, endlich *fertig* zu werden, egal wie oft ich mir sage, dass das natürlich Blödsinn ist. Fertig ist man erst, wenn man den Löffel abgibt, bis dahin geht es einzig darum, Erfahrungen zu sammeln. Fehler zu machen. Zu fallen. Und wieder aufzustehen. Schätzungsweise bietet die Akzeptanz dessen, dass nichts von Dauer ist, die Hingabe an den Prozess sogar eine vergleichsweise größere Sicherheit. Ich muss also »nur« aufhören, in einem fort ein imaginäres Ziel erreichen zu wollen. Aber wie zum Teufel soll ich das bewerkstelligen? Das alte Tape springt andauernd wieder an. Ich kann auf »Pause« drücken, aber die Stopptaste habe ich noch nicht gefunden. Oder gibt es die gar nicht, und ich muss mich *damit* abfinden?

Im nepalesischen Gestrüpp

Ich habe mich verirrt – und das nicht metaphorisch gesprochen. Wollte eine Abkürzung nehmen und sitze nun mitten in einem nicht enden wollenden Steilhangwald. Wie dämlich von mir! Dabei weiß ich doch, dass dort im Gehirn, wo andere Menschen so etwas wie einen Orientierungssinn haben, bei mir lediglich gähnende Leere herrscht. Ich verlaufe mich fast täglich in Berlin, selbst bei Strecken, die ich schon x-mal gegangen bin. Bis ich mein Ziel erreiche, muss ich mindestens fünf Leute nach dem Weg fragen – trotz Stadtplans. Und mit dieser Prädisposition mache ich solche Experimente im Himalaya, hier, in der absoluten Einsamkeit. Prompt wird mir die Rechnung für meine Selbstüberschätzung serviert.

Ich klettere also auf allen vieren den Hang hinauf. Zum Glück habe ich mich vor einigen Jahren mal in einen Kletterer verknallt und einen Sommer voller Leidenschaft in bayerischen und französischen Steinschluchten verbracht – entflammt für den Mann und damit zwangsläufig auch für das Klettern, weil das so extrem näheschaffend war. Endlich profitiere ich einmal von dieser Beziehung, die mir innerhalb kürzester Zeit statt endloser Liebesjauchzer lediglich endlose Muskelschmerzen bescherte ...

Sehe sicherlich fürchterlich verwegen aus. Die Haare verwoben mit Ästen und Blättern sowie weiteren Exemplaren der hiesigen Fauna, das Gesicht erdig verdreckt und die zarten Hände mit feinen Schrammen geziert. Meine Abenteuerseele nimmt ein duftendes Schaumbad.

Allerdings habe ich keinen blassen Schimmer, wie ich aus diesem Wald finden soll. Eigentlich müsste ich mir Sorgen machen, doch ich bleibe optimistisch – mir böse gesinnte Menschen könnten es auch dümmlich-naiv nennen – und klettere stur weiter. Noch habe ich Wasser und eine Packung Nüsse (immerhin bin ich lernfähig), wahren Grund zur Sorge gibt es folglich nicht. »*Trust even if there is no reason to trust* – Vertraue, selbst wenn es keinen Anlass zu Vertrauen gibt.« Dieser Koan beinhaltet eine meiner liebsten spirituellen Weisheiten, und das nicht nur, weil ich ansonsten kaum welche kenne. Somit kann ich nun mal testen, inwiefern ich in der Lage bin, ihn umzusetzen ...

Eine Stunde später mit Siegesgeheul und zum Himmel gestreckter Faust

Vertrauen! *Yeah!* Bei Jesus am Kreuz wurde es aller Wahrscheinlichkeit mehr strapaziert, aber der wurde immerhin auch berühmt damit. Ich jedenfalls habe mich tapfer und gelassen durchs Gestrüpp gewühlt und bin irgendwann in der Tat auf eine Lichtung gestoßen, von der ein Weg abging. Trotz Verirrung schwöre ich: Die Route durch den Wald war dennoch eine Abkürzung! Für mich ist das ein kleines Wunder – nicht unbedingt eines der Jesuskategorie, aber dennoch verkündenswert. Ich bin zwar oftmals durchaus hoffnungsvoll, was meinen Orientierungssinn betrifft, scheitere aber jedes Mal ebenso hoffnungslos. Doch heute nicht, und deshalb muss ich das festhalten: Der 29. Dezember 2007: Der Tag, an dem ich – im Himalaya! – eine Abkürzung durch einen Wald nahm und auf den richtigen Weg zurückfand! Warum ist denn hier niemand? Ich muss mir das schriftlich bestätigen lassen, das glaubt mir sonst kein Mensch!

Ich laufe weiter, der Weg wird zunehmend steiler. Wie ich dieses Trekking hasse! Im Endeffekt besteht es aus vielen zermürbenden Stunden, in denen ich das, was ich tue, nicht ausstehen kann. Und erst am Ende eines Tages stelle ich fest, dass es doch nicht so schlecht war. Könnte ich nicht einfach nur Dinge machen, die mir schon bei der Ausübung Spaß bringen und mich vor allem nicht so anstrengen? Saunieren, Singen, ins Kino gehen (ohne Überlänge!), Wein trinken. Da gibt es doch allerlei! Mein Magen knurrt, und ich sehne mich nach meinem mittäglichen *fried rice*. Es mag ja sein, dass das alles notwendige Schritte auf dem Weg zur Erleuchtung sind, aber diese Übungseinheit finde ich gerade äußerst unangenehm.

```
Tage später beim lang ersehnten
Zwischenstopp in Tharepati
```

Nach einem unsagbar anstrengenden Marsch bin ich endlich in Tharepati eingetroffen. Dieser kleine Ort auf 3500 Metern Höhe besteht aus nichts weiter als einigen Hostels und Restaurants, von denen momentan nur eines geöffnet hat – immerhin. Hier sitze ich nun auf der sonnigen Terrasse und hungere meinem Lunch entgegen. Unter mir rauscht der Melamchi Khola, ein breiter Gebirgsfluss. Für eine intensives Würdigung der wie eh und je bezaubernd-hinreißend-phantastisch-beeindruckenden Landschaft bin ich viel zu erledigt. Wenn auch voll des Stolzes. Ich ergötze mich an meinem Mut, meiner Gelassenheit und auch der mir offenbar in die Wiege gelegten Kondition.

Ein junger, höchst attraktiver Typ, der mir einen heißen Tee bringt, fragt mich interessiert, wann und von wo ich morgens gestartet sei.

»Ich bin um neun in Mangenkot losgelaufen«, antworte ich.

»Mangenkot?«, sagt er mit hochgezogenen Augenbrauen und sieht auf die Uhr. »Da bist du aber ziemlich langsam.«

Mir knallt vor Empörung die Kinnlade auf meine Brust. Spinnt der? Ich bin ohne *porter* und *guide* unterwegs. Trage meinen beschissenen Rucksack ganz allein auf meinem wunden Rücken! Und außerdem bin ich die einzige Frau weit und breit auf diesem Höllenmarsch! Anstatt mir aber allein dafür schon den angemessenen Respekt zu zollen, wagt es der unverschämte Trottel sogar, Kritik zu äußern? »Langsam.« Ich tue so, als hätte ich diese Frechheit nicht gehört, und studiere beleidigt die Menükarte. Ich gebe ja gern zu, dass ich nicht die geborene Sportkletterin vor dem Herrn bin, aber ich lebe schließlich in der Stadt, ich bin eine Berlinerin – seit einem Jahr zumindest. Ich möchte mal meine Freunde auf dieser Strecke sehen, elendig verrecken würden die, jeder Einzelne von ihnen! Nicht genug, dass ich Tag für Tag mit der Idiotie der Verfasser meines Wanderführers konfrontiert bin, denen ganz klar ein Fehler unterlaufen sein muss, als sie diese Strecke erneut als »einfachen und unanstrengenden Genuss-Trek« beschrieben. Nun kommt mir so ein blöder Nepalese mit dem gleichen Mist. Hat denn hier überhaupt irgendjemand Verständnis für Menschen, die keine Extremsportler sind?

Der Typ versucht nun, sich mit charmanten Small Talk aus dem Fettnäpfchen zu ziehen. Ich lasse ihn eiskalt abschmieren. Erst als er auf meine verdreckte Jacke deutet und fragt: »Hast du etwa im Wald geschlafen?«, lenke ich erleichtert ein. Genau, das ist die Lösung. Der Wald! Stätte meines abenteuerlichen Irrwegs und meiner wundersamen Rettung. Ich habe mich verlaufen und vermutlich, nein, *ganz sicher*, war ich einzig und allein wegen dieses Umwegs nicht so zügig unterwegs! Lieber oute ich mich als Orientierungsdepp, anstatt als lahme Ente bezeichnet zu werden! Vergessen und vergeben sind die Unverschämtheiten des nepalesischen Schönlings. Lang und breit berichte ich bis ins klitzekleinste Detail von meinen bisherigen Abenteuern, auch von sämtlichen Erlebnissen des ersten Treks wird er nicht verschont. Ich genieße die Gelegenheit, endlich ein menschliches und zudem noch Englisch sprechendes Gegenüber zu haben, nach all der Schweigerei und dem Mit-mir-und-dem-Göttlichen-Sein. Ich quatsche den Mann voll wie ein altes Waschweib. Eine bislang unbekannte Eigenschaft an mir. Ich hoffe, sie bleibt mir nicht, wäre mir doch ein wenig unangenehm. Höre schon meine Lieben zu Hause flüstern: »Findest ihr nicht auch, dass Teresa, seit sie so spirituell geworden ist, gar nicht mehr aufhört zu reden? Schrecklich, man weiß gar nicht, wie man sie stoppen soll.«

Der Typ hat aber scheinbar kein Problem mit meiner sprudelnden Redseligkeit, sondern hört mir andächtig zu und reagiert an den passenden Stellen sogar mit der adäquaten Anerkennung. »Du bist eine ziemlich mutige Frau!« Exakt das bin ich – über alle Maßen mutig! Im Austausch für seine angemessene Verehrung revanchiere ich mich mit einem entsprechenden Trinkgeld und mache mich anschließend gut gelaunt auf den Weg.

Am späten Nachmittag erreiche ich Ghopte, ähnlich wie Tharepati ein Ort, der lediglich aus einer Ansammlung von Hostels besteht, die bis auf eines alle geschlossen sind. Hier erhalte ich als Belohnung für die Strapazen des Tages ein Zimmer, das seinen Namen auch verdient. Es ist warm – weil direkt an der Küche liegend, die einen großen Holzofen hat – und ausgestattet mit einem Riesenbett, von dem aus ich morgen den Sonnenaufgang bestaunen werde. Erstmalig eine Nacht ohne Frieren, und das auf viertausend Metern Höhe! Welch Güte des Geschicks!

Auch hier arbeitet ein junger Nepalese. Wie der das aushält in dieser Einöde? In der Saison seien sie zu zweit, erklärt er mir bei meiner Nachfrage, aber in der Nebensaison reicht der Verdienst nicht für beide. Logisch. Angesichts dessen, wie ausgestorben die Strecke ist, wundert es, dass es überhaupt ein geöffnetes Lodge gibt.

Ich lausche seiner Erzählung mit großem Respekt. Er wirkt unglaublich zufrieden und gelassen und braucht keinen 110-Stunden-Meditationsmarathon, um zu sich zu kommen. Vielleicht sollte ich ebenfalls auf eine Alm ziehen? Sehe mich schon braun gebrannt, in verdreckten Jeans und mit langen Haaren melkend unter einer Kuh sitzen. Später frisch gebackenes Brot mit selbst gemachter Butter essend, Abend für Abend das Alpenglühen bewundernd – und sehnsüchtig auf den Prinzen wartend, der mich aus dieser Ödnis erlöst.

30. Dezember 2007
Ghopte

Liege in dicken Decken eingewickelt in meinem Superbett und erlebe, wie erhofft, einen gigantischen Sonnenaufgang. Trotzdem sehne ich mich gerade unendlich nach meiner Wohnung in Kreuzberg. Vornehmlich nach der Heizung und der Möglichkeit, morgens aus den Federn zu springen, ohne dass einem die Zehen einfrieren. In der Nacht wurde es mit Verglimmen des Küchenfeuerchens hier in meinem Berghüttenzimmerchen natürlich doch wieder sehr frostig.

So ist die Lust, mich aus meinem Deckenberg zu schälen, nicht eben groß. Zumal mir der heutige Aufstieg zum Laurebina-Pass – über tausend Höhenmeter hinweg (nepalesisches Hoch und Runter inklusive) einigermaßen schwer im Magen liegt. Sollte ich es bis hinauf schaffen, dürfte ich am Gipfelpunkt dieses Treks auf rund 4600 Metern Höhe angeblich mal wieder einen spektakulären Blick auf etliche berühmte Gipfel des Himalayagebirges werfen. Selbst mein Wanderführer spricht – erstmalig! – von einem erschöpfenden Trekkingtag mit vierstündigem Steilpass. Es steht dort zwar auch, dass Letzterer ziemlich leicht zu bewältigen sei, aber meinen Muskelkaterbeinen sind das dennoch mindestens neunhundert Höhenmeter zu viel für diesen Tag.

Lunch auf windiger Terrasse in Phedi

Der Trek an diesem Tag übertrifft sich selbst. Niemand begegnet mir auf dem Weg. Alle paar Meter muss ich stehen bleiben und mit angehaltenem Atem umherstaunen. Innerhalb dieser gigantischen Bergriesen bin ich ein Nichts, ein Staubkorn. Und genauso vergänglich erscheint meine gesamte Existenz. Heute ist der vorletzte Tag dieses Jahres, der neununddreißigste meiner Reise. Ich bin tatsächlich ganz allein unterwegs! Und noch nie habe ich mich einsam gefühlt – im Gegenteil. Fast jeden Tag bin ich froh über die Zeit, die ich für mich und meine Gedanken habe. Und ich gewinne zunehmend Klarheit. Im Endeffekt ist der Trek selbst eine Vipassana-Meditation, auch wenn ich sprechen darf und Denken ganz offiziell erlaubt ist. Ich durchlaufe die unterschiedlichsten emotionalen Zustände und stoße auf ebenso viele Verhaltensmuster und Attitüden die ich zum Großteil nicht gerade einladend finde. »*Just observe and stay perfectly equanimous.*« Sehr herausfordernd, Mister Goenka. Denn ehrlich – mir war nicht klar, dass ich so viele unangenehme Eigenschaften habe: geschwätzig, selbstverliebt, lechzend nach Anerkennung, größenwahnsinnig, rechthaberisch, arrogant. All das, was man gewöhnlich gern unter den Tisch kehrt, wird beim Laufen an die Oberfläche geschwemmt. Goenka spricht in diesem Zusammenhang von »*sankharas*«, von mentalen Konditionierungen. Sie beherrschen einen unbewusst, umso mehr man sie verdrängen möchte. Eben deshalb gilt es, sie sich genau anzusehen. Der Mensch ist nicht mit seinem Verhalten gleichzusetzen. Folglich kann er es ändern oder ablegen. Aber erst, wenn er es voll angenommen hat. Sobald ich mir einen neuen Anspruch kreiere, mich etwa schnellstens von einem bestimmten (unangenehmen) Habitus zu lösen, beginnt das Spiel von Neuem. Dann bin ich beispielsweise nicht mehr mit meiner Arroganz identifiziert, sondern mit dem Unvermögen, sie »einfach« loszuwerden. *No aversion*. Das hat mir meine Stimme schon vor dem Vipassana-Trip geflüstert, als es um die gesamte Ostermeier-Krise ging: Das Annehmen beinhaltet die Erkenntnis, *warum* ich mir ein bestimmtes Verhalten zugelegt habe.

Klar lande ich mit diesen Überlegungen unweigerlich bei unserem Erziehungssystem, in dem alles darauf ausgerichtet ist, die Dinge richtig und gut und toll und am allerbesten zu machen. Und zwar so lange, bis der Richter im Kopf allein dafür sorgt, dass alles nach Plan weiterläuft. Und mich dabei so sehr für meine Defizite verurteilt, dass ich gar nicht genau hinsehen kann, was da eigentlich passiert. Sonst könnte ich an dieser Grundüberzeugung vielleicht eine Korrektur vornehmen. Dies klappt nur mithilfe meines verständnisvollen Gefährten. Vielleicht lässt sich so am besten mein innerer Dialog auf dieser Reise beschreiben: Eine Mediation zwischen dem inneren Richter, der meine Werte überwacht, und dem Verteidiger, der die Beweggründe für mein Handeln erkennt. Der Richter bin ich selbst – sozialisiert in der westlichen Welt. Und wer ist der Verteidiger? Die Liebe. Und wer ist die Liebe? Gott. Ganz einfach.

Ein Glück, dass ich eine der Grundfragen der Menschheit nun so reibungslos gelöst habe, es wurde auch höchste

Zeit. Ich muss endlich in die Pötte kommen, denn jetzt ist Schluss mit lustig. Mindestens vier Stunden Aufstieg zu den Gosainkundseen warten auf mich. Ätzend. Ich bin auch nicht meine Müdigkeit? An dieser Stelle bezweifle ich stark mein Konzept ...

Im Schneckentempo auf dem steinigen Weg nach oben

Der Aufstieg ist bei allem Jubel über ein einmaliges Bergpanorama mindestens so schrecklich wie erwartet – was aber weniger an der tatsächlichen Anforderung als an meiner inneren Einstellung liegt. Durch meine Horrorvisionen, die ich angesichts eines extremen Steilpasses entwarf, hat sich in mir eine Riesenunlust breitgemacht. Ich krieche mehr den Berg hinauf, als dass ich gehe. Langsam frage ich mich, ob meine permanenten Aufs und Abs nicht einzig Resultat meiner Begeisterung für die Idee einer ständigen Impermanenz sind. Auf dem ersten Trek war es schließlich durchaus permanent – permanent gut. Zwar dauert das Leiden auf dieser Tour nie lange an, aber was ist der Gewinn, wenn auch das gute Gefühl justament in dem Augenblick entfleucht, in dem ich mich ihm entzückt und dankbar zuwende?

Zugegeben: Wenn ich mich recht entsinne, stellte sich eine stabile Euphorie beim ersten Trek auch erst am Schluss ein, als es nur noch stabil bergab ging. Dennoch lässt sich eine Tendenz, die Dinge so zu sehen, dass sie – ganz zufällig! – in mein jeweiliges Denkkonzept passen, nicht leugnen. Ist meine Überzeugung rot, setze ich eine rote Brille auf – und schwuppdiwupp ist die ganze Welt um mich herum rot, und ich jubiliere wie ein Karnickel an Ostern – gepaart mit einem Erstaunen, als wäre ich zudem noch übers Wasser gelaufen.

Du bist eben verliebt, das ist eine natürliche Folge.

Wie so oft, wenn mein Zynismus das Zepter übernehmen will, erfolgt eine liebevolle Korrektur. Und ja! Ich bin verknallt bis zum Gehtnichtmehr: in mein Leben, in die Liebe, in mich selbst – welch erfüllendes Gefühl! Ich tanze Tango auf dem Mond!

Lust, diesen Steilhang hinaufzuwandern, habe ich trotzdem nicht, und zwar so was von überhaupt gar nicht! Aber es hilft alles nichts. Hier, auf mittlerweile etwa viertausend Metern Höhe bei geschätzten fünf Grad unter null, wäre ein Streik eher kontraproduktiv. Wahrscheinlich wäre ich nach einer Stunde so durchgefroren, dass ich als quietschroter Eiszapfen in die Geschichte eingehen würde – okay, »untergehen« wäre sicher realistischer ...

Abendliches Auftauen in Gosainkund

Bin mit Einbruch der völligen Dunkelheit in Gosainkund eingetroffen – nach insgesamt neun (!) Stunden Marsch. Dieses zeitliche Ausmaß resultierte zum einen aus dem sturen Fortsetzen meiner Kriechgeschwindigkeit, zum anderen daraus, dass ich mit Erreichen des Laurebina-Passes meinen Weg bei gefühlter Windstärke hundert vorwärtskämpfen musste. Mein Tempo reduzierte sich also von dem einer dynamischen Jungschnecke auf das einer dahinsiechenden Altschnecke.

Doch was war das für ein abgefahrener Trek! In der ersten halben Stunde in diesem eisigen Sturm war ich beherrscht von ausführlichen Gewaltphantasien, wie ich mich an den Verfassern meines Trekkingführers rächen würde. Minutiös malte ich mir aus, wie ich sie nachts kidnappen – natürlich aus ihrem warmen Bett heraus – und genau auf diesen eisigen Pass bringen würde. Oben ausgesetzt, müssten sie sich bis auf die Unterwäsche ausziehen. Gefesselt an zwei Stühle, hätten sie so lange in diesem Sturm sitzen zu bleiben, bis sie mich, mit blau gefrorenen Lippen und rot-lilafarbenen Fingern winselnd um Vergebung bitten. Als Entschädigung für die erlittenen Strapazen dürfte ich mich im Anschluss bei einem von ihnen finanzierten zweimonatigen Traumurlaub in der Karibik bei plus dreißig Grad im Schatten erholen. Rache ist das Bedürfnis nach Mitgefühl. Dem anderen soll es genauso schlecht ergehen wie mir, damit er am eigenen Leib nachempfinden kann, wie sehr ich leide: Bei meinem – ganz schneckenuntypisch – hechelnden Kraftakt den Pass hinauf, hätte ich die These von Marshall Rosenberg unter Eid unterschrieben!

Nach einiger Zeit erreichte ich jedoch eine Form von innerer Gelassenheit, die ich kaum beschreiben kann. Ich fand das Wandern nach wie vor beschwerlich, der Wind umwehte mich mit einer Vehemenz, dass ich dachte, mir würde jeden Moment der Schädel auseinanderbrechen. Aber das alles tangierte mich irgendwann nicht mehr. Ja, mehr noch, ich verspürte nicht einmal Sehnsucht nach einer warmen Hütte, in der es heißen Tee oder etwas zu essen gab – nichts. Ein Zustand, ganz ähnlich dem an jenem legendären achten Tag während des Vipassana-Kurses, als ich morgens im Bett lag und schlichtweg wunschlos war. Sogar als ich die zugefrorenen und heiligen Gosainkundseen – eine Pilgerstätte für Hindus, von der man sämtliche Achttausender des Himalayagebirges überblicken kann – zu spät erreichte, also nach Sonnenuntergang, blieb ich gleichmütig. Ich konnte kaum noch die Berge erkennen, und es spielte keine Rolle.

In dieser Verfassung stieg ich hinunter ins Dorf. Alles lag im Dunkeln und wirkte wie ausgestorben. Obwohl das bedeuten konnte, dass ich die Nacht vielleicht draußen in dieser Eiseskälte verbringen müsste, blieb ich weiterhin gelassen. Ich überlegte lediglich, wie und ob ich bei diesem Wind ein Feuer in Gang bekommen würde. Als ich dann das letzte Haus der Siedlung erreichte, sah ich durch das Fenster den Schein eines kleinen Lichts. War das ein Privathaus oder gar ein Hostel? In jedem Fall wohnte da jemand, der mir vielleicht Unterkunft geben würde.

Also ging ich auf die Tür zu und öffnete sie. Mir war, als sei ich einer der Hirten, als diese den Stall betraten, in dem sich Josef und Maria mit dem kleinen Jesuskind im Arm befanden. In der Mitte des Raumes brannte ein kleines Feuer, das eine angenehme Wärme verbreitete. Um dieses herum saßen einige Nepalesen mit drei Touristen, die mich anstarrten, als sei ich ein Geist mit roter Fellmütze. Sie fingen sich jedoch schnell und riefen wie aus einem Mund: »*Namaste!*« und stellten eilig einen Stuhl für mich bereit.

Auf dem sitze ich nun und spüre, wie mein Körper langsam auftaut. Ich war tatsächlich zum Eiszapfen mutiert. Eben deshalb müsste ich nun doch vollkommen erleichtert sein, dass ich es in letzter Minute noch geschafft habe, ein Dach über den Kopf zu finden. Nach wie vor hat das aber kaum eine Bedeutung für mich. Ich schwöre: Ich hätte auch die gesamte Nacht weiterlaufen können. Und es spannend gefunden, zu testen, wie lange ich gelassen geblieben wäre, da draußen bei ich weiß nicht wie viel Minusgraden.

Ich hab 'nen Knall, das ist klar. Vor allem aber glaube ich, gerade erfahren zu haben, was es heißt, spirituell verbunden zu sein. Du bist eins mit allem um dich herum, in Hingabe an das, was geschieht. Dies war wohl wieder Goenkas besagte *equanimity*, jener innere Gleichmut. Also nichts Abgehobenes oder Heiliges, vielmehr etwas ganz Natürliches. So wie essen, trinken und aufs Klo gehen. Jedenfalls brauche ich heute keine Meditation mehr – der Marsch hierher war genug Verbindung. Ich will nur noch schlafen.

31. Dezember 2007
Gosainkund

Fühle mich wie ein neuer Mensch – ausgeschlafen, satt und durch das Feuer gewärmt. In der Nacht hatte sich der Sturm zu einem mittelstarken Orkan entwickelt, der bei angeblich minus fünfzehn Grad ums Haus brauste. Als ich das jetzt höre, bin ich trotz meiner ausgeprägten Forscherlust erleichtert, sie nicht voll befriedigt zu haben. Das hätte tragisch enden können. Man stelle sich nur vor: endlich raus aus der Krise und dann in der vorletzten Nacht des Jahres erfroren ...

Nein, ich lebe und bin außerordentlich guter Dinge. Heute ist Silvester – hier in den Bergen werde ich nicht viel davon mitbekommen. Da fällt mir ein: Ich muss mich unbedingt bei meinen Eltern melden. Allerdings weiß ich nicht, wie um alles in der Welt ich in dieser Höhe ein Telefon auftreiben soll. Auf meine Anfrage beim Wirt bietet der mir an, später gemeinsam auf den Berg zu klettern, um von dort mit seinem schnurlosen Telefon in Deutschland anzurufen. Als er mir voller Stolz sein kleines Technikwunder präsentiert, muss ich lächeln. Wie süß. Damit könnte er in einem Antiquitätengeschäft Erfolg haben, aber keinesfalls wird es zu realisieren sein, mit diesem Ding nach Deutschland zu telefonieren. *»Calling to Germany, yes!«* Der Mann strahlt mich trotz meines zweifelnden Stirnrunzelns siegessicher an. Wahrscheinlich ist er eine geografische Niete und denkt, Deutschland liegt gleich ums Eck. Ich willige dennoch ein, nach dem Frühstück mit ihm auf den Berg zu steigen. Weil er so nett ist.

Das Frühstück ist ein schlechter Witz. Bestellt habe ich Reispudding mit Äpfeln. Was serviert wird, ist eine graue Brühe aus Milch und Wasser, einigen Reiskörnern und zirka zehn Löffeln Zucker; der Apfel ist wohl ganz auf der Strecke geblieben. Sosehr dieser Trek landschaftlich alles bisher Erlebte übertrifft, esstechnisch ist er im Vergleich zur Annapurnaroute eine Katastrophe. Man merkt, dass hier nicht viel los ist. Sehnsüchtig denke ich an den Reisbrei und die scharfen Bohnen, die ich im Meditationszentrum erhielt, während ich mir diesen erbärmlichen Abklatsch davon hineinwürge.

Zumindest habe ich nette Gesellschaft, eine junge hübsche Schweizerin, die mit zwei Nepalesen unterwegs ist. Sie heißt Frikka und war vor zwei Monaten schon einmal in diesem Land, zusammen mit einer Reisegruppe. Zum ersten Mal in ihrem Leben unternahm sie einen solchen Trek in den Bergen und war anfangs völlig entsetzt über den niedrigen technischen Standard: »Keine heiße Dusche, keine Gelegenheit, sich die Haare zu föhnen. Ich dachte, ich würde das nicht überleben!« Hat sie aber, und zwar sehr gut. Nach wenigen Tagen war sie so begeistert von den Menschen und der Atmosphäre, dass sie vier Wochen später gleich noch einmal einen Flug hierher buchte. Diesmal sei sie auf eigene Faust unterwegs, erzählt sie weiter, nur mit einem *porter* sowie einem *guide* (»nur« ist gut, denke ich hochmütig schmunzelnd), und käme sich vor, als hätte sie den Jackpot des Lebens geknackt. »Zum ersten Mal realisiere ich, was in der Welt geschieht und worum es geht. Der Luxus in der Schweiz erscheint mir auf einmal absurd, völlig übertrieben. Ich brauche das alles gar nicht. Obwohl ich unmöglich aussehe und fettige Haare habe, bin ich in bester Verfassung – mehr als je zuvor. Ehrlich, ich fände gerade fast nichts schöner, als für immer in Nepal zu bleiben.«

Frikka arbeitet in einer renommierten Schweizer Bank und hat somit gute Kontakte zur gehobenen Einkommensschicht. Wenn sie wieder in der Schweiz ist, will sie sich auf die Suche nach Geldgebern machen, um ein Kinderprojekt in Pokhara zu unterstützen. »Das ist das, was ich kann – Geld besorgen. Und ich werde nicht lockerlassen, bis ich genügend zusammenhabe. Ich kann sehr ausdauernd sein, wenn ich will!« Sie lächelt mich so charmant an, dass ich nicht viel Phantasie benötige, um mir die zahlreichen Geldgeber vorzustellen, die ihr mit Vergnügen einen Scheck ausstellen. Ob aufgrund ihrer smaragdgrünen Augen oder aus Nächstenliebe, tut in einem solchen Fall nichts zur Sache. Ich bin beeindruckt. Und das von einer Frau, über die ich noch vor zehn Minuten herfallen wollte: »Neureiche Tussi! Wie kann man nur so ignorant sein und nichts mitkriegen von den Zuständen in der Dritten Welt.« Ich bekomme davon schon seit Jahren was mit. Und mache gar nichts. Nur schlau daherreden ...

Der Wirt steckt jetzt sein antikes Ausstellungsstück in die Tasche und gibt mir ein Zeichen zum Aufbruch. Ich bin zwar nach wie vor überzeugt, dass das eine Null-Aktion wird, aber ich will ihm die Freude nicht verderben. Brav trotte ich schnaufend hinter ihm den Berg hinauf. Nach einer knappen Stunde erneuter Plackerei gelange ich in den Genuss des einmaligen Panoramas, von dem alle Welt so schwärmt. Verständlicherweise. Direkt vor mir liegen Tibet und etliche berühmte Gipfel: Annapurna, Gurkha, Langtang und wie sie alle heißen.

Der Wirt holt gleich nach unserer Ankunft sein Telefon aus der Tasche und versucht, sich einzuwählen. Seine Anstrengung, mich partout unterstützen zu wollen, rührt mich. Auch wenn's beim Versuch bleiben wird, allein das Unterfangen ist eine Story wert.

Und dann geschieht wieder einmal ein kleines Wunder. Es funktioniert tatsächlich: Ich telefoniere auf knapp fünftausend Metern Höhe mit meinem Vater in Marktschellenberg! Es ist auch höchste Zeit. Meine Eltern waren schon außer sich vor Sorge. Sie hatten in den Nachrichten gehört, dass irgendwo in Nepal eine Brücke eingestürzt sei – und waren natürlich davon überzeugt, ich wäre gerade in dem Moment des Zusammenbruchs darüberspaziert. Hätte mein Vater mit Gefühlsäußerungen mehr am Hut, würde er womöglich heulen, derart erleichtert ist er, mich zu hören. Meine Mutter schaltet sich auch noch ein und brüllt mir ihre Freude so temperamentvoll ins Ohr, dass mir fast das Trommelfell platzt. Gegenseitig bestätigen wir einander, wie froh wir alle sind, dass es uns gibt.

Als das Gespräch beendet ist, strahlt mich der Nepalese an. Ein Glück, dass er nicht weiß, wie gönnerhaft ich ihn zuvor belächelt habe. Beschämt nehme ich seine Hand und schüttele sie so fest, dass ich dem armen Mann fast das Gelenk aus der Schulter kugele. Danach drücke ich ihm dankbar ein paar Rupien-Scheine in die Hand, und er trollt sich mit seinem kleinen Wunder der Technik, das wieder ordentlich in seiner Stofftasche verstaut ist, vergnügt von dannen.

Als er fort ist, setze ich mich einen Moment auf einem Stein und sauge diese Wahnsinnsaussicht in mich auf. Ich denke daran, dass es mit den Bergriesen bald ein Ende hat, denn von jetzt an beginnt der Abstieg. O Gott, schon ein Abschied? Nein, das nun nicht. Ich setze fest darauf, dass die Liebe in mir bleibt. Wenn ich eines verabschieden möchte, dann ist es die Angst. Gut, wir wollen realistisch bleiben: Es geht nicht darum, die Angst zu verteufeln, sondern mich mit ihr anzunehmen. Nichts gegen sie zu tun, sondern lediglich beobachten, wann sie mein

Handeln bestimmt. Ich kann froh sein, dass ich sie überhaupt spüre, ich, die doch immer überzeugt davon war, so etwas wie Angst gar nicht zu kennen.

Mir ist klar, dass das, was da gerade in mir wächst, Zeit braucht. Viel mehr Zeit als diese Reise. Es gibt keine Spontanheilung. Und ich weiß auch nicht, was am Ende dabei herauskommen wird. Vielleicht eine viel einfachere Existenz als das Bild, das ich immer von mir hatte. Viel weniger glorreich. Keine große Revoluzzerin, die vom Weltfrieden und der Notwendigkeit eines sozialen Umbaus spricht. Keine berühmte Regisseurin oder Dramaturgin, die ein völlig neues Theater auf die Bühne bringt. Keine Gründerin eines großen Gemeinschaftsprojekts. Vielleicht nichts von alldem – oder aber noch etwas viel Großartigeres.

Wie auch immer: Ich weiß nur, dass ich bestimmten Vorstellungen über mich und mein Leben nicht mehr hinterherlaufen möchte. Nicht mehr dem Bild dienen möchte, sondern dem, was real da ist. Allein die Intention eines Gut-machen-Wollens verhindert das Ankommen. Ich möchte immer noch politisch handeln, daran mitwirken, dass sich die Welt verändert, die Strukturen sich auflösen, die uns einsperren und voreinander abschirmen. Aber nicht, wenn dahinter die Motivation liegt, zu beweisen, dass ich ein guter und revolutionärer Mensch bin. Vor der Politik geht es zur Liebe. Das ist kein Kitsch, sondern existenziell. Weil ohne die Liebe eh alles schal ist. Liebe für mich – und im Grunde für jeden. Ich will keine Schubladen mehr in meinem Kopf, in die ich die Menschen hineinstecke. Ich sehne mich nach einem weiten Raum in mir, wo jeder seinen Platz findet, egal wie er ist oder was er macht. Als Allererstes mal ich selbst.

Auf dem entspannten Abstieg

Die heutige Strecke entlohnt mich für die gestrigen Strapazen. Es geht praktisch nur bergab, was ja meine große Trekkingspezialität ist. Ich werde noch bis nach Dhunche laufen: eine kleine Stadt, von der aus Busse nach Kathmandu fahren. Kurz hatte ich überlegt, noch den Trek zum Langtang zu machen, aber ich habe gerade das verwässerte Dhal Bhat und die Kälte satt. Das neue Jahr will ich mit einem richtigen Festessen beginnen, am liebsten gemeinsam mit Emma. Vielleicht ist sie ja noch in der Stadt.

Später Nachmittag in Sing Gompa

Der Weg war trotz stetem bergab weiter als gedacht; ich schaffe es nicht mehr nach Dhunche. Stattdessen bleibe ich in Sing Gompa, einem kleinen Dorf, das sich neben einem Bergkloster und einer anliegenden Käserei angesiedelt hat. Diesmal habe ich nicht nur meine Unterkunft, sondern den gesamten Ort für mich allein. Kein einziger Trekker weit und breit. Die alte Wirtin meines Hostels – wie um Himmels willen finanziert die sich hier oben? – versteht nicht ein einziges Wort Englisch. Mit Händen und Füßen sowie der wortkräftigen Unterstützung einer Nachbarin verständigen wir uns zumindest so weit, dass ich mein Dhal Bhat, einen Tee und einen Gemüsestrudel als Snack für die morgige Tour ordern kann. Zudem mache ich ihr noch klar, dass sie sich nicht wundern soll, wenn ich ganz früh verschwinden werde. Ich habe vor, um vier Uhr aufzubrechen, um noch rechtzeitig einen Bus nach Kathmandu zu erwischen.

Auf der Wiese in der Sonne

Seit der Entscheidung, morgen in die nepalesische Hauptstadt zu fahren, reicht es mir nun auch mit der Einsamkeit der Berge. Zum ersten Mal spüre ich so etwas wie Langeweile. Vor allem habe ich einen starken Drang nach Zivilisation, zumindest nach ein paar Standards, etwa einer Dusche (so asketisch wie die vornehme Frikka bin ich wohl nicht), einem warmen Zimmer und kulinarischer Abwechslung. Auf Reis und Linsen kann ich gerade verzichten. Und ich sehne mich danach, ein Buch zu lesen. Endlich mal wieder in eine andere Geschichte als meine eigene abzutauchen!

Liege faul in der Sonne, mache ein wenig Yoga und male mir aus, was ich in Kathmandu alles verspeisen werde. Am liebsten in einem dieser schrecklichen Restaurants in Thamel, wo sie – igitt! – europäische Küche servieren. Mit Wonne stelle ich mir gedanklich ein Menü zusammen. Beginnen würde ich mit einem Caesar Salad. Und Obst, Donner und Gloria, Obst, ja! Gefolgt von italienischer Pasta in öliger Soße und einem halben Kilo Parmesan. Dazu Rotwein und Wasser – mit Kohlensäure! Und als krönenden Abschluss einen gemischten Dessertteller mit Tiramisu und Eiscreme. Gefolgt von Obstsalat und Blauschimmelkäse und Weißbrot und Butter und Schokokuchen und, ja, natürlich – Mousse au Chocolat! Obwohl *ich*, braves und verantwortungsbewusstes Menschenkind, das ich bin, selbstredend *niemals* so eine frevelhafte Kolonialisierungsunterstützung begehen würde, nein! Allein bei der Vorstellung daran werde ich von einem nervösen Zucken ergriffen. Sowohl beim Gedanken an die Gourmetschlemmereien als auch der Imagination einer bestimmten Form von Mousse au Chocolat. Ich bin also immer noch im *craving* verhaftet und bislang nicht zur dogmatischen Nonne mutiert – Gott sei Dank.

Beim Essen in der verlassenen und leider recht düsteren *dining hall*

Herrje, jetzt reicht es mir definitiv mit dem verdammten Dhal Bhat! Zumal das Gemüse heute aus Kartoffeln besteht. Es gab also Reis, Kartoffeln und Linsen. Na fein. Das ist einer der Momente, in denen ich mir eingestehen muss, dass ich definitiv keine Einheimische bin und es wohl auch nie sein werde. Zu groß ist der großbürgerlich-dekadente Anteil in mir, der sich nach meinem Kreuzberger Billig-Gourmet-Franzosen sehnt, um mich an selbst gemachten Ravioli mit Kürbispesto zu laben. So stochere ich also lustlos auf meinem Teller herum und beobachte dabei den Mann der Wirtin, einen kleinwüchsigen Mann mit gegerbter und runzeliger Haut, der extra für mich den Ofen anheizt. Nach dem Essen setze ich mich mit meinem Tagebuch zu ihm. Er streckt seine schmutzigen Füße am Feuer aus, um sie zu wärmen. Als ich seinen linken Knöchel sehe, erschrecke ich. Er hat eine böse entzündete, an den Rändern stark verdreckte Wunde, aus der gelber Eiter tropft. Schnell hole ich das Antiseptikum und einen Verband aus meinem Zimmer und verarzte ihn. Er lächelt mich nepalesisch freundlich an. Danach starrt er wieder ins Feuer, reibt seine Hände und hält sie an die Flammen. Ihn scheint seine Entzündung nicht großartig zu beschäftigen. Mich schon. Das ist Armut. Selbst ein deutscher Hartz-IV-Großfamilienvater ist, gemessen an dem, wie die Menschen hier leben, reich.

Gleichzeitig hatte ich den alten Gedanken, dass ich die Armut in Nepal weniger schlimm empfinde als bei uns. Oder zumindest weniger erdrückend. Und dies hat nichts mit einer Bagatellisierung oder gar Romantisierung der Zustände zu tun. Es geht um das innere Leiden, die Selbstvorwürfe, die Schuld, die es hier – so mein rein subjektiver Eindruck – nicht so stark gibt. Weil praktisch jeder davon betroffen ist. Bei uns hingegen ist Armut Ausdruck des Versagens. In dem letzten Theaterprojekt, bei dem ich als Dramaturgin mitgewirkt habe, ging es um Menschen aus deutschen Großstadtrandgebieten, in denen Hartz IV zur zweiten Identität geworden ist. Die Betroffenen führten wahrlich kein Luxusleben – was in unserer Happy-Konsumgesellschaft sicherlich kein Zuckerschlecken ist. Weitaus dramatischer erschien mir jedoch die innere Tristesse: die Resignation und die nicht thematisierte Scham. In den Köpfen dieser Menschen stand geschrieben: »Ich selbst trage Schuld an dieser Situation. Ich selbst habe es zu verantworten, wenn ich es nicht geschafft habe und folglich ein Loser bin. Ausgerechnet mir ist es nicht gelungen, etwas aus meinem Leben zu machen, obwohl ich theoretisch die Chance dazu gehabt hätte. Da kann ich nur Schuld empfinden. Alle können es schaffen. Jeder ist seines Glückes Schmied.« Das sind die Schattenseiten der Individualisierung. Zumal es keinen Gott mehr gibt, dem man die Verantwortung für das eigene Los in die Schuhe schieben kann.

Ich schätze, der Mann hier am Feuer ist Hindu. Zumindest kann ich bei seiner Frau einen roten Punkt zwischen ihren Augen erkennen, das Zeichen für eine verheiratete Hindu. Im Hinduismus hat man einen völlig anderen Blick auf das Leben. Man konzentriert sich auf die seelische Entwicklung über mehrere Inkarnationen hinweg. Die Seele ist vergleichbar mit einem Haufen Steinen, den einzelnen Leben, aus denen irgendwann ein Gebäude wird. Und dabei geht es nicht darum, bestimmte Steine – auch nicht den untersten – auszulassen. Der würde dann ja im Fundament fehlen. Dies als meine Interpretation des Kastenwesens, mit dem ich – hübsch theoretisch betrachtet – kein Problem habe. Wenn ich allerdings von dem Umgang mit der untersten Schicht höre, den sogenannten Kastenlosen oder auch Unberührbaren, die behandelt werden wie Sklaven und nach wie vor kaum persönliche Rechte haben, stellt es mir entrüstet die Fußnägel auf: Das ist unmenschlich und brutal – wie immer, wenn Menschen blind ein vorgegebenes Konzept verfolgen und aufhören nachzudenken. Wenn Ungerechtigkeit nicht auf äußere Umstände zurückgeführt wird, sondern auf das jeweilige Kharma. Veränderung also gar nicht möglich ist, weil die Umstände nicht als ungerecht, sondern als gottgegeben empfunden werden.

Andererseits: Ist das in Deutschland so anders? Verstehen wir uns wirklich als Akteure unseres Lebens? Ich glaube nicht, dass ich mit meinen Versagensängsten, mit meiner mich selbst einengenden Leistungsstruktur die Ausnahme bin. Unser Leben basiert nicht auf dem Versuch, Bedürfnisse zu befriedigen, sondern darauf, etwas zu sein, zu werden und darzustellen.

Wir sind Puppen! Büchner sagte das doch, oder? Traurige Puppen im Fassadenaufrechterhaltungsspiel, in dem es permanent um Vergleich und gegenseitiges Ausstechen geht. Relaxt-intelligent-feminin-berührbar-erfolgreich-animalisch oder stark-clever-siegessicher-dabei-bitteschön!-sensibel. *Sollten* und *müssten*. Und merken dabei nicht einmal, dass wir das Zepter nicht mehr in der Hand halten. Vom Ausstieg aus der selbst verschuldeten Unmündigkeit kann keine Rede sein. Zwar haben wir die Götter über den Jordan geschickt, nicht aber die Restriktionen in unserem Kopf und die damit verbundenen Richtig-falsch-gut-böse-Moralvorstellungen. Je nachdem, welcher »Clique« man angehört, lauten nur die Ansprüche anders, man suche sich aus: Leistung, Erfolg, Schönheit, Selbstbewusstsein, Intelligenz, Natürlichkeit, Extravaganz, Kreativität, Extrovertiertheit oder sexuelle Attraktivität.

Ich möchte laut schreien: Lasst uns aufhören, so zu tun, als wären wir perfekt oder müssten es überhaupt sein! Lasst uns die Unperfektion zelebrieren, das Fehlermachen, die *bewusste* Dummheit. Weil das notwendig ist, damit wir uns als Menschen weiterentwickeln, aber nicht zu mehr Produktivität, sondern zu mehr Herz.

Jetzt kommt mir dieser Internatsleiter und Buchautor in den Sinn, der sich allen Ernstes hingestellt und proklamiert hat, die Wurzel allen Übels wäre der allgemeine Werteverlust, allen voran sollte der Disziplin wieder mehr Bedeutung eingeräumt werden. Das wäre ja auch an sich in Ordnung, wenn es allein seine private Meinung wäre. Schlimm ist allerdings, auf welchen Anklang er mit seinen reaktionären Ansichten stieß. Förmlich aus den Händen gerissen haben sie ihm seine Reden vom »Lob der Disziplin«!

Und nochmals möchte ich schreien (waren es die Kartoffeln im Essen, die mir da solch eine Energie in den Hintern geschossen haben?): Es fehlt in Deutschland doch nicht an Disziplin! Es fehlt an Liebe, an Verständnis, an Empathie für die anderen, für sich selbst. Wir müssen mehr aus dem Herzen heraus handeln. *Mit dem Herzen denken*. Damit wir endlich die Verantwortung für unser Handeln übernehmen können. Das meint auch Ken Wilber, wenn er von transformativer Spiritualität spricht. Und genau das braucht es, eine Kraft, die aus einer Verbundenheit rührt und uns zum Tun bringt. (Mir dünkt, ich – offensichtlich wahre Expertin seines Denkens – habe vorzeitig Wilbers Buch verschmäht ...) Wenn Gott die Liebe ist, was heißt das denn, ihm/ihr sein Leben hinzugeben? Und wie wäre mein eigenes Leben, wenn ich mich bei meinem Tun frage: Handele ich aus Angst oder aus Liebe? Trete ich in Aktion, damit ich »eine Gute« bin, mich nicht schuldig fühle und Anerkennung erhalte? Oder mache ich etwas, weil es mich in meinem Innersten befriedigt? Was würde wohl passieren, wenn ich alle So-sollte-ich-oder-jemand-anders-sein-Vorstellungen in den Himalayaschluchten versenken würde?

Gute Fragen. Ich weiß noch keine Antwort. Aber ich glaube, das ist der rote Faden, den ich hier in Nepal suchen wollte. Ich nehme ihn auf jeden Fall mit ins neue Jahr.

Puh, habe mich richtig in Rage geschrieben, der Stift tobte über das Blatt – das musste offenbar mal raus. Amen. Ich verlasse die Kanzel ...

Recht unspektakulär in meiner Koje

Es ist Silvester, und ich überlege ernsthaft, um acht Uhr abends schlafen zu gehen! So sang- und klanglos kann ich dieses Jahr doch nicht vorüberziehen lassen, oder? Ich müsste eigentlich ganz groß feiern, da dieses schreckliche 2007 nun zu Ende geht und ich immer noch am Leben bin. So viel Champagner könnte ich gar nicht trinken, wie es das wert wäre. Mal abgesehen davon, dass es so etwas in diesem Ort gar nicht gibt – ich sag es ja immer: Scheiß Armut.

1. Januar 2008
Mitten im Niemandsland

Das neue Jahr ist gerade mal ein paar Stunden alt, und ich stecke schon wieder im einem ausgesprochenen Superschlamassel. Irgendwann nachts wachte ich auf, sah mir den Mond an und schätzte, es könnte ungefähr vier Uhr sein. Also machte ich mich auf den Weg, besser gesagt, auf die Suche danach, was in der Dunkelheit kein simples Unterfangen war. Zudem hatten sich wohl alle Geister und Kobolde zusammengetan, um mir einen kleinen Neujahrsstreich zu spielen. Nach kürzester Zeit hatte ich – soeben gekürter Orientierungschampion des Himalaya – mich jedenfalls verlaufen und irrte hilflos im Wald umher. Dann gab auch noch meine Taschenlampe den Geist auf, natürlich nicht auf gerader Strecke, sondern mitten beim Abstieg eines Steilhangs. Als ich zum Schluss mit meinem Trekkingstick ins Leere stieß und beinahe die Böschung hinuntergestürzt wäre, sah ich zähneknirschend ein, dass meine abenteuerliche Neujahrswalkidee in der Realität nicht gerade das Ei des Kolumbus darstellte. Im Klartext: Solange es nicht hell werden würde, konnte ich ein Weitergehen vergessen, wenn ich mein neues Jahr nicht eingegipst in einem nepalesischen Krankenhaus beginnen wollte. Also packte ich meine Yoga-Matte und den Schlafsack aus, zog alles an, was ich im Rucksack an Klamotten dabeihatte, und versuchte, es mir so gemütlich wie möglich auf dem eiskalten Waldboden zu machen. Meine ansonsten eher peinliche Neigung, sofort und überall entspannt schnarchend zu entschlummern, sobald es dunkel ist und ich mich in der Horizontalen befinde, war heute mein Segen.

Ich kleiner Vollidiot muss mich beim Aufbruch eindeutig in der Zeit verschätzt haben, denn ich schlief sicherlich noch zwei bis drei Stunden richtig tief in meinem Schlafsack. Jetzt, beim erneuten Aufwachen, beginnt der Morgen erst zu grauen. Allmählich sehe ich etwas – und zwar, dass ich richtig in der Bredouille stecke. Vor mir erstreckt sich nichts außer dichtem Baumbewuchs, und nicht die Spur eines Weges oder auch nur der Hauch eines klitzekleinen Trampelpfades. Urwald pur.

Vor Schreck esse ich erst einmal meinen vorzüglichen,

aber viel zu kleinen Gemüsekuchen auf und widme mich anschließend erneut meinem Abstiegskampf. Okay, was soll's! Zwar hatte ich andere Bilder im Kopf gehabt, als ich mich auf meinen Neujahrsmarsch freute: Teresa im Glück, frohen Mutes und dynamischen Schrittes der aufgehenden Sonne im Himalayagebirge entgegen. Stattdessen schlittere ich nun ziemlich erbärmlich die Böschung hinab. Aber egal, ich lasse mir meinen Abenteuertrip nicht so leicht vermiesen! Als ich eine Stunde später kurz davor bin, gute Vorsätze hin oder her, meine Geduld den Abhang hinunterzustoßen, finde ich den Weg. Also doch Orientierungschampion!

Ich sehe Dhunche direkt vor mir, lediglich einen Katzensprung entfernt. Oder nicht ganz, realisiere ich kurz darauf, eher ein Riesenmeilensprung. Denn zwischen mir und Dhunche befindet sich ein verdammt tiefer Graben. Das bedeutet wohl oder übel, dass ich um ihn herum und damit leider auch erst einmal wieder dort hinauf muss, von wo aus ich gerade hinuntergestolpert bin – zumindest ein kleines Stück. Ich gebe es ehrlich zu: Meine neu gewonnene königliche Vipassana-Gelassenheit ist nur unter bestimmten Bedingungen richtig stabil. Nämlich dann, wenn ich nicht bergauflaufen muss, mindestens einen Kaffee getrunken und vor allem keinen Hunger habe – Himmel, Arsch und Zwirn!

```
Später –
im Zustand kurzzeitiger Entgleisung
```

Ich könnte in dieses neue Jahr hineinkotzen! Von wegen kleines Stück. Ich muss alles, wirklich *alles*, was ich zuvor im Schweiße meines Angesichts hinuntergeschlittert bin, nun im dreifachen Schweiße meines Angesichts wieder hinauf – meine *gesamte* Nachtaktion war also doppelt vergebens. So eine hirnverbrannte Schnapsidee! Wie kann man denn nur derart blöd sein – jetzt vermiese ich mir mein gesamtes Neujahr, ja, generell meinen gesamten Neustart ins Leben! Wenn das Jahr schon auf diese Weise anfängt, wie soll denn da noch was Gutes dabei herauskommen? Vor allem will ich nicht mehr laufen! Wo ist dieser verdammte Weg nach Dhunche?!

Endlich, nach ungefähr hundert Stunden steilen Aufstiegs, gelange ich an eine Wegkreuzung, an der ein Schild nach Dhunche verweist. Links von mir sehe ich in der Ferne das Kloster von Sing Gompa – von wo aus ich nachts gestartet bin. Mittlerweile ist mir alles egal, und zwar nicht spirituell verbunden egal, sondern hungrig egal. Irgendwann werde ich heute noch Dhunche erreichen, und wenn es keinen Bus mehr nach Kathmandu gibt, miete ich mir ein Taxi, ein Motorrad, notfalls auch einen Hubschrauber – Hauptsache, ich erhalte ein erstklassiges Frühstück. Ohne *Tibetan fried bread* und ohne diese Ekelmarmelade, die praktisch nur aus Zucker und synthetischen Giftstoffen besteht. Ich will Croissants und Nusshörnchen. Frisch gebackene Nusshörnchen. Exakt solche, wie sie damals in Pokhara an der Busstation verkauft wurden. Die so gut gerochen haben und vor Fett triefen!

Weitere drei Stunden später, in Dhunche

Der Gedanke an die Nusshörnchen ließ mich den Berg hinuntersprinten wie Spiderman. Dennoch dauerte es noch eine Ewigkeit. Als ich vor Hunger fast doppelt sah, erreichte ich nach rund fünf Stunden Marsch ohne Pause schließlich Dhunche. Ort meiner sehnsüchtigen Träume in den letzten Stunden, den ich aber zunächst mit keinem Blick würdigte. Geradewegs stürmte ich in das erstbeste Restaurant, das sich fand. Hier sitze ich nun – ohne Croissants und Nusshörnchen, aber auch ohne *Tibetan fried bread*. Stattdessen wurde mir Kartoffelbrot mit dicker Kruste serviert, dazu erstmalig in Nepal Butter, weiterhin ein Apfelpfannkuchen und ein riesiger Becher Kaffee mit *echter* Milch anstatt des Instantpulvers. Großartig.

Ich frage nach den Bussen, die nach Kathmandu fahren, und erhalte zur Antwort, dass alle schon längst abgefahren seien. Und wie sieht es mit einem Sammeltaxi aus? »*No taxi, it's off season, sorry madam*«, antwortet der junge Kellner bedauernd und fügt hinzu, dass ich bis morgen warten müsste.

O je. Jetzt bin ich aber enttäuscht. So richtig enttäuscht. Das ist nicht fair. So tapfer habe ich mich geschlagen, und nun soll alles für die Katz gewesen sein? Keine Schlemmerei mit Emma, kein weiches Bett, keine Dusche – keinerlei Neujahrsehrung?

Aber Moment mal, da kommt noch was, da kommt doch immer was! Ich stürme aus dem Restaurant und laufe die Straße hinunter. Vielleicht entdecke ich ein Motorrad, das ich klauen kann, oder einen in einem Hinterhof versteckten Flughafen. Oder mir begegnet irgendein Typ, der Lust hat, mit mir eine achtstündige Spritztour nach Kathmandu zu machen – es wäre ja nicht das erste Beinah-Wunder auf diesem Trip. Kein Schwein spricht mich an. Stattdessen realisiere ich, dass Dhunche sehr hübsch ist. Zwar um vieles kleiner als Kathmandu, mehr ein größeres Dorf, aber dennoch eine wahre Oase im Vergleich zur Verlassenheit der Berge. Es gibt Internet und Telefon, diverse Snackangebote, vielleicht finde ich sogar einen Buchladen, der einen Harry-Potter-Band auf Englisch hat? Das wäre noch das letzte Glanzstück dieses Tages! Auf jeden Fall kann ich hier mit Wonne bis morgen bleiben und mein Neujahr feiern – zwar ohne Emma, aber das lässt sich ja nachholen. Bin selig wie ein Kind an Weihnachten, einfach weil alles wieder rund läuft.

Ich kehre in das Restaurant zurück und erkläre dem strahlenden Kellner, ich würde einen der auf der Tafel über der Theke vermerkten »*clean and cheap rooms*« mieten. Er grinst freudig, stellt sich als Yak vor, und verspricht, mir abends ein feudales Neujahrsdinner zuzubereiten. »*Wenn du willst, kann ich dir sogar einen frischen Apfelkuchen backen. Ich weiß: Heute ist Neujahr in deinem Land!*« Ich könnte einen Wiener Walzer mit ihm auf den dreckigen Steinfußboden legen! Als er mir dann noch mein Zimmer mit Dachterrasse, direktem Blick auf die Berge und heißer (wirklich heißer!) Dusche zeigt, schwebe ich endgültig im siebten Himmel. Wenn dieser Tag, der, obwohl es gerade elf Uhr ist, erlebnisreich wie eine ganze Woche war, als Omen für 2008 steht, dann kann ich mich ja auf was gefasst machen. Halleluja! Jetzt werde ich erst einmal ausgiebig meditieren. Habe richtig Lust darauf, und danach gehe ich shoppen!

Abends in schönster Innigkeit mit mir und der Welt

Welch delikates Neujahrsdinner! Yak hat seine Versprechungen noch übertroffen. Jetzt liege ich auf meinem Bett und höre, wie sich eine Gruppe von christlichen Nepalesen nebenan im *dining room* versammelt, um Neujahr zu zelebrieren. Sie sind laut und fröhlich; kurzzeitig war mir ein wenig einsam zumute. Nachdem ich mir jedoch ein paar Kerzen angezündet und mich in mein Bett gekuschelt habe, bin ich zufrieden. Nein, mehr: tief bewegt. Was für ein Leben liegt vor mir! Ich werde alles sein, alles machen können, was *ich* will. Weil ich zur Liebe gefunden habe. *Das* ist Gott. Die Liebe in mir. Der Platz, von dem aus ich in Empathie auf mich selbst und dadurch auch auf alle anderen schauen kann. Und von dem aus ich meine Zukunft gestalten will. So einfach. Und so komplex.

Ich verneige mich vor dem Leben, vor der Schönheit *meines* Lebens. Der Buntheit. Dem Chaos. Dem Himmel-hoch-jauchzend-und-zu-Tode-Betrübt. Dem ständigen Wechsel. Ich verstehe von Tag zu Tag weniger – und doch manchmal alles. In jedem Fall ist das Leben urplötzlich leicht und hell, wo es vor kurzer Zeit noch so unerträglich schwer und undefiniert grau und düster erschien. Ich bin voller göttlicher Energie. Nein, das kann ich nicht schreiben, die zeigen mir 'nen Vogel! Wenn ich wenigstens dichten könnte, aber so, mit meiner verkitschten Pathossprache, da mache ich mich nur lächerlich. Andererseits: Wen kümmert's? Dann lachen sie mich eben aus. *Yeah!* Ihr könnt mich alle mal, ihr blöden Fesseln, die ich mir permanent höchstpersönlich anlege, weil ich ständig alles und jeden, vor allem mich selbst, bewerte, beurteile, belästere oder abfällig beäuge.

Ich bin authentisch, bebe vor innerer Verzücktheit, vor Empfindung, vor Energie. Und ich bestimme über meine Existenz, niemand sonst! 2008 – lass mich in dich hineinspringen, ich habe Lust zu leben, die Kontrolle zu verlieren, nicht zu wissen, was am Ende bei alledem herauskommen wird. Den Schritt ins Ungewisse wagen. Ohne Angst – das fühlt sich himmlisch an.

Die Truppe von nebenan fängt nun laut zu singen an. Ich werde mich zu ihnen gesellen. Mal sehen, vielleicht lässt sich mein spärliches Liederrepertoire ja erweitern.

2. Januar 2008

Sitze mal wieder im Bus, und mal wieder kennt der Fahrer kein Erbarmen: Kein Schlagloch wird ausgelassen, in jedes mit Vollgas hineingebrettert. Das Essen hängt wie üblich an sämtlichen Buswänden, was das fröhliche Gequassel nicht stört. Nun erwartet mich der Hangout meiner Reise – Kathmandu. Das heißt: unter Menschen sein, sprechen, sich in einer Stadt bewegen. Das heißt auch, mich auf meinen Heimflug nach Berlin nächste Woche vorzubereiten. Habe gestern Emma angerufen, sie weilt tatsächlich noch in ihrem Hostel und war ganz aus dem Häuschen, als ich ihr eröffnete, ich würde heute kommen. Ich bin auch riesig froh, sie zu sehen.

Der Abschied von den Bergen fiel mir nicht leicht, aber es war schon okay. Der Bogen ist rund, ich kann zurück nach Hause. Das, was ich hier gefunden habe, werde ich nicht so leicht verlieren. Und wenn doch, werde ich es auf jeden Fall wiederfinden. Insbesondere die letzte Woche in den Bergen hat mich das Prinzip von *annicsha* verstehen lassen. Mir scheint, ich habe den ewigen Wechsel von allem mit meinem Herzen kapiert.

Neben mir im Bus sitzt ein Mann mit einem kleinen Mädchen auf dem Schoß, das mich mit seinen riesengroßen braunen Augen neugierig mustert. Der Fahrer legt plötzlich einen kleinen Loop hin, und das Mädchen hält sich verzweifelt die Hand vor den Mund. Mittlerweile kenne ich die Sitten. Ich bedeute ihr somit, dass sie sich über mich beugen kann, um sich zum Fenster hinaus zu übergeben. Sie macht es. Endlos. Ich streiche ihr über den Rücken, während sich ihr ganzer Körper zusammenkrampft. Irgendwann ist es besser, und sie lehnt sich erschöpft an mich und schläft sofort ein.

Als ich sie beobachte, wie sie sich in meinem Arm entspannt, sind plötzlich mütterliche Regungen in mir, wie ich sie bislang nicht kannte. Wie schön muss es sein, in so einem Gefühl von innerer Verbundenheit Mama zu werden! Ich fand diese Vorstellung bislang immer nur mäßig interessant. Nicht vergleichbar mit dem, was man alles aufzugeben hat, wenn man sich auf diesen lebenslangen Vertrag einlässt, der sich nun mal nicht beliebig kündigen lässt. Egal, ob mir das Mutterdasein gefällt oder nicht, die »Arbeitsbedingungen« gut sind oder schlecht, das soziale Umfeld als angenehm oder unangenehm empfunden wird – den Job wird man nicht mehr los. Gerade scheint mir eben das eine faszinierende Vorstellung zu sein – zumindest bei einem Mädchen wie in meinem Arm. Ewig könnte ich hier so sitzen, mit diesem weichen Bündel, das sich in diesem Schleudersitz mitten in den Bergschluchten Nepals an mich schmiegt.

Und ich könnte auch hier bleiben. Oder zumindest oft wiederkommen. Um vieles von dem, was ich bislang nur erahne, richtig kennenzulernen. Die Menschen, die Kultur, die Religion. Ich weiß noch so wenig, und dennoch habe ich den Eindruck, etwas von Nepal gesehen zu haben. Durch das Schweigen, durchs Wandern, durchs einfache Da-Sein und durchs Beobachten. Auf leisen Sohlen hat sich dieses Land in meinem Herzen eingenistet. Klammheimlich und still. Wie froh bin ich, nicht auf dem Jakobsweg gepilgert zu sein!

Ausschwingen in Kathmandu

3. Januar 2008

Ich habe Emma getroffen – und gemeinsam mit ihr geheult (endlich wieder ...). So froh waren wir, dass wir uns noch einmal begegnen, und zwar »in Freiheit«. Sie ist nach wie vor bezaubernd und fast noch witziger als während des Vipassana-Kurses. Feudalst haben wir in einem nepalesischen Nobelrestaurant gespeist und fast die halbe Nacht gequatscht. Ich kann also noch unter Menschen sein und bin nicht zu lebenslanger Einsamkeit verdammt. Emma und ich haben während des Vipassana-Retreats ja nicht viel gesprochen, und dennoch ist mir, als würde ich sie schon seit Ewigkeiten kennen. Es fließt, ohne dass ich nachdenken muss. Bei ihr stellt sich nicht die Frage, ob ich die richtigen Dinge sage. Unsere Gespräche sind leicht, aber auch tiefsinnig und intensiv.

Sie ist ebenso überwältigt von den Nachwirkungen der Vipassana-Zeit wie ich. Wir sprechen darüber, was das Gebot des *no craving* für eine Liebesbeziehung bedeutet. Emma fragt: »Aber es ist doch wunderschön, in so einer Sehnsucht, in so einem Zustand des unendlichen Verlangens zu sein. Darf ich das dann nicht mehr empfinden?« Ich referiere ein wenig über meine Mousse-au-Chocolat-Theorie: »Die ›Gefahr‹ beim Verlangen besteht darin, beim anderen etwas zu suchen, was nur wir selbst uns geben können. Ein Dessert ist eben ein Dessert und nicht der Hauptgang.« Ihr ist das viel zu unromantisch. Und schwärmt mir in Folge nahezu eine halbe Stunde von dem Mann vor, für den sie liebend gern bis an ihr Lebensende auf den Hauptgang verzichten würde. Meinen Neid, der mir vor lauter Sehnsucht nach einem so unerleuchteten und trivialen Liebesakt fast aus dem Mund tropft, versuche ich mit dem Gedanken zu unterdrücken, dass sie eben bei Weitem noch nicht so weise ist wie ich.

Nach ihrer Hymne auf die Männer und die Liebe verfallen wir beide einer Heißhungerattacke. Dem Himmel sei Dank, dass wir in Kathmandu und nicht in den Bergen weilen – wenn auch weder ein interessanter Mann noch ein Mousse au Chocolat auf den Tisch zu bekommen sind, dann zumindest ein leckerer Reispudding.

Emma hat mich in ein kleines, gemütliches Familienhostel gebracht, das von einem französischsprachigen Schweizer und seiner nepalesischen Frau geführt wird. Es ist bereits seit ihrer Ankunft in Kathmandu ihr Basisquartier, und sie ist begeistert davon. Verständlich, denn es halten sich hier überwiegend Menschen auf, die sich jeweils für einige Monate im Jahr einmieten. Somit hat die Atmosphäre nichts Touristisches an sich, kein Vergleich zu den Backpackerhostels in Thamel.

Ich frage eine Künstlerin aus Bordeaux, die gerade dabei ist, ihren Hauptwohnsitz nach Kathmandu zu verlegen, was sie denn so an Nepal begeistert. »Die Wärme unter den Menschen«, sagt sie, ohne zu überlegen. »Wenn du so wie ich jedes Jahr länger hier bist und in dieser freundlichen Heiterkeit badest, hältst du es irgendwann nicht mehr in Frankreich aus. Da verkümmerst du innerlich.« Ich verstehe, was sie meint. Nepal ist mitnichten reich zu nennen, aber es pulsiert, man spürt das Leben, das Herz, die Verbundenheit. Die Armut lässt sich immer noch nicht schönreden, und die Tatsache, dass hier Menschen sterben, weil sie sich keinen Arzt leisten können, bleibt weiterhin himmelschreiend. Aber ich reduziere Nepal nicht mehr ausschließlich darauf, wie noch zu Beginn meiner Reise. So kann ich mittlerweile kaum glauben, dass ich Kathmandu anfangs so furchtbar fand. Gut, ich wohne auch nicht mehr in Thamel, das macht einen riesigen Unterschied. Aber vor allem bin ich jetzt von dem Chaos und dieser Mischung aus Spiritualität und Großstadtmoloch fasziniert statt abgestoßen.

Ich überlege ernsthaft, ebenfalls einmal für längere Zeit hierher zu kommen. Ein Zimmer mieten, arbeiten, die Sprache lernen, schreiben. Und zum Frühstück in den kleinen Imbiss gehen, der von zwei Brüdern betrieben wird. Emmas Stammlokal. Ab heute auch meines. Jeden Morgen treffen sich dort einheimische Männer, trinken *chiyaa*, quatschen ein wenig und essen die diversen Snacks, Kichererbsenbrei, Gemüsebällchen, frittiertes Brot oder indische *samosas*, in Fett gebackene und mit Gemüse gefüllte Teigpyramiden. Alles nichts für figurbewusste Westmenschen. Entsprechend sind wir zwei Touristinnen dort die Attraktion schlechthin. Die Brüder machen sich einen Spaß daraus, uns aufzuziehen und mit uns zu schäkern, wo es ihnen nur möglich ist. Emma kann schon so gut Nepali, dass sie fähig ist, schlagkräftig zu kontern. Ich selbst beherrsche einzig ein paar Worte, weshalb ich die meiste Zeit dümmlich vor mich hinlache. Ist aber gerade völlig unwichtig. Und zum Flirten braucht man Sprache gleich dreimal nicht ...

Verzückt in einem Spiri-Buchladen

Ich habe eine Postkarte mit der Fraser-Spirale entdeckt und kann mich kaum mehr beruhigen vor Freude über diesen Zufall! Diese Spirale, die in Wirklichkeit gar keine ist, sondern aus kleinen, ineinander verschlungenen, aber in sich geschlossenen Kreisen besteht, wurde von meinem heiß geliebten Soziologieprofessor als *die* Metapher schlechthin angesehen. Und zwar für einen der grundlegendsten Sätze der Soziologie: »Nicht nur ist die Welt nicht das, was sie zu sein scheint, sondern sie könnte auch anders sein, als sie ist.«

»Du musst den Satz in dir begreifen«, hat er immer wieder zu mir gesagt. »Selbst dann, wenn es dir schwerfällt, überhaupt nur auf die Idee zu kommen, es könnte in einer bestimmten Situation noch eine andere Auslegung außer deiner eigenen Wahrnehmung geben. Wenn du zum Beispiel in eine Situation gerätst, wo jemand kleine Kinder abschlachtet, und du es schaffst, nicht mehr sicher zu sein, was hier genau passiert, dann bist du nahe daran, zu begreifen, was Soziologie bedeutet!« Als ich mich in dieser nepalesischen Buchhandlung, vollgestopft mit Literatur über Buddhismus und Meditation, wieder an seine Worte erinnere, wird mir klar, dass die Fraser-Spirale und damit dieser Satz die Grundlage bilden, um menschliches Handeln zu *verstehen*. Und so auch die Basis für jede Form von Mitgefühl. Ebenso sind sie entscheidend für das Verständnis von Vipassana, weil das ja die Fähigkeit impliziert, genau beobachten zu können, was *ist*. Das setzt Nichtwissen voraus. Warum schlachtet jemand Kinder ab? Welcher Sinn steht hinter diesem Handeln? Genauso wie ich mich fragen kann: Warum bin ich zuweilen selbstsüchtig, jähzornig, größenwahnsinnig – was gibt also meinem eigenen Handeln Sinn? Antworten auf diese Fragen zu *suchen* – in Abgrenzung zum Finden! –, ohne das Tun zu rechtfertigen oder zu verurteilen, allein darum geht es.

Damals war ich allerdings völlig empört über die provokanten Reden meines Soziologiepapstes. Wie konnte er es wagen, so zu sprechen? Es ging doch gerade darum, die Welt zu verändern, all ihre Übel auszulöschen. Sämtliche Grundsätze, die mir wichtig waren, lachte er mit seinen Gedanken frech aus: »Das Problem ist eure beschissene Moral. Ihr denkt, ihr wisst, was gut ist und was schlecht. Ihr lauft mit fertigen Thesen im Kopf herum, die ihr bestätigt wissen wollt.«

Harter Tobak. Drei Jahre habe ich für ihn gearbeitet und mich oftmals heiß mit ihm gestritten. »Du bist vollkommen unpolitisch!«, warf ich ihm vor. Er war es auch. Aber traf dennoch den Kern. Die Moral, also all unsere Überzeugungen von richtigem und falschem Handeln, die gilt es über Bord zu werfen.

Und bei dieser Erkenntnis fängt die Demut vor der Komplexität des menschlichen Handelns an. Eben jenes Nichtwissen. *Conditio sine qua non* – das eigene Handeln wie auch das der anderen zu beobachten, ohne es zu *bewerten*. Dazu fällt mir noch ein anderer Satz ein – von Rumi: »Jenseits von Richtig und Falsch gibt es einen Ort. Dort treffen wir uns.«

Wenn ich diese beiden Sätze leben kann, im Herzen und nicht nur im Kopf, dann habe ich womöglich verstanden, was Verstehen impliziert.

Ich kaufe mir die Fraser-Spirale, damit ich mich in bestimmten Momenten daran erinnere, dass die Welt mit den Augen eines anderen völlig unterschiedlich aussehen kann, und zwar so unterschiedlich, dass es mir nicht einmal gelingt, eine Vorstellung davon zu haben. Sicherlich eine hilfreiche Ausgangslage, wenn mir mal wieder so ein richtiges Monsterarschloch begegnet. Oder wenn ich Angst habe, ständig nur im Kreis zu herumzulaufen ...

4. Januar 2008
Frühmorgens fröstelnd und im Dunklen auf dem Durbar Square

Ich sitze bei einem alten Teeverkäufer und trinke heißen *chiyaa*. Trotz der frühen Stunde und der Finsternis ist die Hölle los. Ich denke an Roza, die spanische Filmemacherin, die mir auf der Fahrt zum Vipassana-Zentrum so von diesem Ort vorgeschwärmt hat. Ich war schon gestern und vorgestern hier – an dem Trubel kann ich mich schier nicht satt sehen. Überall brennen Feuer, die Menschen stehen um sie herum, unterhalten sich angeregt und wärmen ihre kalten Finger. Tagsüber klettert das Thermometer zwar auf über zwanzig Grad plus, aber in diesen frühen Morgenstunden steigt es kaum über den Gefrierpunkt hinaus. Alle paar Meter sitzt ein Mann auf einem kleinen Hocker und bereitet mithilfe eines Spirituskochers Tee zu. Die Händler touren wieder mit ihren mit Obst und Kleidung beladenen Fahrrädern durch die Gegend. Die Frauen hingegen sind vornehmlich damit beschäftigt, die unzähligen Tempel für das morgendliche Opferritual, das anscheinend jeder Einwohner Kathmandus vor Tagesbeginn zelebriert, herzurichten. Erstaunlich ist das Zusammenspiel von Religion, Mensch und Tier. Während einige beten, laufen Kühe und Hühner munter durch die heiligen Stätten, andere bauen unmittelbar neben ihnen ihre Marktstände auf – völlig skurrile Bilder und gleichzeitig auch so selbstverständlich. Normalität ist in der Tat nur eine (Seh)-Gewohnheit und hat nichts mit Natürlichkeit zu tun. Das hat schon Gandhi gesagt – war eben nicht blöd, der Mann ...

Bei den Brüdern im Teeimbiss

Ich futtere *samosas* mit Kichererbsenbrei und warte auf Emma, die mit einem kleinen Jungen losgezogen ist. Wir kommen gerade von Pashupathinath, der heiligen Hindu-Stätte am Bagmati-Fluss, an dem die Leichenverbrennungen stattfinden. Vierundzwanzig Stunden am Tag, sieben Tage die Woche wird da ein Leichnam nach dem anderen verbrannt. Zwei Stunden dauert es bei einem Mann, drei Stunden bei einer Frau. Frauen haben mehr Fett, habe ich mir erklären lassen, deshalb der Zeitunterschied.

Das Verbrennungsritual gleicht fast einem Fest. Alle Angehörigen und Freunde versammeln sich am Fluss, die Leiche wird auf einen riesigen Holzstoß gelegt und anschließend angezündet. Die Menschen singen und tanzen dabei und lobpreisen den Eintritt des Toten ins Nirwana. Ich wünsche mir, dass meine eigene Beerdigung später einmal ähnlich feierlich gestaltet wird. Dass der Tod in unserer Kultur überhaupt einen Platz im Leben erhält und nicht nur als graues Gespenst herumgeistert, das sich immer größer und unheimlicher gestaltet, je älter man wird.

Oder aber auch von einem Tag auf den anderen über einen herfällt. Mein Schwager starb vor vier Jahren. Urplötzlich im Schwimmbad umgefallen – und auf einem Schlag war alles anders. Meine Schwester stand allein da mit meinem Neffen. Vor allem aber auch mit ihrer Verzweiflung, ihrer Trauer, ihrer Wut. Es gab Menschen, die haben sich nicht mal getraut, sie anzurufen, so schockiert waren sie, und so wenig in der Lage, das Passende zu sagen. Ich schätze, sie waren überfordert mit der Situation, wussten nicht, wie sie reagieren sollten. Dann lieber verschämt schweigen.

Der Anspruch, immer alles richtig machen zu wollen,

auch hier. Wenn einer von heute auf morgen plötzlich stirbt – was soll man da richtig machen? Es gibt bei uns keinen Raum für Trauer, für Schmerz, keine Rituale, in denen der Tod als das gesehen wird, was er ist – zugehörig zum Leben wie die Geburt.

Das ist es, was ich hier in Nepal so beeindruckend finde: Die Angehörigen feiern und ehren das Leben des Verstorbenen und seine bevorstehende Wiedergeburt. Aber sie heulen und schreien auch, um ihre Trauer zu zeigen, darüber, dass der geliebte Mensch nicht mehr anwesend ist. Und wieder höre ich, wie so oft in letzter Zeit, Marshall Rosenberg: »Es geht nicht darum, immer glücklich zu sein ... Alle Tränen weinen, alle Lacher lachen – das ist das Leben.«

Jetzt naht Emma. Mittlerweile schon mit zwei Kindern im Schlepptau, die sie dazu überredet haben, ihr Geld zu geben, damit sie sich ein – für hiesige Verhältnisse – exorbitant teures englisches Wörterbuch kaufen können. Ich wette zwar, dass die beiden anschließend in den Laden zurückgehen und ihre Lehrbücher gegen Süßigkeiten eintauschen, aber ich will Emma die Illusion nicht nehmen, zu denken, sie hätte den Kids damit eine Chance ermöglicht, sich weiterzubilden. Und vielleicht ist meine Skepsis ja unangebracht. Emma ist froh, dass sie etwas geben kann. Sie ist großzügiger als ich. Das muss ich mir zu meiner großen Scham eingestehen.

Abends wutentbrannt auf meinem Zimmer

Hatte eine höchst unangenehme Diskussion mit einem Holländer, der ebenfalls in unserem Hostel wohnt. Ein älterer, hagerer Typ, der wie ein Hippie aussieht und eine Zigarette nach der anderen raucht. Wir kamen auf Vipassana zu sprechen, und ich habe begeistert von meinen

Erlebnissen erzählt. Aber bei ihm konnte ich damit keinen Blumentopf gewinnen. Er hatte früher selbst an einem Kurs von Goenka teilgenommen und stand ihm seitdem äußerst kritisch gegenüber. Um genau zu sein: Er hielt das Ganze für »eine höchst gefährliche, ja, im Grunde faschistische Veranstaltung«. Perplex sah ich ihn an, weshalb der Typ mit seinen negativen Auslassungen fortfuhr: »Goenka macht sich über alle anderen Religionen lustig und verkauft Vipassana als *die* Wahrheit, und was ist das sonst, wenn nicht faschistisch?!« Okay, ich hatte Goenkas Ausdrucksweise oft für recht ungenau gehalten, aber das war dann doch eine leichte Verdrehung seiner Aussagen. Mal abgesehen davon, dass ich die Nutzung des Totschlagarguments »Faschismus« in diesem Zusammenhang für fehl am Platz hielt, was ich auch sagte: »Ich verstehe Goenka anders. Wenn er von Vipassana als *der* Wahrheit spricht, dann bezieht er das meiner Ansicht nach darauf, dass es kein Gesetz im Außen gibt, an das man sich zu halten hat, so wie es andere Religionen vorschreiben. Es geht ihm allein um die Wahrheit in dir. Für ihn existiert kein Gott, der über einen richtet, nur du selbst. Und die anderen Religionen verteufelt er nicht, sondern stellt sie lediglich in Frage, wenn sie sich ideologisch gebärden. Das ist meines Erachtens nicht faschistisch.«

Meine Ausführungen schienen den Holländer nicht zum Nachgeben zu bewegen, unbeeindruckt setzte er seine Anklagen fort: »Aber er macht doch selbst nichts anderes, als eine neue Ideologie in die Welt zu setzen! In jeder Meditation erhält man Anweisungen, das Universum nach seinen Vorstellungen zu sehen, bekommt man ein Gebot nach dem anderen vorgesetzt, darf sich irgendwann nicht mehr bewegen und noch nicht einmal aussteigen, wenn man genug von alledem hat.« Er redete sich so in Rage, dass ich irgendwann fürchtete, in Stellvertretung von Goenka gleich eine geknallt zu bekommen. Allein, dass der gute Mann so außer sich war, zeigte, dass er rein gar nichts von dem verstanden hatte, um was es beim Vipassana geht. Ich fand ihn ziemlich anstrengend. Deshalb erklärte ich ihm, überlegen lächelnd, dass er sich besser mal der Beobachtung seiner Wut zuwenden solle, um herauszufinden, was hinter ihr stecken würde. Da lachte er nur abfällig und antwortete, dass er das schon ausgiebig gemacht hätte. Goenka sei dennoch indiskutabel. Manchen Menschen ist eindeutig nicht zu helfen, dachte ich, und war froh, dass der Holländer mich mit seiner unreflektierten Kritik endlich in Ruhe ließ und das Thema wechselte.

Was ich denn beruflich machen würde?, fragte er mich. Ich erzählte ihm ein bisschen von Rosenberg und gewaltfreier Kommunikation und erntete erneut einen abschätzigen Blick. »Na, da wundert mich gar nichts mehr. Klar, dass du solch eine glühende Verteidigungsrede schwingst. Du bist ein Fan von Konzepten, wie die Welt funktioniert, was?!« Ich fixierte ihn mit kalter Verachtung. Welch ignoranter Zyniker! Was bildete der sich eigentlich ein? Er war es schlicht nicht wert, dass man sich auch nur gedanklich mit ihm beschäftigte! Na warte!

Das Einzige, was ich jetzt brauchte, war ein guter Konter, damit ich erhobenen Hauptes aus diesem Gefecht stolzieren konnte. So schluckte ich meine Wut hinunter und lächelte ihn möglichst gelassen an. »Ach, weißt du, ich dachte, wir würden sachlich diskutieren. Aber wenn du es nötig hast, mich zu beleidigen, nur weil ich es wage, dich zu kritisieren, langweilt mich das, ehrlich gesagt. Da lasse ich dich lieber allein und wünsche dir noch einen schönen Abend!« Mit einem hoffentlich süffisanten Grinsen stand ich auf und verließ den Kampfplatz.

Jetzt liege ich auf meinem Bett und bin immer noch zornig auf diesen Vollidioten. Und vor allem auf mich selbst, dass ich mich so aus der Balance habe werfen lassen. Mit der Faust schlage ich auf die arme Decke ein und überlege, was ich jetzt tun soll.

Ein Räuspern lässt mich aufhorchen. Da will doch jemand etwas sagen: *Dieses verdammte Monsterarschloch!* Genau!, will ich zustimmen, halte dann aber irritiert inne. Irgendetwas passt da nicht zusammen. »Was willst du mir damit zu verstehen geben?«, frage ich meine Stimme, immer noch wütend. Schweigen im Walde. Entnervt stehe ich auf, um einen Schluck Wasser zu trinken. Als ich nach der Flasche auf der Kommode greife, fällt mein Blick auf die dort liegende Karte mit der Fraser-Spirale. Ich nehme sie in die Hand und betrachte sie lange.

Nach einigen Minuten fange ich an zu lachen. Ich habe in der Tat noch nichts *verstanden,* ich kleine Möchtegern-Erleuchtete ...

5. Januar 2008

Emma und ich sind in Boudhanath, dem buddhistischen »Wallfahrtsort«, drei Kilometer außerhalb von Kathmandu. Mitten auf dem Marktplatz steht ein riesiger Tempel, eine Stupa, strahlend weiß und mit einem Durchmesser von etwa fünfundzwanzig Metern. Hunderte bunter Gebetsfahnen flattern im Wind. Die gesamte Atmosphäre ist völlig anders als in Kathmandu. Man spürt den Unterschied zwischen Buddhismus und Hinduismus allein schon durch die Unmengen von Mönchen und Nonnen, die in ihren knallroten Kutten durch die Gegend wandeln. Ich habe den Eindruck, Buddhisten bewegen sich erhabener als Hindus, ohne dass ich dazu jedoch eine wissenschaftliche Expertise gemacht hätte. Etliche Menschen laufen auf der Stupa herum, Touristen, vor allem aber Nepalesen, die ihre Gebete verrichten.

Ich beobachte eine alte Frau, die eine dünne Matte auf den weißen Steinboden legt und mit gefalteten Händen vor ihr steht. Plötzlich legt sie sich blitzschnell hin, steht kurz danach wieder auf und wirft sich nach einigen Sekunden ein weiteres Mal auf den Boden. Das wiederholt sie endlos. Offensichtlich ein buddhistisches Gebetsritual. Ich frage einen kleinen, grauhaarigen Nepalesen in meiner Nähe, wie oft man sich in dieser Weise auf die Erde schmeißt. Er sagt: »Etwa hundertmal, jeden Morgen und jeden Abend.« – »Hundertmal?«, frage ich ungläubig und schaue der Frau gebannt zu. Sie, die sicherlich mehr als doppelt so alt ist wie ich, macht das jeden Tag zweimal? Ich sollte überlegen, mich in einem Fitnessstudio anzumelden ...

Rund um die monströse Stupa befinden sich unzählige Geschäfte, davor am Boden sitzen Menschen und verkaufen ihr Gemüse. An einer Stelle verharrt ein Hochgebirgsrind, ein riesiger schwarzer Yak, daneben haben sich Hunderte von Tauben niedergelassen. Ein völliges Faszinosum das alles. Besonders wieder die natürliche Einbettung der Religion in den Alltag. Und auch ihr Stellenwert. In Nepal leben die Leute tagsüber praktisch auf der Straße, kaum jemand kann seine kleine Holzhütte richtig beheizen. Und daneben gibt es all diese Tempel, bei denen so sorgfältig darauf geachtet wird, sie zu pflegen und zu verschönern. Angesichts ihres guten Zustands und ihrer pompösen Ausstattung könnte man annehmen, das Land wäre wahnsinnig reich. Der Teil in mir, der immer weiß, wie man es besser machen kann, jault zwar laut auf: »Die sollten besser das Geld in vernünftige Schulen stecken und nicht in diese Gotteshäuser«, doch ich tätschle diesem streitbaren Kompagnon lediglich den empörten Kopf, damit er sich beruhigt.

Später wandern wir zur Kopan Monastery, jenem buddhistischen Kloster, von dem Jenny aus dem Vipassana-Kurs berichtet hatte. Dort würde sie tibetischen Buddhismus studieren. Hoch auf einem Hügel, mit Blick auf Kathmandu, erstreckt sich das riesige Gelände mit unzähligen Gebetstempeln, herrschaftlichen Gärten und einem großen gelben Gebäude, in dem sich die Unterrichtsräume für die insgesamt dreihundert Studenten aus aller Welt befinden.

Wir treffen gerade zur Mittagspause ein. Hier ist es also, das Nest der kahl rasierten Mönche und Nonnen, die wir überall unterwegs in ihren roten Kutten angetroffen haben. Jenny können wir nirgendwo entdecken, also setzen wir uns zu einer Nonne an den Tisch und plaudern kurz mit ihr. Sie stammt aus den USA und studiert seit einem Jahr an diesem Ort. Wir erzählen ihr, dass wir gerade einen Vipassana-Kurs gemacht haben. Damit schinden wir Eindruck – elf Stunden Sitzmeditation ist selbst für den eingefleischtesten Buddhisten eine Herausforderung. Aber auf jeden Fall sind alle hier sehr radikal. Wenn man sein gesamtes »normales« Leben gegen diese roten Kutten eintauscht und Haare und sexuelle Aktivitäten an der Pforte abgibt, *muss* man radikal sein. Emma fragt die Nonne, ob sie ihr Leben lang sexuell enthaltsam leben müsse. Die Nonne lacht und streicht sich über ihren rasierten Schädel. »Erst einmal bin ich für drei Jahre hier, und danach werde ich weitersehen. Momentan denke ich nicht über solche Fragen nach, ich bin ausgefüllt mit anderen Dingen.« Leider hat sie keine Zeit, sich länger mit uns zu unterhalten, sie muss fort. Ich würde gern mehr von ihr erfahren. Etwa, was es für sie bedeutet, ihre Religion zu leben. Praktiziere ich derzeit eigentlich buddhistische Riten? Wenn, dann auf jedem Fall in einer extrem freien Variante.

Zurück im Hostel, sehe ich im Garten den Holländer sitzen. Emma deutet auf ihn und fragt leise: »Ist dieser Typ das ›ignorante Arschloch‹?« Grinsend nicke ich. Ich hatte ihr von meinem Bauchplatscher in der Welt außerhalb meiner bewertungsfreien Erleuchtungstheorien erzählt. Sie hatte gelacht. »Dann stimmt es also: Du bist immer noch ein normal menschliches Wesen – wie schade!« Ich würde Emma am liebsten in meinen Koffer packen und mit nach Deutschland schmuggeln – sie nimmt mich fast so grandios auf die Schippe wie meine innere Stimme.

Nun zwinkert sie mir aufmunternd zu. Also packe ich meinen Stolz in den Schrank und nähere mich dem Niederländer. »Kann ich mich setzen?«, frage ich fast schüchtern. Er sieht mich erstaunlich freundlich (eine Folge seines langen Aufenthalts in diesem In-jeder-Situation-freundlich-lächeln-Land?) an und macht eine einladende Geste zu dem neben ihm stehenden Stuhl. Ich überlege krampfhaft, wie ich nun erklären soll, dass ich mich gestern relativ bescheuert benommen habe. Während ich noch meinen Kopf anstrenge, grient er mich an und reicht mir die Hand. »*My name is Alan, nice to meet you!*« Ich lächle ebenfalls und sage: »Hi, Alan. Ich bin Teresa. *Nice to meet you.*« Er bietet mir eine Zigarette an, die ich dankend annehme und dann in aller Eintracht mit ihm rauche.

```
Abends, in Ehrung meiner stinknormalen
Existenz
```

Nun habe ich endlich so eine Mütze, wie ich sie die ganze Zeit gesucht habe – exakt eine von denen, wie ich sie von Anfang an auf den Köpfen der nepalesischen Männer bewundert, aber in keinem der Shops gefunden habe. Eine knalllilafarbene Wollmütze mit einem dicken Bommel drauf – habe sie einem Jungen auf der Straße abgeschwatzt, weil in den Geschäften nur so seltsam gemusterte Mützen mit Ohrenklappen verkauft werden, die allem Anschein nach gerade superhip sind, in Nepal aber niemand trägt. Lasse die Mütze gleich stolz auf meinem Haar und schlendere damit durch die Straßen. Kurz vor dem Durbar Square treffe ich dabei zufällig auf Hari, jenen Typ, der mich dazumal kulturell durch die Stadt jagte. Ich freue mich sehr, ihn wiederzusehen, und noch mehr, als er mich sogar erkennt. Wobei er erschüttert ist. Mit großen Augen blickt er mich an, mustert mich von Kopf bis Fuß, schüttelt den Kopf und sagt: »Was ist nur mit Ihnen geschehen? Sie sahen so gut als, als ich Sie das erste Mal traf, so gepflegt, so schöne weiße Haut – und jetzt?« Verstört deutet er auf meine Mütze, mein gebräuntes Gesicht, meine weite Baumwollhose. »Was hat Nepal aus Ihnen gemacht?« Ich muss lachen, weil er so aufrichtig unhöflich ist. »Sollen wir einen Tee trinken?«, frage ich ihn. »Dann erzähle ich, was ich erlebt habe – denn ganz ehrlich, mir geht es großartig, und ich bin so froh, dass ich hierhergekommen bin!«

Er wirkt zwar noch nicht gänzlich überzeugt, willigt aber ein. Und so marschieren wir in ein kleines Café, trinken heiße Zitrone mit Honig, während ich ihm von den letzten Wochen berichte. Als ich bei meinem Vipassana-Kurs angelangt bin, fährt ein wahrer Ruck durch ihn hindurch. Mit einem Mal behandelt er mich, als sei ich eine Heilige, mein verlottertes Äußeres spielt keine Rolle mehr. Ich habe 110 Stunden meditiert, das nimmt er als eindeutigen Beweis wahrer spiritueller Größe. Sosehr mein Ego ansonsten nach derartigen Streicheleinheiten giert, scheint mir das Ausmaß der mir gezollten Bewunderung gelinde übertrieben. Ich wehre also sein Angebot, am Abend mit ihm essen zu gehen sowie morgen oder an einem der anderen Tage auf seinem Motorrad eine Tour durch die Umgebung zu machen – »selbstverständlich auf meine Kosten, ich stehe tief in Ihrer Schuld« –, mit der Ausrede ab, ich sei bereits mit Emma verabredet und würde mich bei Bedarf bei ihm melden. So trennen wir uns nach einer Stunde, nachdem er mir nochmals versichert hat, wie tief beeindruckt er sei und wie dankbar, dass er mich wiedergetroffen hätte. Ich möge ihm gnädigst verzeihen, dass er damals Geld von mir genommen habe.

Er hält mich an der Schulter, blickt mich mit aufgerissenen Augen an, packt meine Hand, schüttelt sie fest und sagt mit bedeutungsschwangerer Stimme: »Danke. Vielen Dank für diese Begegnung.« Ich verstehe nur noch Bahnhof und löse mich mit einem »*Namaste*« und einem Händegruß eilig aus diesem Tête-à-Tête. Schnellstens mache ich mich aus dem Staub, um Emma zu suchen. Guru würde ich nicht sein wollen, das ist schon mal klar ...

6. Januar 2008

Ich bin krank. Habe ungefiltertes Wasser im Imbiss der beiden Brüder getrunken. Auf die Warnung von Emma hin erklärte ich noch überlegen, ich hätte mich so hier eingewöhnt, dass ich das ruhig zu mir nehmen könne, gleichsam eine Einheimische. Drei Stunden später fing ich an, mich endlos zu übergeben. Jetzt hat sich noch Fieber hinzugesellt. Schätze, ich werde die letzten Tage meiner Nepaltour mehr oder weniger das Bett hüten. Ich muss alles ganz langsam angehen, auch ohne große Anstrengungen meinen Übergang nach Deutschland vorbereiten.

Emma reist heute ab. Ich könnte heulen, besser gesagt, ich tue es. Wenn sie wenigstens aus Frankreich käme. Aber Neukaledonien, bei Australien – weiter weg geht kaum! Wir haben verabredet, uns spätestens in zwei Jahren erneut hier zu treffen. Ich kenne allerdings mich und meine Euphorie. Nach einem Bali-Aufenthalt wollte ich nur noch dort meinen Urlaub verbringen, nirgendwo anders mehr. Jedes Jahr einmal – mindestens! Das ist nun acht Jahre her. Ich war seither nicht ein einziges Mal auf Bali. So ist ungewiss, ob und wann Emma und ich uns wiedersehen werden. Ich habe ein schon fast geschwisterliches Verhältnis zu ihr entwickelt. Ich, die ich sonst eine halbe Ewigkeit brauche, bis ich einen Menschen länger als ein paar Stunden am Stück ertrage – mit ihr hätte ich auch gut einen Monat verbringen können. Ist das nun, weil ich viel entspannter bin als noch vor meiner Reise nach Nepal oder weil sie so besonders ist? Unwichtig. Ich bin jedenfalls sehr froh, sie getroffen zu haben.

7. Januar 2008
Mit pochendem Schädel im Bett

Bin sehr schwach und etwas frustriert. Sechs Wochen lang hatte ich nichts – rein gar nichts. Nicht eine Blase hatte ich mir gelaufen, keinen Schnupfen geholt, nicht mal bei minus zwanzig Grad Celsius, auch von der Höhenkrankheit blieb ich verschont, nie war mir übel – das eine Mal im Kloster war ja mehr ein spiritueller Reinigungsakt und zählt nicht. Aber jetzt, in den allerletzten Tagen, zerbröselt es mich dermaßen, dass ich mich frage, wie ich überhaupt den Flug nach Deutschland schaffen soll. Einfach hier bleiben! Die Stimme gibt es in der Tat. Aber nein. Ich habe doch Sehnsucht nach Berlin. Wenn ich auch gar nicht weiß, was ich meinen Freunden erzählen soll. Resultate gibt es nicht. Oder? Auf jeden Fall einen Beschluss. Dass ich mein Leben künftig tanzen will, anstatt es zu planen. Ich will hinhören, was es mir sagt, und nicht alles selbst steuern. So wie in den vergangenen Wochen.

Meine Krise im letzten Jahr ist das beste Beispiel dafür, wie man wie Phönix aus der Asche steigen kann. Man sollte nur nicht krampfhaft versuchen, dagegenzusteuern. Ohne meinen emotionalen Zusammenbruch wäre ich nie auf die Idee gekommen, mir eine solch lange Auszeit zu nehmen. Und jetzt würde ich dem Herrscher der Schaubühne am liebsten eine Dankesrede schreiben. Die Reise hat mich aus dem Kopf eine Etage tiefer rutschen lassen, vom Analysieren und Planen zum Spüren und zur Intuition gebracht. So ist es wohl oft mit Krisen. *Danach* findet man sie meist wertvoll.

Ich fühle die innere Notwendigkeit, ein spirituelles Leben zu führen. Dieser Satz aus meiner Feder – hui! Aber was bedeutet das? Was wäre eine Spiritualität, die ich anziehend, aufregend, inspirierend, ja, im Grunde auch erotisch fände – denn was anderes kann es doch nicht sein! Es geht nicht darum, »an sich zu arbeiten«, es geht um Hingabe.

So flüsterte mir meine innere Stimme während der Morgenmeditation zu, dass das Verlassen meines Bootes und das Besteigen des Berges, womit ich in meiner Vorstellung gerade begonnen habe, nicht den Punkt trifft, um den es geht. Dieses Bild bedeutet nämlich doch wieder, ich hätte es nun endlich geschafft und würde sicher auf dem Trockenen sitzen. Wäre weitergekommen. Auf meiner Suche nach Erleuchtung. Bei der ich mich dann anstrenge, besonders spirituell, bedächtig, gutherzig, meditierend oder was auch immer zu sein

Nein. Ich sitze weiterhin in meinem Boot, und es werden weiterhin Strudel auftauchen, auch solche, die mich erneut aus meinem kleinen Schiff kippen, so unvorstellbar ich das in einem Moment wie diesem auch finden mag. Und dennoch hat sich etwas verändert. Vielleicht kann man sagen, dass ich in dieser Zeit in Nepal einen Schwimmkurs absolviert habe? Zwar in einem warmen Planschbecken, aber immerhin. Wie weit der mich trägt, werde ich spätestens dann feststellen, wenn ich wieder in einem reißenden Fluß lande.

9. Januar 2008

Den gesamten gestrigen Resttag im Delirium verbracht. Hatte hohes Fieber und konnte mein Bett nicht verlassen. Jetzt sitze ich mit wackeligen Knien im Garten und esse eine trockene Brezel von der *German Bakery*, die es hier natürlich auch gibt. Zum Glück. Ich verspeise nichts Nepalesisches mehr. Beim Gedanken an Dhal Bhat würgt es mich sofort. Meine Pläne, nach Kathmandu zu ziehen, werde ich noch mal überdenken ... Wobei ich mich nicht schlecht fühle. Vielmehr klar. Gereinigt. Es war gut, die letzten Tage in Ruhe zu verbringen. Um alles zu verdauen. So viel ist geschehen.

Und heute Abend geht es also ab nach Hause. Deutschland. Wow. Bin aufgeregt und gleichzeitig traurig. Es gäbe noch so viel zu entdecken. Durch meine Krankheit habe ich leider Haris Must-Liste nicht ganz geschafft. Aber immerhin war ich drei Tage mit Emma unterwegs Mehr hätte ich wohl ohnehin nicht aufnehmen können. Dennoch habe ich viel von Nepal kennengelernt – vor allem im Inneren. Und das Ritual, sich an den unmöglichsten Orten fast zu übergeben, habe ich in den letzten Tagen nahezu professionell zelebriert. Ist ja auch eine Form von Ehrung, wenn man sich den Ursitten des Landes anpasst ...

Zusammengequetscht im Flieger

Langsam rollt die Maschine über die Startbahn. Auf den Monitoren flimmert der Film, in dem die Sicherheitsvorkehrungen erläutert werden. Neben mir sitzen zwei arabische Scheiche. Wir fliegen zuerst nach Abu Dhabi, und von dort geht's weiter nach Berlin. Was für ein Wechsel. Der Flieger katapultiert mich innerhalb von vierzehn Stunden in eine andere Zeit. Fast in ein anderes Jahrhundert. Ein viel zu rasanter Kulturwechsel.

Als wir langsam in die Luft abheben und Kathmandus Häuser und Straßen immer mehr in die Ferne rücken, bis nur noch ein einziges flimmerndes Lichtermeer unter mir zu sehen ist, kommen mir ein paar sentimentale Tränchen. Man soll gehen, wenn's am schönsten ist. Dennoch ist es absurd. Jetzt, wo ich mich endlich an dieses verrückte Land gewöhnt habe, muss ich weg. Mensch, ich habe ja jetzt schon Heimweh! Wie soll ich denn ohne das Himalayagebirge weiterexistieren?

Okay, auf dem Weg in meine moderne und bei aller Bescheidenheit gut situierte Westexistenz lässt sich Nepal mit Wonne und Inbrunst weichzeichnen. Keine Frage, ich bin immer noch heilfroh, meine Heimat in Deutschland zu haben. Dennoch spüre ich das enorme Bedürfnis, mal ausdrücklich meinen Dank diesem widersprüchlichen Land Nepal gegenüber auszusprechen.

Zwar hätte das, was ich erlebt habe, überall passieren können, weil es *in* mir war. Und dennoch hätte es wiederum nirgendwo anders geschehen können als in Nepal, wo immer alles »und« anstatt »oder« ist. Man fasziniert *und* abgestoßen ist. Die Bettler im Straßendreck *und* die Schönheit des Himalayagebirges. Der Gestank *und* die Fröhlichkeit. Das Land, wo die Menschen alles verbrennen, was irgendwie weg muss – Dreck, Plastik, Küchenmöbel, die Toten ... Das Land, das so unerklärlich geblieben ist – und deshalb so spürbar. Wo Kühe, Ziegen und Hühner selbstverständlich durch Tempel und Wohnzimmer laufen. Die Männer und Frauen rotzen und husten, ganz gleich, in welch heiliger Stätte sie sich befinden, die immer freundlich lächeln und für jeden Spaß zu haben sind. Das Land, wo man an jeder Ecke miteinander redet, es stets und überall leckere Snacks und *chiyaa dudchia* gibt. Wo die Frauen aus den Bussen kotzen und so wunderschön aussehen, dass es einem den Atem raubt. Das Land der knalligen Farben, wo auch der schrumpelige und runzelige Opa eine pinkfarbene Pudelmütze trägt. Das Land, wo die Menschen an einer Blutvergiftung oder Angina sterben. Wo es in vielen Dörfern keine Schule gibt, weil es an Geld fehlt, und 54 Prozent der Bevölkerung Analphabeten sind. Wo die meisten Menschen keine freien Tage kennen und Urlaub sowieso nicht. Wo gehungert wird, nicht um die Idealmaße von 60–90–60 zu erreichen, sondern weil Nepal zu den ärmsten Regionen der Welt zählt. Das Land mit den Kindern, die so bezaubernd sind, dass man am liebsten selbst welche haben will, und die einem zugleich den letzten Nerv rauben, weil sie schon mit der Muttermilch lernen, nach Geld und Süßigkeiten zu betteln. Wo die Unberührbaren zum Teil immer noch keine wirkliche Existenzberechtigung haben. Wo es laut, dreckig und chaotisch ist – und zugleich eine

Gelassenheit in sich birgt, die mich so beruhigt, wie ich es zuvor nie erfahren habe. Wo ich von den Menschen so viel lernen kann, obwohl – oder eben weil? – sie viel einfacher, viel ursprünglicher leben. Nepal, das Land, in das ich mich durch die Hintertür verliebt habe, weil mich hier fast Unerklärliches tief berührt hat. Ich werde zurückkehren und etwas zurückgeben. Mein *dhana*. Auf bald. *Namaste!*

Was noch zu sagen wäre

Engster mentaler Begleiter auf der Reise war – neben den Anregungen von S. N. Goenka – Marshall Rosenberg, dem ich dieses Buch widme. Weil ich mir mein Leben gar nicht vorstellen möchte, wenn ich ihm nicht begegnet wäre. Er war es, der erstmalig den Wunsch in mir wachküsste, die Bekanntschaft mit meinem Herz überhaupt zu machen. Er ist mir ein grandios undogmatisches Vorbild mit seiner Radikalität, seinem Humor, dem Witz, der Liebe, seiner Einfühlsamkeit und seinem Engagement.

Besonders danke ich auch Ronald Hitzler, der mich zum Denken gebracht und mich gelehrt hat, gesellschaftliche Verabredungen hinsichtlich einer bestimmten Wirklichkeit in Frage zu stellen. Ohne ihn hätte ich wohl meiner Moral niemals den Garaus machen können. Regina Carstensen möchte ich die Füße küssen für die Präzision und Sensibilität, mit der sie in den Seiten meines Manuskripts herumspaziert ist und mich von so manchen sprachlichen Irrfahrten und Umwegen zurückholte.

Schließlich ehre ich meine Freunde und Liebsten – allen voran natürlich Heike, die ich wohl selbst nach dreihundert Meditationsstunden noch heiß und innig lieben würde. Dann meine Eltern, die als Opfer wie auch als Auslöser wohl unzählige Berg-und-Talfahrten erleben mussten. Dagmar – tiefste Kennerin meiner österreichischen Boshaftigkeit und daher vertraut bis in die Ewigkeit. Tatjana, meine heiß verehrte Ehefrau – was wäre ich ohne dich! Bernadette, engste Verbündete und weise Ratgeberin seit jeher. Simon – der mir liebste Neffe aller Zeiten. Frank – wie oft hast du mich schon inspiriert in meiner Not?! Anjet – mein stabiler Fels in der Brandung. Tina – mehr und mehr Expertin meiner Seelenbewegungen. Euch und alle anderen um mich herum feiere ich – und dabei mich, Glückspilz, der ich bin, weil ihr mein Leben bereichert, durch den Austausch, die Verrücktheit, das Streitenkönnen, die Direktheit, dem Lachen und der Vertrautheit, die wir miteinander haben. Danke.

Ach, übrigens:

Nach meiner Rückkehr aus Nepal bereitete ich für meine Freunde ein deliziöses Nepali-Mahl, bei dem ich auch aus meinem Tagebuch vorlas. Als ich zu jener Passage meines beginnenden Vipassana-Martyriums kam, unterbrach mich Heike: »Was? Du hast Vipassana nach GOENKA gemacht?« Völlig irritiert sah ich sie an. Richtig, Goenka hatte ich ihr gegenüber bislang noch nicht erwähnt. »Klar, was denn sonst?« – »Na ja, es gibt viele Formen von Vipassana, aber Goenka ist das Allerhärteste. Ausschließlich Sitzmeditationen – in anderen Lehren wechseln diese mit Geh- und Arbeitsmeditationen. Ich habe nie an einem solchen Kurs teilgenommen, das wäre mir viel zu krass gewesen.«

Ich war sprachlos, und dachte kurz daran, sie zur Strafe zehn Tage auf einem hauchdünnen Kissen an den Boden zu fesseln – und meine innere Stimme gleich mit, die mir niemals etwas von *anderen* Vipassana-Meditationsformen geflüstert hatte. Doch dann zog ich es vor, sie ausgiebig zu umarmen, meine beiden geliebten Compagneros.